MARC
RITTER

TOM
ISING

# SO STIRBT MAN ALSO

GOLDMANN
Lesen erleben

*Das Buch*

Dieses Buch ist eine einzigartige Verbeugung vor dem Tod:
Brillant recherchiert und opulent bebildert widmet es sich dem
Thema Sterben in all seinen Facetten.


*Die Autoren*

Tom Ising arbeitete beim *jetzt*-Magazin der *Süddeutschen Zeitung.*
Im Anschluss gründete er die Designagentur HERBURG WEILAND.
Seitdem arbeitet er als Art Director für Verlage (u.a. Burda, Springer,
Suhrkamp, Klett-Cotta, KiWi) und für namhafte Unternehmen aus
Kultur und Wirtschaft.

Marc Ritter, geboren 1967 in München, studierte Germanistik,
Politikwissenschaften und Werbepsychologie. Ritter arbeitet für ein
Internetunternehmen und ist erfolgreicher Krimi- und Thrillerautor.
www.marcritter.de

MARC
RITTER

TOM
ISING

# SO STIRBT MAN ALSO

## Was Sie schon immer über den Tod wissen wollten

mit Illustrationen
von
Bradley Jay

GOLDMANN

Die HC-Originalausgabe ist 2013 im Riemann Verlag, München,
in der Verlagsgruppe Random House GmbH erschienen.

Sollte diese Publikation Links auf Webseiten Dritter enthalten,
so übernehmen wir für deren Inhalte keine Haftung, da wir uns
diese nicht zu eigen machen, sondern lediglich auf deren Stand
zum Zeitpunkt der Erstveröffentlichung verweisen.

 Dieses Buch ist auch als E-Book erhältlich.

Verlagsgruppe Random House FSC® N001967

1. Auflage
Originalausgabe November 2019
Copyright © 2019 by Wilhelm Goldmann Verlag, München,
in der Verlagsgruppe Random House GmbH,
Neumarkter Straße 28, 81673 München
Umschlaggestaltung: UNO Werbeagentur, München,
unter Verwendung eines Motivs von: Bradley Jay
Lektorat: Janette Schroeder
Bildredaktion: Yvonne Bauer und Annette Mayer
Satz und Layout: Stephanie und Tom Ising für HERBURG WEILAND
DF · Herstellung: KW
Druck und Einband: CPI books GmbH, Leck
Printed in Germany
ISBN: 978-3-442-15999-4
www.goldmann-verlag.de

Besuchen Sie den Goldmann Verlag im Netz

# Inhalt

*Um glücklich zu sterben,*
*muss man Leben lernen.*

*Um glücklich zu leben,*
*muss man Sterben lernen.*

Philippe Duplessis-Mornay
(*1549; †1623)

„Wenn der Tod nicht wäre, gäbe es keine Religion", vermutete der Religionskritiker Ludwig Feuerbach. Die Lehre der Evolution zeigt uns, dass diese Annahme zu kurz springt. Denn laut Charles Darwin ist der Tod nicht nur Ziel, sondern auch Bedingung des Lebens und der Fortentwicklung der Arten. Man darf also schließen: Wenn der Tod nicht wäre, gäbe es kein Leben, keine unterschiedlichen Spezies – nichts.

Diese Erkenntnis hat uns nach langer Beschäftigung mit dem Tod eines nasskalten Novembervormittags angesprungen. Soll man sich dieser Einsicht folgend über oder gar auf den Tod freuen? Die Arbeit an diesem Buch hat uns gelehrt, dass die Wörtchen „über" und „auf" den fundamentalen Unterschied machen. Man darf sich als Anhänger der Evolutionslehre durchaus *über* die Tatsache freuen, dass es auf dieser Welt – und wer weiß auf wie vielen anderen Welten des Universums – ein ständiges Kommen und Gehen, ein fortdauerndes Entstehen und wieder Vergehen gibt. In der Tat: Wenn man die Evolutionstheorie annimmt, muss man sich geradezu *über* den Tod freuen. Auf einem anderen Blatt steht, dass der individuelle Tod von Familienangehörigen, Freunden und Bekannten Trauer, Verzweiflung und Depression hervorruft; dass man vor dem Tod Angst haben darf; dass man den Tod von unbekannten Menschen, ob sie im Krieg oder auf der Autobahn sterben, betrauern und verachten kann. Man muss sich also keinesfalls *auf* den Tod freuen. Schon gar nicht auf den eigenen.

Unsere Lebensaufgabe als aufgeklärte Menschen ist es, sich diesem krassesten aller Widersprüche zu stellen und zu versuchen, ihn intellektuell zu begreifen. Schlussendlich müssen wir die abstrakte positive Tatsache, dass es den Tod gibt, genauso annehmen wie den konkreten bitteren Tod einzelner Menschen und unseres eigenen Körpers und Geistes. In früheren Zeiten gab es genauere Vorstellungen davon, was „der gute Tod" sei. Weil der Tod aus unserer Gesellschaft immer stärker verdrängt wird, findet die Auseinandersetzung mit ihm immer seltener statt. Genau diese Lücke soll dieses Buch schließen. Es richtet sich an Menschen jeden Alters, die sich an die Ungeheuerlichkeit des Todes gedanklich heranwagen wollen. Es soll und kann nicht trösten, es soll und darf keine Angst machen, und es kann und will diese nicht nehmen und schon gar nicht aus der Welt schaffen. Trauer, Trost, Angst und Gelassenheit sind Empfindungen, die in jedem von uns entstehen. Sie sind immer individuell verschieden. Jeder Mensch muss diese Empfindungen für sich selbst erarbeiten – und, wenn er das will, verarbeiten. Wenn wir dazu einige Handreichungen geben können, haben wir unser Ziel erreicht.

Wir wünschen allen Leserinnen und Lesern dieses Buches ein unbeschwertes Leben und einen guten Tod.

*München, im August 2013*

Marc Ritter                    Tom Ising

# Der Tod

# und
# der
# Geist

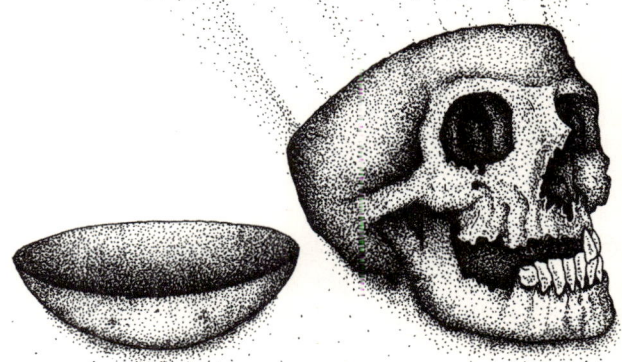

# Wie wollen wir sterben?

Was ist der „gute Tod"? Den Historiker und Soziologen Philippe Ariès (*1914; †1984) bewegte in seinem Hauptwerk *Die Geschichte des Todes* diese Frage genauso wie die professionellen Sterbebegleiter auf Palliativstationen und in Hospizen – und letztlich uns alle. Folgt man Philippe Ariès, so war der Tod jahrtausendelang „gezähmt". Er zeichnete sich dadurch aus, dass er fest mit dem Leben verbunden und nicht überbewertet war. Der Sterbende war auf ihn vorbereitet und konnte ihn sogar auf Tage im Voraus antizipieren. Eine Fähigkeit, die in der Moderne nur noch ursprünglichen Völkern (Indianern etc.) zugeschrieben wird. Der „gezähmte Tod" der Antike und der frühen Neuzeit war sehr nah am Leben, ja er war ein integraler Bestandteil des Lebens jedes einzelnen Menschen. Mit der Renaissance wird er abgelöst vom „verwilderten Tod": Nun wird dem Tod immer mehr Bedeutung beigemessen. Man beschäftigt sich auf neue Art mit ihm. In der Religion, im Alltagsleben, vor allem in der Kunst. In Totentänzen, Vanitas-Darstellungen und Motiven wie dem „Tod und das Mädchen". Durch diese Beschäftigung entsteht laut Ariès aber keine Steigerung der Vertrautheit, sondern, im Gegenteil, eine Entfremdung – und diese bewirkt die Furcht vor dem Sterben: „Der Ernst des Gefühls für den Tod, der Hand in Hand mit der Vertrautheit bestanden hatte, ist seinerseits betroffen: Man spielt perverse Spiele mit dem Tod bis zu der Steigerung, mit ihm zu schlafen. Zwischen ihm und der Sexualität hat sich eine Beziehung ergeben, deshalb fasziniert und verfolgt er einen wie die Sexualität: Zeichen einer fundamentalen Angst, die keinen Namen findet." In der Folge entsteht beim gemeinen

Volk eine Sehnsucht nach dem „guten Tod", denn die „Moralisten, Geistlichen und Bettelmönche haben sich diesen Riss in der herkömmlichen Vertrautheit zunutze gemacht, um sich zur Geltung zu bringen und diese neue Unruhe zu Zwecken der Bekehrung auszubeuten". Ariès lässt auch kein gutes Haar an den Verlegern, einer Berufsgruppe, die sich mit der Erfindung des Buchdrucks hervortat: „Eine ganze Erbauungsliteratur (...) hat dann das Thema der Leiden und Delirien des Todeskampfes zum Kampf der geistlichen Mächte weiterentwickelt, in dem jedermann alles gewinnen oder verlieren konnte."

Die Schweizer wollen es 500 Jahre später genau wissen. Sie starteten 2011 das Nationale Forschungsprogramm (NFP) 67 „Lebensende", das bis 2016 in Erfahrung bringen soll, wie Menschen ihr Ableben gestaltet wissen wollen. Der Schweizerische Nationalfonds investiert für das NFP 67 insgesamt 15 Millionen Franken. Entscheidungsträger in den Pflege- und Medizinberufen, der Politik und auch die breite Öffentlichkeit sollen dank der Forschungsergebnisse ein besseres Bild erhalten, was sich die Menschen der Gegenwart unter „gutem Sterben" vorstellen. Die 30 Forschungsprojekte werden von Theologen, Juristen, Soziologen, Ökonomen und Anthropologen unternommen. Sie sollen zunächst festhalten, unter welchen Umständen Menschen sterben. Dann geht es darum, wie Sterbende den Tod erleben. Sind sie alleine, in einer Gemeinschaft, unter- oder überversorgt? Auch wirtschaftliche Aspekte kommen zum Tragen. Was kostet eine gute Sterbebegleitung und wer bezahlt die Betreuung? Mit der schweizerischen Besonderheit der legalen Suizidhilfe beschäftigt sich ein weiterer Schwerpunkt: Wer darf darüber bestimmen, ob er stirbt? Reicht die rechtliche Regulierung aus? Das NFP 67 erfasst nicht nur alle Aspekte des Sterbens, sondern hat auch alle Sterbenden im Blick: Alte, Kranke, Unfallopfer, junge Kranke, Kinder, Neugeborene und auch ungeborene Menschen sind im Fokus dieser weltweit einmaligen Studie.

# Die fünf Phasen des Sterbens

Die in der Schweiz geborene, aufgewachsene und ausgebildete Medizinerin Elisabeth Kübler-Ross (*1926; †2004) wanderte Ende der 1950er Jahre mit ihrem Mann nach Amerika aus und arbeitete als Psychiaterin an verschiedenen Kliniken, bis sie schließlich 1985 einen Ruf als Professorin an die von Thomas Jefferson gegründete University of Virginia in Charlottesville erhielt. Sie gilt als die Begründerin der modernen Sterbeforschung oder Thanatologie, einer Wissenschaft, die das Empfinden und die Erfahrungen Sterbender, aber auch den gesellschaftlichen Umgang mit dem Tod untersucht. Das Forschungsfeld der Thanatologen ist breit gefächert und interdisziplinär besetzt mit Vertretern aus Medizin, Biologie, Pflegewissenschaften, Psychologie, Soziologie, Philosophie, Theologie, Geschichtswissenschaft und weiteren Fachgebieten. Im deutschen Sprachraum hat sich der Begriff Thanatologie auch für das Handwerk der Versorgung von Leichnamen („Modern Embalming", *siehe S. 96*) als Dienstleistung von Bestattern eingebürgert. Als eine der ersten Ärztinnen beschäftigte sich Elisabeth Kübler-Ross intensiv mit Schwerstkranken, die sie in *Interviews mit Sterbenden*, so der Titel ihres bekanntesten Buches, über ihr persönliches Erleben und ihre Gefühle befragt hat. Diese Art der Forschung mit journalistischen Mitteln wurde von Medizinerkollegen heftigst kritisiert, von den mitwirkenden Patienten und der Öffentlichkeit jedoch begeistert aufgenommen. Als Quintessenz der Interviews mit Sterbenden destillierte Elisabeth Kübler-Ross fünf Phasen des Sterbens, die jeder Sterbende durchläuft – wenn er genug Zeit dafür hat:

# Phase — 1
## *Nichthabenwollen und Isolierung*

„Ich doch nicht, das ist ja nicht möglich!" ist die erste Reaktion von Patienten, bei denen eine bösartige Erkrankung diagnostiziert wird. Und zwar unabhängig davon, ob sie die Wahrheit unvermittelt und auf einmal oder häppchenweise serviert bekommen oder sogar nach und nach selbst herausgefunden haben, wie es um sie steht. Die Röntgenaufnahme muss vertauscht worden sein, auf den Behältern mit den Laborproben klebte der falsche Name, auch der dritte hintereinander konsultierte Arzt irrt sich. Gibt es also einen <u>idealen Zeitpunkt</u>, an dem einem Menschen eine tödliche Erkrankung mitgeteilt werden sollte? Besser früher als später, rät die Sterbeforscherin: „Man wirft uns oft vor, dass wir uns mit Kranken schon dann über Tod und Sterben unterhalten, wenn der Arzt mit gutem Grund dem Patienten noch eine längere Frist einräumt. Doch ich ziehe es vor – immer vorausgesetzt, dass der Kranke selbst es wünscht –, mit ihm darüber zu sprechen, solange er noch bei Kräften ist", stellte Elisabeth Kübler-Ross fest.

# Phase — 2
## *Zorn*

„Warum denn gerade ich? Warum nicht der andere?" Mit diesen und anderen Gedanken der Missgunst, des Neids und der Wut quälen Todgeweihte sich selbst – und gerne auch ihre Umwelt. Pflegepersonal und Ärzte, aber auch Angehörige und Freunde können es in dieser Phase dem Patienten nicht recht machen. Elisabeth Kübler-Ross rät dazu, sich in die Lage des Kranken zu versetzen: „Vermutlich wäre jeder von uns voller Groll, wenn er sich plötzlich vom <u>vitalen Dasein ausgeschlossen</u> sähe. Andere Leute bauen jetzt ihre Häuser fertig; unser schwer erarbeitetes Geld kann uns nicht mehr die paar Jahre Ruhe und Vergnügen verschaffen, die wir uns davon versprochen haben."

## Phase — 3
*Verhandeln*

Wie das kleine Kind, das unbedingt etwas will und dieses nicht bekommt – auch nicht, wenn es mit einem Wutanfall seiner Frustration Ausdruck verleiht und schließlich anbietet, das Zimmer aufzuräumen, wenn es doch nur ... dieses einzige Mal ... nur eine Süßigkeit ... –, so verhandelt der Kranke in dieser Phase mit dem Schicksal oder mit Gott. Es geht bei diesen Deals, die meist im Stillen von den Sterbenden ausgehandelt werden, nicht um Heilung und das Verschwinden der Krankheit, sondern um eine Ausweitung der Lebensspanne oder die letzte Wiederholung einer Lieblingstätigkeit. „Und doch hat keiner unserer Patienten sein Versprechen eingehalten", berichtet Kübler-Ross. „Jeder verhält sich in dieser Situation wie ein kleiner Junge, der sagt: ‚Wenn du mich heute gehen lässt, will ich auch nie mehr meine Schwester ärgern.' Natürlich wird er es wieder tun, natürlich wird die Opernsängerin immer wieder versuchen, noch einmal vor Publikum zu singen."

## Phase — 4
*Depression*

Wenn sich nach langer quälender Zeit der unterschiedlichsten Behandlungsversuche, operativen Eingriffe, ungezählten Krankenhausaufenthalte und Visiten bei Wunderheilern die Wahrheit über das nahende Ende nicht mehr hinter Ignoranz, Ablehnung und Ausflüchten verbergen lässt, übermannen den Patienten große Verlustängste. Nicht der Verlust des Lebens, sondern dessen, was dem einzelnen Menschen im Leben wichtig war, dominiert: der Verlust der Schönheit bei einer Frau mit Brustkrebs, der Verlust der Agilität bei einem ehemals sportlichen Mann mit Knochenkrebs. Auch der Verlust von Materiellem und von gesellschaftlichem Status quält die Sterbenden, denn schließlich verliert ein Todkranker mit seinem Job nicht

nur seine Aufgabe, sondern auch, durch die verkürzte Lebensleistung, die finanzielle Grundlage, die für die Hypothek des
Hauses oder die Ausbildung der Kinder vonnöten ist. Elisabeth
Kübler-Ross: „Doch wir vergessen zu leicht, dass sich der Patient ja außerdem mit dem großen Schmerz der Vorbereitung auf
seinen endgültigen Abschied von der Welt auseinandersetzen
muss. Man könnte sagen, dass die erste Depression reaktiv und
die zweite vorbereitend ist. Und beide sind so verschieden, dass
sie auch ganz unterschiedlich behandelt werden müssen."

## Phase — 5
*Zustimmung*

Beinahe Tröstliches hat Elisabeth Kübler-Ross über die
Schlussphase des Sterbens zu berichten. Aber auch nur beinahe:
Der Sterbende findet sich zu guter Letzt mit seinem Schicksal
ab und willigt darin ein. Zumindest sieht es nach außen so aus.
Was tief in ihm vorgeht, steht auf einem anderen Blatt. Und so
schreibt sie: „Die Phase der Einwilligung darf nicht als ein glücklicher Zustand verstanden werden: Sie ist fast frei von Gefühlen.
Der Schmerz scheint vergangen, der Kampf ist vorbei, nun
kommt die Zeit der ‚letzten Ruhe vor der langen Reise', wie es
ein Patient ausdrückte." Kübler-Ross erinnert daran, dass es bei
Weitem nicht jedem Sterbenden vergönnt sei, alle fünf Phasen
durchzumachen, um am Schluss Frieden mit sich und dem Tod
zu schließen. Nach ihrer Erfahrung muss jedoch der ganze Weg
durchschritten werden. Voraussetzung für das Erreichen dieses
emotionsfreien Zustandes sei, „dass der Kranke Zeit genug hat
und nicht plötzlich stirbt, (dass) er Hilfe zur Überwindung der
ersten Phasen fand. Er hat seine Emotionen aussprechen dürfen, Neid auf die Lebenden und Gesunden, Zorn auf alle, die ihren Tod nicht so nahe vor sich sehen."

# Sense, Sanduhr, Fledermaus

Eine unbeschreibliche Sache in einem Bild auszudrücken, ist die Aufgabe der Symbolik. Kein Phänomen wird durch so unterschiedliche Zeichen verbildlicht wie der Tod. Die gängigsten Motive für Tätowier- und Hausgebrauch.

### Sense

Der Übergang der Jäger und Sammler zu sesshaften Bauern machte die Sichel aus Holz und Feuerstein zum wichtigsten Hilfsmittel. Die Sense entwickelte sich erst mit der vorindustriellen Metallbearbeitung in Hammermühlen zum Werkzeug Nr. 1 – auch in der Todessymbolik.

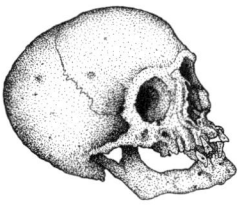

### Totenkopf

Die Darstellung eines Schädelknochens ruft sofortige Vorher-/Nachher-Assoziationen beim Menschen hervor, da er seit seinen ersten Tagen gewöhnt ist, auf das Gesicht seines Gegenübers zu achten. Daher hatte es der Totenkopf leicht, Karriere als christliches Symbol der Vergänglichkeit zu machen.

### Rabe

Die dunklen Vögel gelten seit jeher als Sinnbilder der Weisheit
und Intelligenz. Raben nutzen
Werkzeuge und erkennen sich
selbst im Spiegel. Wohl aufgrund
ihrer Farbe und ihrer Vorliebe für
Aas leiden sie im Aberglauben
den Ruf als angebliche Unglücks-
bringer und Todesboten.

### Sanduhr

Obwohl das Stundenglas erst im
14. Jahrhundert erfunden wurde,
gilt Sand als archetypisches Symbol für Vergänglichkeit. Dass er
wie die Lebenszeit zwischen den
Fingern verrinnt und zu Boden
rieselt, war den Menschen lange
vor Aristoteles, Galileo Galilei
und Isaac Newton bekannt.

### Engel

Alle alten Schriften der drei
abrahamitischen Religionen, der
Tanach, das Neue Testament
sowie der Koran (in Reihenfolge
ihres Erscheinens) kennen Engel
als Boten oder Abgesandte Gottes. Ihre Abbildung auf Grabmalen verheißt den Hinterbliebenen
eine Verbindung mit dem Toten.

### Fledermaus

Viele Eigenschaften machen die
Fledertiere dem Menschen sus-
pekt. Sie fliegen und sind doch
keine Vögel, sind nachtaktiv und
hängen mit dem Kopf nach unten
in Höhlen, die auch als Eingänge
zur Unterwelt gelten. Kein
Wunder, dass sie im Abendland
mit dem Tod assoziiert werden.

## Grabstein

## Passionsfrucht

Das Erinnern an einen Menschen und seine Lebensdaten anhand eines Grabmals ist eine Erfindung der Römer, die von den Christen übernommen wurde. Der Stein hatte also genug Zeit, um zum Sinnbild für Tod und Grab zu werden. Und für Globalisierung, denn heute stammt er meist aus China.

In der Blüte der Passiflora sahen die christlichen Seefahrer einige Zahlensymboliken: die Leiden Christi, die Anzahl der Wunden, der Nägel, der Marterwerkzeuge, ja sogar der Apostel seien erkennbar. Auch die rote Farbe der Frucht wurde zum Symbol für den Leib des Fleischgewordenen.

## Eule

## Kerze

Dass die Vögel mit dem Tod in Verbindung gebracht werden, hat einen einfachen Grund: In Bauernhäusern wurde in das Fenster eines Sterbezimmers eine Kerze gestellt, die der Seele den Weg wies. Das Licht lockte Insekten an und diese wiederum jagende Käuze und Eulen.

Brennend steht die Kerze für das Leben und die Erinnerung, erloschen für die Vergänglichkeit und den Tod. Auf den Friedhöfen des Mittelalters hatten große Totenleuchten zudem die Aufgabe, die Toten nicht der absoluten Dunkelheit zu überlassen. Das Licht steht also auch für die Hoffnung.

### Katze

Knutschen und Kratzen – so ambivalent wie das Verhalten der Hauskatze ist ihr Ruf. In manchen Kulturen stehen sie für Glück, in anderen für Hinterlist und Tod. Letzteres rührt daher, dass man kein anderes Tier so oft töten sieht. Mäuse und Ratten zu jagen war lange sein einziger Zweck.

### Steuerrad

Im Buddhismus und Hinduismus steht das Rad für Unendlichkeit und den ewigen Kreislauf von Geburt, Tod und Wiedergeburt. Dem oft verwendeten Steuerrad wohnt mit den acht Speichen zudem eine Zahlensymbolik inne. Buddha hat acht Tugenden formuliert, nach denen gelebt werden soll.

### Kreuz

Das Kreuz wurde als weit verbreitetes Folter- und Hinrichtungsinstrument bereits vor dem Tod Jesu zum Symbol für das Sterben. Für Christen ist es durch die Leidens- und Auferstehungsgeschichte des Heilands zum Zeichen für Hoffnung und Erlösung geworden, das sich im Grabkreuz widerspiegelt.

### Falter

Menschen aller Kulturen und Religionen sind von der Metamorphose der kriechenden Raupe über die schlafende Puppe zum fliegenden Schmetterling beeindruckt. Diese stete Veränderung ist ein perfektes Symbol für den Kreislauf von Erfolg und Scheitern, von Leben und Sterben.

# Das weiße Licht am Ende des Tunnels

Berichte von Menschen, die in das Leben zurückgekehrt sind, unterscheiden sich in vielen Punkten. Selbst Forscher, die durch die Beschäftigung mit Nahtoderfahrungen in den 1970er Jahren weltweit bekannt wurden, wie etwa Raymond A. Moody (*Life after Life*), sind sich nicht einig, welche Kriterien ein solches Erlebnis überhaupt ausmachen. In allen Berichten scheint das Licht eine zentrale Rolle zu spielen, meist auch die Erinnerung, durch einen Tunnel gegangen zu sein. Auf der anderen Seite des Tunnels werden oft engelartige Wesen gesehen. Auch die Out-of-Body-Erfahrung kommt oft, aber nicht immer, in den Berichten vor. Über diese gemeinsamen Nenner hinaus beeinflussen jedoch Kriterien wie Religion, Geschlecht und Herkunft der Betroffenen sehr stark das Auftreten und die Ausgestaltung der Erfahrungen. Die Studien zu diesem Thema scheinen das Zitat „Der Tod bleibt immer gleich, doch jeder Mensch stirbt seinen eigenen Tod" der amerikanischen Schriftstellerin Carson McCullers auch für den Nahtod zu bestätigen. Die Nahtod-Experten und ihre Jünger lassen sich in drei Kategorien einordnen:

## Die Übernatürlichen

Angeführt von Nahtod-Pionier Raymond Moody und bestärkt durch die Berichte des Harvard-Hirnforschers Eben Alexander, der 2008 selbst ins Koma gefallen war und seine Erlebnisse in Millionenauflage als Buch verkauft hat (deutscher Titel *Blick in die Ewigkeit: Die faszinierende Nahtoderfahrung eines Neurochirurgen*), glauben viele Menschen, dass der Beinahe-Gestorbene tatsächlich in eine andere Welt schaut. Ganz neu ist dieser Hoffnung vermittelnde Glaube nicht: Die Koexistenz des irdischen und überirdischen Lebens ist zentraler Punkt der meisten Religionen seit der Antike. Und auch zu Zeiten der griechischen Götter schaffte es der Argonaut Orpheus beinahe, seine geliebte Eurydike wieder aus dem Totenreich des Hades herauszuführen. Der erste Nahtod-Bericht der Geschichte?

## Die Wissenschaftler

Nüchtern analysierende Forscher versuchen den von Nahtod-Patienten berichteten Phänomenen physiologische Ursachen zuzurechnen. Ein führender Vertreter des streng medizinischen Ansatzes ist der Neurologe Kevin Nelson von der Universität von Kentucky. Er zweifelt die Erscheinungen nicht an, versucht sie aber mit Vorgängen im Gehirn zu erklären. Mehr noch: Er ist davon überzeugt, dass Nahtoderfahrungen helfen können zu verstehen, wie das Gehirn funktioniert. Selbst das oft berichtete Erlebnis, seinen eigenen Körper verlassen zu haben, kann durch gezielte Stromstöße in spezielle Gehirnregionen hervorgerufen werden. Es sei im Nervensystem jedes Menschen verankert, weil es mit dem Raumempfinden verbunden ist. Das helle Licht entsteht im Sehnerv. Und Engelserscheinungen können auch durch Drogen hervorgerufen werden, die Menschen mit Nahtoderfahrungen häufig gegeben wurden, um sie zu narkotisieren oder weil sie sich im Endstadium einer sehr schweren Krankheit befanden.

Im Jahr 2001 erregte ein Artikel des niederländischen Kardiologen Pim van Lommel im renommierten Medizin-Journal *The Lancet* weltweites Aufsehen. Van Lommel hatte Patienten, deren Gehirn nach den gängigen Definitionen als hirntot anzusehen war *(siehe S. 154–157)*, zu ihren Erlebnissen während der Operationen befragt. Einige konnten sich detailliert erinnern, was die Ärzte getan hatten. Der Herzspezialist schloss daraus, dass es ein Speichermedium für Erfahrungen in allen

Körperzellen gebe – wahrscheinlich in der DNA. Er versuchte, die Erinnerungen von Nahtod-Patienten zu beweisen, indem er auf der Lampe über dem Operationstisch Symbole anbrachte, die man nur sehen konnte, wenn man über dem Geschehen schwebte. Dummerweise hatte ausgerechnet in diesem OP-Saal nie jemand eine Out-of-Body-Erfahrung. Allerdings bezweifelt er mittlerweile selbst, ob ein solcher Versuch die Skeptiker überhaupt überzeugen könnte: „Würde einer der Patienten ein Zeichen entdecken, würden meine Kollegen zehn weitere Fälle verlangen. Hätten wir zehn, würden sie hundert einfordern." Die Nahtoderfahrung bleibt also auch unter ernstzunehmenden Wissenschaftlern reine Glaubenssache.

## Die Noetiker

Die Noetik (griech.: *noetós* = geistig wahrnehmbar) ist eine Grenzwissenschaft, die Belege für das Zusammenwirken von Geist und Materie sucht. Phänomene wie Telepathie, Telekinese oder schlicht die Existenz, Maße und Gewicht der Seele sollen mit wissenschaftlichen Methoden erforscht werden. Nahtoderfahrungen versuchen Noetiker wie die niederländische Forscherin Maureen Venselaar mit den Mitteln der Quantenphysik zu erklären. Sie wollen auf diese Weise eine Brücke zwischen den Anhängern des Übernatürlichen und der strengen Wissenschaft schlagen. Out-of-Body-Erfahrungen, die berühmte Reise durch den Tunnel und das helle Licht an dessen Ende hätten mit „exotischen Photonen" zu tun, die sich aus sterbenden Zellen heraus durch Wurmlöcher ins Raum-Zeit-Kontinuum bewegten. Auch dieser Ansatz benötigt einen gewissen Glaubensvorschuss. Weltweit bekannt wurde die Noetik durch das Buch *Das verlorene Symbol* des Thriller-Autors Dan Brown.

Viele Jäger sind der Hasen Tod.

Totgesagte leben länger.

Rom sehen und sterben.

Zu Tode gefürchtet ist auch gestorben.

Der Tod hat keinen Kalender.

Der Schlaf ist der Bruder des Todes.

Einen Tod muss man sterben.

Lieber fünf Minuten feig als das ganze Leben tot.

Des einen Tod, des andren Brot.

Wer nicht wirbt, stirbt.

In Gefahr und größter Not ist der Mittelweg der Tod.

23

# Wann hat unser Körper ausgedient?

Viele Senioren überraschen mit geistiger Aktivität, zu der weitaus jüngere Menschen nicht in der Lage zu sein scheinen. Könnte das Bewusstsein ohne den irgendwann lästig werdenden Körper länger, gar ewig leben? Vieles deutet darauf hin, dass wir uns technisch auf eine körperlose Zeit zubewegen.

## Weiterleben 1.0

Kann das Gehirn ohne den eigenen Körper weiterleben? Wäre ein ewiges Leben durch Kopftransplantation möglich? Damit beschäftigen sich Mediziner seit über 100 Jahren. Am 21. Mai 1908 gelang es dem amerikanischen Arzt Charles Guthrie erstmals, einen Hundekopf operativ vom Hundekörper zu trennen, um ihn anschließend auf den Rumpf eines anderen Hundes zu transplantieren. Er verband die lebenserhaltenden Blutbahnen des Kopfes mit denen des Empfängerhundes, dessen eigener Kopf übrigens an Ort und Stelle blieb, damit das Gehirn die Vitalfunktionen des Körpers aufrechterhalten konnte. Das daraus hervorgegangene Geschöpf hatte also zwei Köpfe, den originalen auf dem Hals und den transplantierten auf der Schulter. Der transplantierte Kopf zeigte Reflexe, und seine Augen sonderten nach fünfeinhalb Minuten Tränen ab.

1954 wiederholte der Russe Vladimir Demikhov die Experimente und führte sie weiter. Er transplantierte einen Welpenkopf auf einen ausgewachsenen Sibirischen Husky. Der zweite Kopf trank begierig Wasser und Milch, biss ein Mitglied von Demikhovs Forscherteam in den Finger und seinen Empfängerhund hinter dem Ohr. Abstoßungsreaktionen setzten dem Doppelleben nach wenigen Wochen ein Ende – die Immunologie war zur damaligen Zeit noch nicht so weit fortgeschritten wie heute.

In den 1960er Jahren begann der amerikanische Neurochirurg Robert White damit, zunächst Gehirne von Tieren mit den Blutsystemen von Wirtskörpern zu verbinden. Da das Gehirn alleine nicht von einem anderen Körper abgestoßen wird, lebten die Gehirne sehr lange in den Schultern oder den Bauchhöhlen ihrer neuen Partner weiter. 1971 wagte White das Undenkbare: Er transplantierte erstmals einen Affenkopf direkt auf den Hals eines anderen Affen, den er zuvor enthauptet hatte. Bei allen Versuchen lebten die Geschöpfe von drei Stunden bis drei Tagen. Ihre Augen folgten Personen, die sich vor ihnen bewegten, und ihre Kiefer machten Kaubewegungen, wenn ihre Lippen berührt wurden. Als White Nahrung in die Münder steckte, kauten und schluckten sie.

Robert White ist davon überzeugt, dass diese Operation auch beim Menschen funktioniert. Er plädiert dafür, unheilbar Kranken nicht einzelne Organe hirntoter Spender einzusetzen, sondern ganze Körper von Toten zu spenden. Dies sei einfacher und auch deshalb von Vorteil, weil es wesentlich mehr normale Unfalltote gebe als Hirntote *(siehe S. 154–157)*, die sich zur Organspende eignen. Der verpflanzte Kopf stünde zwar auf einem querschnittsgelähmten Körper, aber das Bewusstsein würde ohne Beeinträchtigung weiter funktionieren. Das Gleiche gelte für den Seh-, Riech- und Hörsinn sowie für das Sprechen. Mit dem medizinischen Fortschritt könne irgendwann das Rückenmark verbunden werden und der transplantierte Kopf den neuen Körper bewegen. Oder der Körper mit dem neuen Kopf sehen, sprechen und denken – je nach Perspektive.

Heute bereits möglich:
Weiterleben im ⟶
World Wide Web

# Weiterleben 2.0

Einen letzten Gruß senden Hinterbliebene Verstorbenen in Tageszeitungen nach. Auch ohne Stilblüten, die in Büchern gesammelt werden, haben Todesanzeigen seit jeher Informations- und Unterhaltungswert. Das Internet erweitert die Möglichkeiten und gibt dem Toten ein interaktives Zuhause.

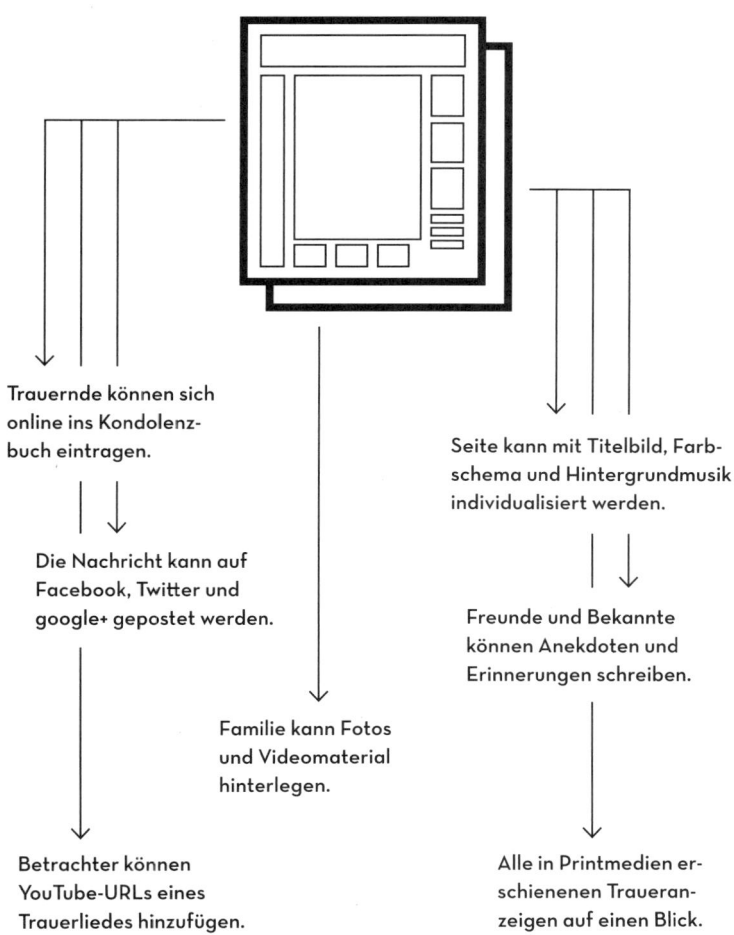

Trauernde können sich online ins Kondolenzbuch eintragen.

Die Nachricht kann auf Facebook, Twitter und google+ gepostet werden.

Seite kann mit Titelbild, Farbschema und Hintergrundmusik individualisiert werden.

Freunde und Bekannte können Anekdoten und Erinnerungen schreiben.

Familie kann Fotos und Videomaterial hinterlegen.

Betrachter können YouTube-URLs eines Trauerliedes hinzufügen.

Alle in Printmedien erschienenen Traueranzeigen auf einen Blick.

Längst führen Menschen einen guten Teil ihres sozialen Lebens im Internet. Plattformen wie Facebook zeichnen das Leben eines Nutzers seit seiner Geburt und seine Verknüpfungen zu Menschen und Organisationen auf. Das so erzeugte Profil führt ein Eigenleben. Es kommuniziert auch dann, wenn der Computer ausgeschaltet wird – oder der Nutzer stirbt. Der Übergang zum computerbasierten Nachleben hat begonnen.

Die Facebook-App *If I die* erlaubt es dem User, zu Lebzeiten die Statusmeldung zu schreiben, die nach seinem Tod auf seiner Facebook-Seite erscheinen soll. Drei Bürgen müssen benannt werden, die den Tod bestätigen, bevor die Meldung auf der Facebook-Pinnwand veröffentlicht wird.

Unter dem zweideutig formulierten Hilfepunkt „Meldung eines verstorbenen Nutzers" können Hinterbliebene das Facebook-Konto eines toten Angehörigen in den „Gedenkzustand" versetzen lassen. Es kann sich dann niemand mehr bei dem Konto anmelden, aber die Inhalte bleiben erhalten. Nur „nachgewiesene, unmittelbare Familienangehörige" können die Löschung eines Kontos beantragen.

Google-Nutzer können mit Hilfe des „Kontoinaktivität-Managers" ein digitales Testament verfassen und bestimmen, wer nach ihrem Tod auf welche Dienste zugreifen darf: zum Beispiel die Mutter auf G-Mails, der Partner auf wichtige Dokumente auf der virtuellen Festplatte Google Drive und der beste Freund auf den YouTube-Account.

Apropos digitales Testament: Kann virtuell erworbene Musik vererbt werden? Immerhin stecken iTunes- und Amazon-Kunden viel Geld in ihre Sammlungen. Ja, sagt der Münchner Medienrechtler Professor Gero Himmelsbach. Denn die Lizenz, die etwa iTunes an den gekauften Titeln überträgt, ist dauerhaft und fällt nicht mit dem Tod des Account-Inhabers weg.

Können wir bald unsere
lästigen Körper verlassen ⟶
und in die Cloud ziehen?

# Weiterleben 3.0

Die Transhumanisten gehen davon aus, dass eines nicht allzu fernen Tages Computer in der Lage sein werden, die Komplexität des menschlichen Gehirns nachzubilden. Auch die unglaubliche Menge an Rechenoperationen, die unser Gehirn, die Krone der Prozessorenschöpfung, sekündlich vollbringt, und nicht zuletzt die Geschwindigkeit, in der es Informationen verarbeitet, sei wohl noch in der ersten Hälfte des 21. Jahrhunderts von elektrischen Rechenmaschinen erreichbar. Und das zu einem annehmbaren Preis.

Ein wichtiger Vertreter der transhumanistischen Denkrichtung ist der Computerwissenschaftler Ray Kurzweil vom Massachusetts Insitute of Technology (MIT) in Cambridge. Nach seiner Theorie, die auf dem Moore'schen Gesetz beruht (Die Zahl der Schaltkreise auf einem Computerchip verdoppelt sich alle 18 bis 24 Monate bei gleichbleibenden Kosten), ist es um das Jahr 2050 so weit, dass der Aufbau eines menschlichen Gehirns – Gehirnzelle für Gehirnzelle – auf einer Festplatte nachgebaut werden kann. Sollte die Verschaltung der Synapsen ebenfalls 1:1 übertragen werden können, so Kurzweil, könne das Gehirn eines lebenden Menschen in den Rechner kopiert werden. Da nach der herrschenden Vorstellung von Medizinern das Bewusstsein im Denkorgan wohnt, würde es ebenfalls in den virtuellen Speicher übertragen und dort weiterleben. Ohne Körper. Und für alle Zeiten. Zumindest so lange, bis jemand den Strom abstellt oder die Festplatte neu formatiert.

Diese für viele auf den ersten Blick unheimliche Vorstellung wirft Fragen auf, der sich die Philosophie und die Jurisprudenz widmen müssen. Gibt es ein ewiges Leben in der Cloud, also der durch das Internet zusammengeschlossenen Datenzentren, auf die man sein Bewusstsein hochladen würde? Wie lebt es sich ohne Berührungen, ohne Gerüche, ohne Essen und Trinken, ohne Sex? Welche Rechte, welche Pflichten und Verantwortlichkeiten hätten die Gehirne ohne Körper? Kann man ein

Bewusstsein bereits zu Lebzeiten kopieren? Würden die beiden Bewusstseine dann ein Eigenleben führen, und welches ist nach einer gewissen Zeit das Original? Germanisten werden die Frage zu beantworten haben: Wie lautet der korrekte Plural von „Bewusstsein"?

So sehr sich das Konzept des Transhumanismus nach Science-Fiction anhört: In den Laboren nicht nur des MIT, sondern aller großer Software- und Technologiefirmen der Welt wird daran gearbeitet, die Visionen in die Realität zu übersetzen. Derzeit ist man noch ein gutes Stück weit davon entfernt, den Menschen in den Computer zu bringen. Noch beschreitet man den umgekehrten Weg: Man bringt den Computer so nahe wie möglich an den Menschen und lässt beide Geschöpfe in Echtzeit interagieren. Die Mensch-Maschine-Schnittstellen entwickeln sich rasant weiter. Schon längst beschränken sie sich nicht mehr auf Tastatur und Maus. Google präsentiert mit der Cyberbrille *Google Glass* einen Mini-Computer, der direkt am Kopf getragen wird. Vor einem Auge seines Trägers befindet sich ein winziger Bildschirm, der den menschlichen Blick live mit zur Situation und zum Ort passenden Informationen aus dem Internet versorgt. Man sieht ein Denkmal an und erhält die Wikipedia-Information dazu. Dank der Datenbrille erkennt man den Schulkameraden auf dem Klassentreffen wieder. Andere Wissenschaftler arbeiten daran, dass Gelähmte durch gedankengesteuerte Exo-Skelette ihre Gliedmaßen wieder bewegen können. Apples Software *Siri* versteht Befehle eines Mobiltelefonnutzers. Googles mobile App bietet an, das Suchwort zu sprechen oder Begriffe anhand eines Fotos zu suchen. PC-Spieler steuern ihre Erlebniswelten bereits mit einem Gedankenhelm – zumindest im Labor. In wenigen Jahren könnten die Grenzen zwischen Daten- und Gehirnströmen verschwinden. Ob der Minirechner von Google im Brillengestell sitzt oder in den Kopf implantiert wird, macht kaum einen Unterschied. Und wenn wir so weit sind, ist die Übertragung des Kopfes in den Computer nur noch ein virtueller Umzug.

## Affe vor Skelett

Der Maler Gabriel von Max (*1840; †1915) beschäftigte sich von Jugend an mit dem Tod. Er trug eine der größten Schädelsammlungen seiner Zeit zusammen. Insgesamt sammelte er mehr als 60 000 anthropologische und ethnologische Objekte. Handlungsreisende brachten sie ihm aus der ganzen Welt mit. Liebe, Religion, Tod und Jenseits waren die Themen des in Prag und München ausgebildeten Künstlers. Er widmete sich eingehend der Parapsychologie und dem Darwinismus. Dabei war er Anhänger der Theosophie, einer frühen esoterischen Weltanschauung, die einen Plan der göttlichen Weisheit hinter allen Dingen vermutete und an ewige Reinkarnation der Seele in Gegenständen und in Tieren glaubte. In seinen Bildern inszeniert Gabriel von Max Affen als Kunstkritiker, Trinker, Leser oder als Naturforscher, die Skelette toter Artgenossen untersuchen. Er verleiht ihnen damit eine Seele und zeigt dem menschlichen Betrachter die Vergänglichkeit und Austauschbarkeit seines Tuns.

# Max Frischs Planungshilfe

Der Schweizer Schriftsteller entwarf in seinen Tagebüchern elf Fragebögen zu allen großen Rätseln des Lebens: Geld, Humor, Frauen. Als Architekt hatte er gelernt, ein Projekt durch Fragen zu durchdenken. Einen Fragebogen widmet er dem letzten Baustein des Lebens, dem Tod.

1.
Haben Sie Angst vor dem Tod und seit welchem Lebensjahr?
2.
Was tun Sie dagegen?
3.
Haben Sie keine Angst vor dem Tod (weil Sie materialistisch denken), aber Angst vor dem Sterben?
4.
Möchten Sie unsterblich sein?
5.
Haben Sie schon einmal gemeint, dass Sie sterben, und was ist Ihnen dabei eingefallen:

a. was Sie hinterlassen?
b. die Weltlage?
c. eine Landschaft?
d. dass alles eitel war?
e. was ohne Sie nie zustande kommen wird?
f. die Unordnung in Ihren Schubladen?

6.

Wovor haben Sie mehr Angst: dass Sie auf dem Totenbett
jemand beschimpfen könnten, der es nicht verdient, oder dass
Sie allen verzeihen, die es nicht verdienen?

7.

Wenn wieder ein Bekannter gestorben ist: überrascht
es Sie, wie selbstverständlich es Ihnen ist, dass die anderen
sterben? Und wenn nicht: haben Sie dann das Gefühl,
dass er Ihnen etwas voraushat, oder fühlen Sie sich überlegen?

8.

Möchten Sie wissen, wie Sterben ist?

9.

Wenn Sie sich unter bestimmten Umständen schon einmal
den Tod gewünscht haben und wenn es nicht dazu gekommen
ist: finden Sie dann, dass Sie sich geirrt haben, d.h., schätzen
Sie infolgedessen die Umstände anders ein?

10.

Wem gönnen Sie manchmal Ihren eigenen Tod?

11.

Wenn Sie gerade keine Angst haben vor dem Sterben:
weil Ihnen dieses Leben gerade lästig ist oder weil Sie gerade
den Augenblick genießen?

12.

Was stört Sie an Begräbnissen?

13.

Wenn Sie jemand bemitleidet oder gehasst haben und zur
Kenntnis nehmen, dass er verstorben ist: was machen Sie
mit Ihrem bisherigen Hass auf seine Person beziehungsweise
mit Ihrem Mitleid?

**14.**

Haben Sie Freunde unter den Toten?

**15.**

Wenn Sie einen toten Menschen sehen: haben Sie dann den
Eindruck, dass Sie diesen Menschen gekannt haben?

**16.**

Haben Sie schon Tote geküsst?

**17.**

Wenn Sie nicht allgemein an Tod denken, sondern an Ihren
persönlichen Tod: sind Sie jeweils erschüttert, d.h., tun
Sie sich selbst leid oder denken Sie an Personen, die Ihnen
nach Ihrem Hinscheiden leidtun?

**18.**

Möchten Sie lieber mit Bewusstsein sterben oder
überrascht werden von einem Ziegel, einem Herzschlag,
von einer Explosion usw.?

**19.**

Wissen Sie, wo Sie begraben werden möchten?

**20.**

Wenn der Atem aussetzt und der Arzt es bestätigt: sind Sie
sicher, dass man in diesem Augenblick keine Träume mehr hat?

**21.**

Welche Qualen ziehen Sie dem Tod vor?

**22.**

Wenn Sie an ein Reich der Toten (Hades) glauben:
beruhigt Sie die Vorstellung, dass wir uns alle wiedersehen auf
Ewigkeit, oder haben Sie deshalb Angst vor dem Tod?

**23.**

Können Sie sich ein leichtes Sterben denken?

**24.**

Wenn Sie jemanden lieben: warum möchten Sie nicht
der überlebende Teil sein, sondern das Leid dem anderen
überlassen?

**25.**

Wieso weinen die Sterbenden nie?

# Wenn die Verzweiflung zu groß ist

Nach Angaben der Weltgesundheitsorganisation (WHO) sterben mehr Menschen an Suizid als durch Krieg und Verbrechen zusammen: Rund eine Million Menschen nehmen sich jährlich das Leben. Diese Zahl bedeutet, dass sich alle 40 Sekunden irgendwo auf dieser Erde ein Mensch umbringt. Diese Menge wird lediglich von der Zahl der Verkehrstoten (rund 1,2 Millionen pro Jahr) übertroffen. Dass Suizid ein riesiges, aber verdrängtes Phänomen ist, zeigt nicht nur die Zahl der erfolgreichen Selbsttötungen, sondern vor allem die Schätzung der International Association for Suicide Prevention (IASP), nach der sich bis zu 20-mal mehr Menschen versuchen zu entleiben. Das sind 20 Millionen suizidale Personen pro Jahr, oder anders ausgedrückt: Die IASP geht davon aus, dass zwischen zehn und 14 Prozent aller Menschen während ihres Lebens einmal mit Suizidgedanken hadern – und fünf Prozent der Weltbevölkerung tatsächlich einmal während des Lebens einen Suizidversuch unternehmen. Die IASP weist darauf hin, dass Suizid-Statistiken eine große Unschärfe aufweisen: Man geht davon aus, dass eine große Zahl von Autounfällen ohne Fremdbeteiligung (engl.: *single-car, single-driver road traffic events*), von Ertrinken ohne Zeugen und von anderen ungeklärten Todesfällen in Wirklichkeit Suizide sind. Aufgrund der Stigmatisierung des Suizidenten und seiner Familie, die in vielen Gesellschaften – oft aus religiösen Gründen – tief verankert ist, werden darüber hinaus nicht alle Selbsttötungen als solche angezeigt. Einen besonders hohen Anteil hat der Freitod als Todesursache bei jungen Menschen. Unabhängig vom Alter bringen sich ungefähr doppelt so viele

Suizidrate pro 100 000 Einwohner pro Jahr nach Ländern:

keine Daten   1 – 5   5 – 12   12 – 19   19 – 26   26 – 33   mehr als 33

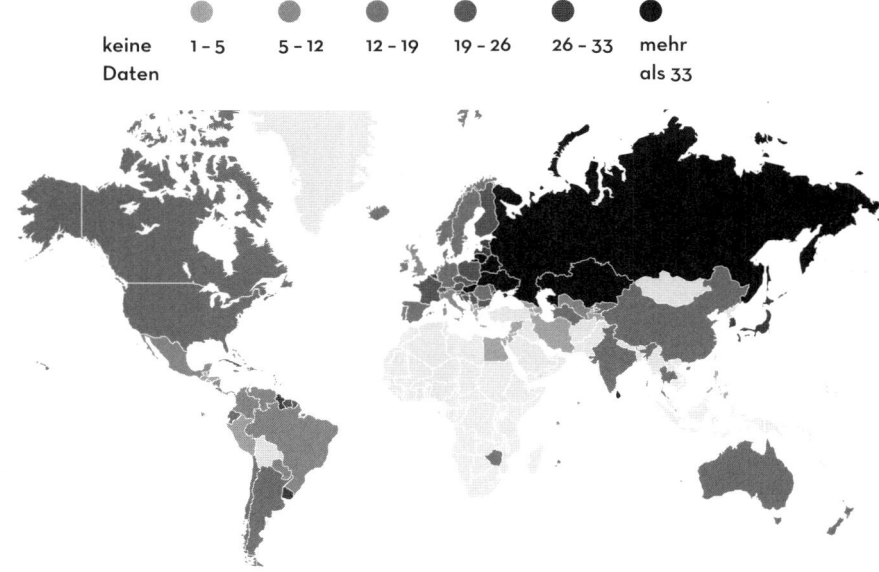

Tote durch vorsätzliche Selbstbeschädigung in Deutschland im Jahr 2011:

Jahre

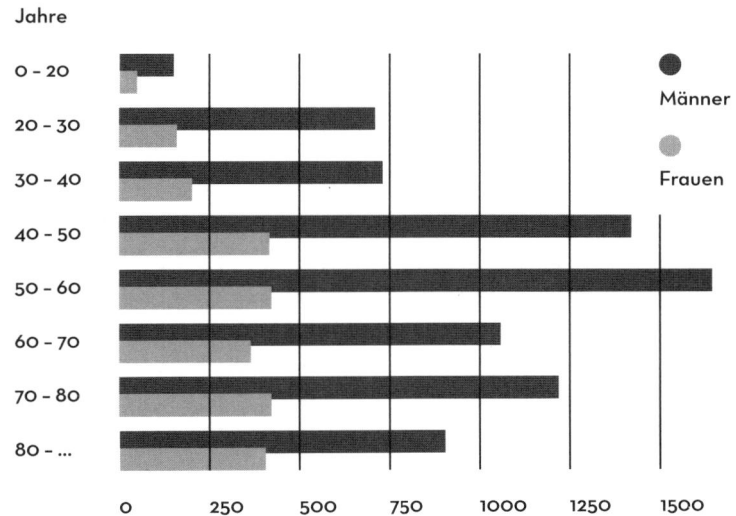

Männer als Frauen um. Neben dem persönlichen Leid und der negativen sozialen und psychischen Auswirkungen, die der Freitod eines nahen Verwandten für die Überlebenden hat, gehen die gesellschaftlichen Kosten in die Milliarden. Von den Ländern, die Statistiken veröffentlichen, liegen osteuropäische wie Litauen und Russland ganz vorne und mittel- und südamerikanische Länder wie Peru, Guatemala, Honduras und Kolumbien am hinteren Ende der nationalen Suizidrate.

Soweit es die Frühindikatoren betrifft, sind sich die Forscher einig: Die Geschichte der Versuche ist der stärkste Hinweis darauf, ob sich ein Mensch später umbringen wird oder nicht. Ein- oder mehrmals erfolglose Suizidenten töten sich mit einer 30- bis 40-prozentig höheren Wahrscheinlichkeit später selbst als der Durchschnitt der Gesamtbevölkerung. Risikofaktoren sind psychische Störungen, einschneidende Erlebnisse, chronische Schmerzen und seelische Belastungen. Dass diese Zustände wesentlich häufiger in der Bevölkerung vorkommen als erfolgreiche Selbsttötungen, nehmen die Forscher zum Anlass, an risikominimierende Faktoren zu glauben. Diese sind eine gewisse psychische Widerstandskraft, das Gefühl von Selbstwert und Selbstvertrauen, die Fähigkeit, Probleme zu lösen, und nicht zuletzt die Bereitschaft, sich im Notfall von anderen helfen zu lassen. Neben einer stabilen sozialen Verankerung eines Menschen reduzieren auch ein gesunder Lebensstil mit guter Ernährung, ausreichend Schlaf und viel Bewegung sowie Verzicht auf Nikotin und andere Drogen die Suizidgefahr. Die IASP, die sich an Wissenschaftler, Mitarbeiter des Gesundheitswesens, Kriseninterventionskräfte, freiwillige Helfer wie auch an Überlebende von Suiziden wendet, weist seit über zehn Jahren mit dem weltweiten „World Suicide Prevention Day" darauf hin, dass dem im deutschen Sprachgebrauch immer noch abwertend als „Selbstmord" betitelten Phänomen der menschlichen Selbsttötung vorgebeugt werden kann. Mitmachen kann jeder, dem das Thema ein Anliegen ist. Die Website des IASP listet über 20 Möglichkeiten der aktiven Unterstützung auf.

# Der Wald ohne Wiederkehr

Der Autor Seichō Matsumoto machte den Kriminalroman in Japan bekannt. In seiner Geschichte „Der Wellenturm" nimmt sich die Protagonistin im Aokigahara-Wald am Fuß des Fuji das Leben. Seither reißt der Strom der Nachahmungstäter nicht ab. Das „Meer aus Bäumen", was Aokigahara übersetzt bedeutet, zieht immer mehr Suizidenten an. Das beinahe undurchdringbare Gehölz wird mehrmals pro Jahr von Polizei und Militär systematisch durchkämmt und nach Suizidopfern abgesucht. Der Zugang ist offiziell verboten und kein Straßenschild weist den Weg.

Im ersten Jahr der globalen Finanzkrise 2002 brachten sich 78 Menschen im Aokigahara-Wald um, 2003 bereits 100 und 2004 sogar 108. Hauptsaison ist Ende März, wenn das japanische Finanzjahr endet.

In früheren Zeiten wurden ungewollte Kinder im Meer aus Bäumen ausgesetzt. Ähnlich wie Hänsel und Gretel markieren heute Suizidenten ihren Weg
mit Schnüren, um bei einem Sinneswandel wieder zurückzufinden.

Der Wald ist ein mystischer Ort, dem seit jeher magische Kräfte nachgesagt werden. Es soll dort spuken und angeblich werden Kompasse und elektronische Geräte gestört. Untersuchungen haben dies nicht bestätigt.

Die Räumtrupps, die den Wald regelmäßig durchstreifen, haben mit dem Ab-
transport der Leichen genug zu tun. Und so bleiben viele Dinge zurück, die ein
trauriges Zeugnis der letzten Stunden ihrer Besitzer ablegen.

Die Dunkelheit des Aokigahara-Waldes ist sprichwörtlich. Das dichte Blatt-
werk schafft Plätze, wo es auch mittags nachtdunkel ist. Es leben kaum Tiere
im Wald. Die Finsternis steht im Kontrast zum schneebedeckten Fuji.

# Die tödlichste Brücke der Welt

Eine Brücke als solche ist ein verbreitetes Symbol für das Hinübergehen von einem Zustand in einen anderen – auch von dem des Lebens in den Tod. Manchmal ist die Brücke aber auch das Mittel, um vom Leben zum Tod zu kommen. Auf Suizidenten haben einige von ihnen magische Anziehungskraft. Die berühmteste und „tödlichste" Brücke steht in San Francisco. Von den so genannten „Selbstmörderbrücken" ist die Golden Gate Bridge die bekannteste und diejenige mit der größten Anziehungskraft. Das mag an der Fallhöhe von über 70 Metern liegen, die einen Sprung mit ziemlicher Sicherheit tödlich enden lässt. Von den geschätzt 1300 Menschen, die seit 1937 von der Brücke gesprungen sind, haben laut unterschiedlichen Medienquellen bislang 23 überlebt. (Tipp für unfreiwillig Abstürzende: alle Überlebenden kamen senkrecht und mit den Füßen zuerst im Wasser auf.) Genaue Zahlen werden von den Behörden nicht mehr veröffentlicht, seit es im Juni 1995 zu einem wahren Run auf das Wahrzeichen San Franciscos kam. Damals fieberten amerikanische Boulevardzeitungen öffentlich dem tausendsten Todessprung entgegen. Daraus entstand unter Suizidenten der makabere Wettbewerb, wer denn der Jubiläumsspringer sein würde. Einige Todeskandidaten hoben entsprechende Plakate in die Luft, bevor sie sich in die Tiefe stürzten. Die offizielle Zählung stoppte bei 997. Dennoch veröffentlichte die California Highway Patrol am 10. Juli 1995 die Meldung, dass der 25-jährige Eric Atkinson den zweifelhaften Rekord durch seinen Sprung am 3. Juli für sich verbuchen durfte. Seither werden überhaupt keine Zahlen mehr veröffentlicht.

Erst im Jahr 2003 erschien wieder ein ausführlicher Artikel über die Golden Gate Bridge, der Artikel *Jumpers* von Tad Friend im Magazin *The New Yorker*. Die Reportage inspirierte den Dokumentarfilmer Eric Steel zu seinem Regiedebüt *The Bridge* (2006). Ein Jahr lang filmte das Team jeden Tag aus versteckten Positionen mit Teleobjektiven, was sich auf der Brücke tat. Sie filmten 23 Suizidenten, aber auch viele Menschen, die vom Springen abgehalten werden konnten. Die Filmer beteuern, dass sie versucht hätten, die Sprünge zu verhindern, was ihnen in sechs Fällen auch gelungen ist. In den anderen Fällen kam die alarmierte Bridge Guard zu spät oder die Sprünge erfolgten ohne jegliche Vorwarnung. Im Schnitt sprang während der Dreharbeiten alle 15 Tage ein Mensch von der Brücke.

Steel wollte mit dem Film den Dialog über Suizid anstoßen und die Organisationen unterstützen, die fordern, dass das gerade einmal 1,20 Meter hohe Geländer erhöht und dadurch suizidsicher gemacht werden soll. Die Behörden verweigern dies bis heute mit dem Argument, dass Suizidgefährdete, die nicht von der berühmten Brücke springen können, sich eben bei der nächsten Gelegenheit an anderer Stelle das Leben nehmen würden. Notruf-Telefone, die eine direkte Leitung zu Seelsorgern herstellen, seien das Einzige, was man tun könne. Kritiker bemängeln, dass bei dem auf der Brücke herrschenden Verkehr und Wind ein Telefonat nicht möglich sei. Suizid-Forscher ergänzen, die Brücke habe eine ganz besondere Anziehungskraft gerade auf Impulstäter. Etwa 90 Prozent derjenigen Personen, die von einem ersten Sprungversuch abgehalten werden können, würden es nicht noch einmal versuchen. Der wahre Grund für die Untätigkeit der Behörden seien die Kosten von über 50 Millionen Dollar für eine Gitterkonstruktion, die nicht überklettert werden kann. Auch Denkmalschützer und Architekten wenden sich gegen eine Einhausung – aus ästhetischen Gründen.

# Wohin mit all den Buchstaben?

„Wer schreibt, der bleibt" heißt es nicht nur in den mittleren Etagen von Firmen, sondern auch in Kreisen von Menschen, die ihr Gedachtes der Welt hinterlassen wollen. Doch mit dem Tod endet alle Macht – auch über das eigene Wort. Was mit den wohlgesetzten Worten und Sätzen eines Schriftstellers geschieht, darüber entscheiden Archivare, Verleger und Testamentsvollstrecker – nicht immer im Sinne des Autors.

## 1.
## Digitaler Rettungsdienst

Unvollendete Werke, überarbeitete Manuskripte, Verlagskorrespondenzen, Tagebücher, Fotografien und vieles mehr aus der Hinterlassenschaft von Schriftstellern sammeln die Literaturarchive. Dass Autoren mittlerweile überwiegend auf dem Computer schreiben, Lektoren in Word-Dokumenten redigieren und Verleger sich mit ihren Rohstofflieferanten per E-Mail über die richtigen Vermarktungsstrategien und die leserfreundliche Gestaltung ihrer Bücher zanken, stellt die Archivare vor besondere Herausforderungen. Zudem erscheinen manche Bücher bereits heute nur noch als E-Book; außer einem Verlagsvertrag gibt es unter Umständen kein einziges Stück Papier, das die Entstehung eines Buches und seine Begleitumstände dokumentiert. Das Deutsche Literaturarchiv in Marbach beschäftigt einen Spezialisten, der regelmäßig Fragmente und Korrespondenzen von veralteten Commodore- und Atari-Rechnern rettet und für die Nachwelt erhält. Die Monacensia, Literaturarchiv und

Bibliothek der Stadt München, hat bereits mehrere Terabyte Speicherplatz auf städtischen Servern für die Erhaltung der digitalen Produktion der heute noch lebenden und immer zahlreicher werdenden Münchner Autoren reserviert.

## 2.
## Lyrische Auferstehung

Der englische Künstler Dante Gabriel Rosetti (*1828; †1882) war ein standesgemäßer Exzentriker, der zwei große Talente in sich vereinigte: Als Maler war er Anführer der Präraffaeliten, einer Bruderschaft von Künstlern, die eine naturalistische Darstellung der Natur bevorzugte und zum vorraffaelischen Stil der Frührenaissance zurückstrebte. Als Dichter machte er sich ebenfalls einen Namen. Wobei seine berühmtesten Verse im wahrsten Sinne des Wortes postum veröffentlicht wurden – und das zu Lebzeiten ihres Verfassers. Als Rosettis schöne Frau Siddall 1862 starb, war er so traurig, dass er glaubte, nie wieder schreiben zu können. Er legte das einzige und unveröffentlichte Manuskript aller seiner jemals verfassten Gedichte mit zu ihr in den Sarg. Sieben Jahre später ließ er reumütig das Grab öffnen, um seine Lyrik doch noch veröffentlichen zu lassen. Bei der Exhumierung war nicht der Dichter, sondern der geschäftstüchtige Agent zugegen. Er verbreitete die Legende, die tote Siddall sei unversehrt im Sarg gelegen. Rosettis *Poems* verkauften sich trotz dieses Mythos und ihres erotischen Inhalts nur schleppend. Sie werden heute nur noch von einem englischen Kleinverlag als Re-Print einer Ausgabe von 1923 verlegt.

## 3.
## Letzter Literatenwille

Viele Werke der Weltliteratur wären für immer verloren gegangen, wenn sich die Nachlassverwalter an die Verfügungen der verstorbenen Autoren gehalten hätten. Das berühmteste

Beispiel ist das von Erblasser Franz Kafka (*1883; †1924) und Testaments(nicht)vollstrecker Max Brod (*1884; †1968). Bevor Kafka an Tuberkulose starb, verfügte er, dass sein gesamtes und größtenteils unveröffentlichtes Werk vernichtet werden solle: *Liebster Max, meine letzte Bitte: alles was sich in meinem Nachlass (also im Bücherkasten, Wäscheschrank, Schreibtisch zuhause und im Bureau, oder wohin sonst irgendetwas vertragen worden sein sollte und Dir auffällt) an Tagebüchern, Manuscripten, Briefen, fremden und eigenen, Gezeichnetem u.s.w. findet restlos und ungelesen zu verbrennen, ebenso alles Geschriebene oder Gezeichnete, das Du oder andere, die Du in meinem Namen darum bitten sollst, haben. Briefe, die man Dir nicht übergeben will, soll man wenigstens selbst zu verbrennen sich verpflichten. Dein Franz Kafka*

Nachlassverwalter Brod widersetzte sich dem letzten Willen des Freundes und brachte zuallererst den Text dieses (und eines weiteren) Testaments in der Zeitschrift *Die Weltbühne* und anschließend die gesammelten Werke Kafkas in sechs Bänden heraus. Über den Verbleib des Kafka-Erbes nach dem Tod des vor den Nazis nach Israel geflüchteten Max Brod, der seinerseits alle Unterlagen seiner Sekretärin Esther Hoffe geschenkt hatte, gab es bis 2012 Streit. Dann sprach ein Gericht in Tel Aviv den Kafka-Nachlass Israels Nationalbibliothek zu.

Mit dem Erbe des amerikanischen Erfolgsautors Mark Twain (bürgerlich Samuel Langhorne Clemens; *1835; †1910), Schöpfer von *Tom Sawyer* und *Huckleberry Finn*, wurde dagegen sorgfältiger verfahren. Seine zuverlässigen Nachlassverwalter hielten sich an sämtliche seiner Verfügungen. Die wichtigste davon besagte, dass Mark Twains letztes großes Werk, die Autobiographie, erst 100 Jahre nach seinem Tod herausgegeben werden dürfe. Teil I erschien im Jahr 2010 mit großem Erfolg.

# Hochprozentiges für Körper und Geist

Eigentlich war der Drink als Heilmittel gegen einen Alkoholkater gedacht, als ihn der Gastronom Ernest Raymond Beaumont-Gantt, genannt Donn Beach, 1934 in seinem Etablissement „Don the Beachcomber" in Hollywood einem Stammgast mixte. Der Kurierte kam Tage später zurück und beschwerte sich, er habe sich nach dem Genuss des Cocktails wie ein Untoter gefühlt. Das mag daran gelegen haben, dass der Zecher nicht nur einen der daraufhin <u>Zombie</u> genannten Realitätsblocker zu sich genommen hatte, bevor er ein Flugzeug bestieg. Doch angesichts der Menge an Rum, die in den Rezepten empfohlen wird, weiß man beim Lesen eigentlich schon, was einen erwartet. Hier das original Zombie-Rezept von Donn Beach, weitergereicht durch Stefan Gabányi, Bar Gabányi, München:

3 cl Demerara Rum (73 %)
3 cl Jamaica Rum
3 cl Golden Rum (Cuba)
1 cl Falernum
2 cl Maraschino Likör
3 Spritzer Grenadine Sirup
2 Spritzer Angostura Bitters
6 Tropfen Absinth (hochprozentig)
4–5 cl Ananassaft
1–2 cl Pink Grapefruitsaft
2 cl Limettensaft

Alle Zutaten zusammen mit reichlich Crushed Ice in den Elektromixer und mindestens 30 Sekunden auf höchster Stufe blenden. Auf Crushed Ice ins Glas, Strohhalm reinstecken und mit einer Ananasscheibe dekorieren.

Der Katzen
Scherz ist der
Mäuse Tod.

Der Tod
ist ein
gleicher
Richter.

Der Tod
und die Kirche geben
nichts zurück.

Lasst uns essen
und trinken,
denn morgen
sind wir tot.

Der Tod
ist gewiss,
die
Stunde
ungewiss.

Arm oder reich,
der Tod
macht alles gleich.

Der Tod
ist das Ende
aller Not.

Arm ist, wer den Tod wünscht,
aber ärmer, wer ihn fürchtet.

Der
Übel-
täter Tod
ist des
Frommen
Gnade.

Schulden, Alter und Tod kommen
unangemeldet ins Haus.

Auf Nebel
stark füllt Tod
den Sarg.

Dem Tod
ist niemand zu
stark.

# Philosophie des Todes im World Wide Web

Während europäische Universitäten erst nach und nach beginnen, sich der Öffentlichkeit zuzuwenden und das Internet zur Verbreitung der Lehre zu nutzen, hat die offen ins Netz gestellte Lehrveranstaltung in den USA lange Tradition. Bereits seit den 1990er Jahren werden Vorlesungen und Kurse aufgezeichnet, um sie jedermann per Datenfernübertragung zur Verfügung zu stellen. Drei besonders beliebte Online-Vorlesungen beschäftigen sich mit dem Tod.

## „Last Lecture"
*Randy Pausch —— Carnegie-Mellon University, Pittsburgh*
*2007*

Der Informatikprofessor Randy Pausch befasste sich mit der idealen Zusammenwirkung von Mensch und Maschine. Seine Forschungsergebnisse bestimmen nicht nur bis heute das Aussehen von wegweisenden Videospielen, sondern helfen auch Internetnutzern, schnell und einfach den Weg durch das Netz zu finden. Seine Forschungen flossen ein in die Entwicklungen des Computerspiel-Giganten Electronic Arts (Titel: *FIFA Football*, *Grand Theft Auto* usw.) sowie die Benutzeroberfläche der Suchmaschine *Google*. Berühmt wurde er jedoch auf tragische Art und Weise. Seine Alma Mater, die Carnegie Mellon Universität (CMU) in Pittsburgh, lud Pausch 2007 zu einer <u>Letzten Vorlesung</u> ein. Diese besondere Lehrveranstaltung wird an angelsächsischen Universitäten oft von berühmten Professoren gehalten.

Die Hochschullehrer werden gebeten, so zum Publikum zu sprechen, als würden sie am nächsten Tag sterben: Was ist es, was sie unbedingt der Nachwelt mitteilen möchten? Bei Randy Pausch wurde dieses ursprünglich humorig gemeinte Konzept Realität. Denn zu dem Zeitpunkt, an dem er seine Last Lecture hielt, war er unheilbar an Bauspeicheldrüsenkrebs erkrankt. Am 18. September 2007 sprach Pausch vor einem voll besetzten Audimax der CMU zum Thema *Really Achieving Your Childhood Dreams* (dt.: *Wie deine Kindheitsträume wirklich wahr werden*). Die Videoaufzeichnung des gut einstündigen Vortrags sollte ursprünglich als Andenken für Pauschs Kinder dienen. Kaum auf YouTube veröffentlicht, wurde der Film millionenfach aufgerufen. Pausch war in Folge Gast in allen wichtigen US-amerikanischen Fernsehshows und verfasste gemeinsam mit dem Journalisten Jeffrey Zaslow ein Buch mit dem Titel *The Last Lecture*. Dessen Veröffentlichung und sofortigen Bestseller-Status überlebte Pausch nur um wenige Monate. Am 25. Juli 2008 starb Randy Pausch im Kreise seiner Familie. Zwei Monate zuvor wurde er vom *Time Magazine* zu einer der einhundert einflussreichsten Persönlichkeiten der Welt gekürt.

Randy Pauschs letzte Vorlesung ist im Internet auf YouTube mittlerweile auch in einer Version mit deutschen, französischen, spanischen und englischen Untertiteln abrufbar.

## „Death"

*Shelly Kagan — Open Yale Courses*
*2007*

Sind wir – in welcher Beziehung auch immer – unsterblich? Wäre Unsterblichkeit wünschenswert? Welche Argumente gibt es für das Vorhandensein der Seele? Ist der Tod böse? Wenn ja, warum? Ist Suizid moralisch erlaubt? In welcher Weise sollte das Wissen, dass ich sterben werde, mein Leben beeinflussen? Solche und viele weitere zentrale Fragen des Todes und des Lebens diskutiert Yale-Professor Shelly Kagan in der Online-

Vorlesung mit dem schönen Titel *Death* aus dem Jahr 2007. Die 26 knapp einstündigen Filme wurden im Rahmen der bekannten Open Yale-Vorlesungen der berühmten Universität in Connecticut aufgezeichnet und sind ebenfalls auf YouTube abrufbar. Um die 26 Stunden Philosophie des Todes in sein Leben einzubauen empfiehlt es sich, ein ganzes Semester mit wöchentlichen Vorlesungsterminen fest im Kalender vorzumerken.

## „Arithmetic, Population and Energy"

*Al Bartlett — University of Colorado, Boulder*
*1998*

Seit 1969 hielt Physik-Professor Albert „Al" Bartlett von der University of Colorado seinen Standardvortrag über „Arithmetik, Bevölkerungswachstum und Energiebedarf" an Universitäten und vor unterschiedlichsten Organisationen in Amerika und auf der ganzen Welt. Über 40 Jahre lang, im Durchschnitt einmal pro Woche, klärte er über das „zentrale Problem der Menschheit" auf, das darin bestehe, dass unsere Spezies keinen Sinn für exponentielles Wachstum habe. „Man liest in der Zeitung, dass irgendetwas mit fünf Prozent pro Jahr wächst, und denkt: Wie langweilig. In Wirklichkeit bedeutet dies, dass sich die Grundmenge in 14 Jahren verdoppelt." Angewendet auf Energieverbrauch und Bevölkerungswachstum zieht Bartlett aus diesem Unvermögen düstere Schlüsse: „Irgendwann werden Energie und Platz auf der Erde zu wenig werden. Dann gibt es Nullwachstum. Das bedeutet, dass es weniger Menschen geben wird. Übersetzt: Ein Massensterben wird einsetzen. Die Frage ist nicht, ob das geschieht, sondern wann. Und wie." Der äußerst anschauliche, beeindruckende wie bedrückende Mathekurs sollte in der Mittelstufe jeder Schule in den Industriestaaten gezeigt werden. Das Video ist auf Bartletts Website abrufbar.

# Lieber rechtzeitig selber texten

Jemandem, der nichts Irdisches mehr zu verlieren hat, wird besondere Klarsicht und Weitblick unterstellt. Mark Twain riet: „Ein Mann, der etwas auf sich hält, sollte seine letzten Worte beizeiten auf einen Zettel schreiben."

„Alles, was geboren wird, ist vergänglich und stirbt."
*Siddhartha Gautama, genannt Buddha*

„Es könnte nicht besser sein."
*Axel Caesar Springer*

„Ich habe meine Sache hier getan."
*Albert Einstein*

„Störe meine Kreise nicht."
*Archimedes*

„Ich weiß, dass du gekommen bist, um mich zu töten. Schieß, du Feigling, du tötest nur einen Menschen."
*Ernesto Guevara de La Serna, genannt Che*

„Ich hatte einen Mordsspaß und habe
jede Sekunde davon genossen."
*Errol Flynn*

„Nun, wenn es sein muss."
*Edvard Grieg*

„Lasst den Duschvorhang immer auf der
Innenseite der Badewanne!"
*Conrad Hilton*

„Alle meinen Reichtum für einen Moment mehr Zeit!"
*Königin Elisabeth I. von England*

„Mehr Licht!"
*Johann Wolfgang von Goethe*

„Gott wird mir verzeihen – das ist sein Metier."
*Heinrich Heine*

„Es ist gut."
*Immanuel Kant*

„Da gibt es nichts zu weinen!"
*Konrad Adenauer*

„Kleine Opfer müssen erbracht werden."
*Otto Lilienthal*

„Es ist alles so langweilig!"
*Winston Churchill*

„Lasst die Jalousien oben!
Ich will, dass die Sonne mich grüßt!"
*Rudolph Valentino*

„So stirbt man also."
*Coco Chanel*

„Ich habe nicht die geringste Furcht zu sterben."
*Charles Darwin*

„Wo ist meine Uhr?"
*Salvador Dalí*

„Es ist sehr schön da drüben."
*Thomas Alva Edison*

„Morgen werde ich nicht mehr hier sein."
*Nostradamus*

„Das ist leicht, das habe ich vorher nicht gewusst."
*Werner Heisenberg*

„Entweder diese Tapete verschwindet oder ich."
*Oscar Wilde*

„Gebt mir meine Brille."
*Thomas Mann*

„Der Kerl muss anhalten. Er wird uns sehen."
*James Dean*

„Ich hätte nie von Scotch zu Martinis wechseln sollen."
*Humphrey Bogart*

„Was ist geschehen?"
*Kaiserin Elisabeth von Österreich, genannt Sissi*

„Das war eine großartige Runde Golf, Freunde!"
*Bing Crosby*

„Es ist gar nichts ... es ist gar nichts."
*Franz Ferdinand, Erzherzog von Österreich*

„Sterben ist leicht – Komödie ist schwer."
*George Bernard Shaw*

„Es lebe die Freiheit!"
*Hans Scholl*

„Ich versinke, ich versinke."
*Wilhelm II., König von Preußen und deutscher Kaiser*

„Ich würde lieber Ski fahren gehen."
*Stan Laurel*

„Eva geht jetzt."
*Eva Perón*

„Kaputt ..."
*Manfred von Richthofen, genannt der Rote Baron*

„Das Auto scheint okay zu sein."
*Ayrton Senna*

„Trinkt auf mich, trinkt auf meine Gesundheit, ihr wisst, ich kann nicht mehr trinken."
*Pablo Picasso*

„Es ist vollbracht."
*Jesus von Nazareth (Johannes 19,30)*

„Sterben? Das ist das Letzte, was ich tue!"
*Groucho Marx*

# Todesarten in Dichtung und Wahrheit

Wer hätte bei Todesdarstellungen in Literatur und Film oder beim Betrachten der täglichen Nachrichten nicht schon gedacht: „So möchte ich keinesfalls sterben!" Doch wie erginge es einem wirklich auf dem Scheiterhaufen neben Jeanne d'Arc, wie würden sich die letzten Stunden in der Todeszone des Mount Everest anfühlen, was spürt der angeschossene Cowboy?

## Ertrinken

Der Prozess, der dem eigentlichen Ertrinken vorausgeht, ist komplex und abhängig von der Wassertemperatur sowie dem Alter und Gesundheitszustand und der Kondition des Opfers. Vor allem die Temperatur spielt eine große Rolle, will man die Chancen beurteilen, die ein Mensch hat, der ins Wasser gefallen ist, lebendig gerettet zu werden. Unter 28 Grad Umgebungswärme kann der Körper seine eigene Temperatur nicht aufrechterhalten, und das Versagen von Muskulatur und Organen ist nur eine Frage der Zeit. Bei 15 Grad kann ein durchschnittlich beschaffener und trainierter Mensch nur zwei Stunden bei Bewusstsein bleiben, bei etwas über null Grad nur wenige Minuten. Je kälter das Wasser, in das man unfreiwillig fällt, desto heftiger der Kälteschock, der sich durch schnelles Ein- und Ausatmen, die Hyperventilation sowie starken Anstieg von Herzfrequenz und Blutdruck äußert. Viele Opfer bekommen Panik und atmen jetzt bereits Wasser ein. Sie müssen daraufhin stark husten, wobei noch mehr Wasser in die Lunge gerät. Der einsetzende Sauerstoffmangel führt nach kurzer Zeit zu Bewusstlosigkeit und unkontrollierter Schnappatmung, durch die die Lunge schließlich vollständig mit Wasser gefüllt wird. Dieser Tod geht sehr schnell und ist nur in den wenigen Minuten der Panik unangenehm. Und zwar so unangenehm, dass ebendiese Empfindungen bei der Foltermethode des Waterboarding ganz gezielt bei Folteropfern hervorgerufen werden. Absolute Todesangst ist die Folge.

Für das Überleben wäre es wichtig zu wissen, dass der Kälteschock nach etwa einer Minute nachlässt und man dann wieder normal atmen kann, um Zeit für eine Rettung zu gewinnen. Nun jedoch wie wild zu schwimmen ist nicht ratsam, da dies den Körper Kräfte und damit Wärme kostet. Sollte jedoch keine Rettung nahen und keine Eigenrettung auf ein Boot oder Wrackteil möglich sein, wird in Abhängigkeit von der Wassertemperatur irgendwann die Muskulatur versagen. Der Mensch, der jetzt noch bei Bewusstsein sein kann, wird untergehen. Er wird versuchen, den Atem anzuhalten. Nach einer Minute unter Wasser steigt der Kohlendioxidgehalt des Blutes jedoch so stark an, dass der Atemreflex unausweichlich ausgelöst wird. Zwei tiefe Atemzüge füllen die Lunge mit Wasser, der Hustenreiz (siehe oben) tut ein Übriges ... und sehr bald wird die Bewusstlosigkeit eintreten. Da der Körper über die Lunge keinen Sauerstoff mehr gewinnen kann, schaltet er die Atmung ab. Dem Atemstillstand folgt der Herzstillstand – davon bekommt der Ertrinkende aber nichts mehr mit.

## Verbluten

Beim Verbluten muss man zwei Arten unterscheiden. Das Durchtrennen der Hauptschlagader (Aorta) führt zu einem plötzlichen Blutdruckabfall im Körper und damit zu einem schlagartigen Aussetzen der Gehirn- und Herzfunktion. Der Tod tritt innerhalb weniger Sekunden ein. Da die Aorta im Brust- und Bauchraum gut geschützt ist, ist so ein Tod eigentlich nur durch eindringende Projektile aus Schusswaffen und Verletzungen durch Stichwaffen möglich. Der Sterbende hat wahrscheinlich kaum Zeit, gewahr zu werden, was mit ihm passiert. Wer dagegen langsam verblutet, ist am Anfang bei vollem Bewusstsein. Übrigens kann man bis zu einem Dreiviertelliter Blut verlieren, ohne dass dies Folgen hätte. Bei der Blutspende etwa gibt man ohne größere Probleme einen halben Liter Blut ab. Kritisch wird die Verringerung des Blutvolumens ab Mengen von etwa anderthalb Litern und mehr. Bei über zwei Litern Blutverlust verliert man das Bewusstsein. Schließlich bricht der Blutkreislauf zusammen, es kommt zur Sauerstoffunterversorgung des Gehirns und der anderen Organe, und der Mensch stirbt. Das kann je nach Geschwindigkeit des Blutverlustes mehrere Stunden dauern. Langsames Verbluten wird durch Verletzung von Organen und Blutgefäßen verursacht und ist demnach eine häufige Folge von Unfällen oder Suizidversuchen. Durch die Allmählichkeit des Bewusstseinsschwundes entsteht der Eindruck, dass der Tod durch Verbluten angenehmer sei als andere Todesarten, jedoch gibt es eine Phase, in der dem unversorgten Opfer bewusst wird, wie es schwächer und schwächer wird. Panik und Verzweiflung können in dieser Phase eintreten und die letzten bewussten Momente trüben. Das schnelle Verbluten ist insofern also dem langsamen vorzuziehen.

## Verbrennen

Der Tod durch Verbrennen ist in den meisten Fällen eigentlich der Tod durch Rauchvergiftung und als solcher ein eher dankbarer Tod, sofern er in der klassischen Situation des nächtlichen Wohnungsbrandes auftritt. Meist erliegen die schlafenden Opfer einer Vergiftung durch Schwelgase, vor allem Kohlenmonoxyd, bevor die Flammen sich über ihre Körper hermachen. Diese Todesart scheint also deshalb erträglich, weil man bereits tot ist, bevor man verbrennt. In diesem Szenario liegt auch die große Chance begründet, einen nächtlichen Wohnungsbrand zu überleben: Durch die Installation von Rauchmeldern wird man geweckt, bevor man erstickt. Und kann das Feuer womöglich leicht löschen. Anders stellt sich die Situation dar, wenn der Wirkung des Feuers nicht die des zunächst betäubenden und schließlich tödlichen Gases vorausgeht: sei es bei einem schnellen Aufflammen des verunfallten Autos, aus dem man sich nicht mehr schnell genug befreien kann, sei es bei einer Selbstverbrennung in suizidaler Absicht. Dann wird man die Hitze und das Verbrennen der Haut für einige Zeit qualvoll spüren. Zumindest so lange, wie das Gehirn das Bewusstsein aufrechterhält. Es besteht dann nur die Hoffnung, dass die Bewusstlosigkeit schnell eintritt und zuvor Adrenalin und andere Stresshormone das Erleben mildern. Auf diese Weise zu sterben, ist sicher nicht der Wunsch vieler Menschen.

## Stromschlag

Der ehemalige britische Verteidigungsminister Michael Portillo begab sich als TV-Reporter für die BBC auf die Suche nach einer „humanen Tötungsmethode" für die in vielen Staaten noch vollstreckte Todesstrafe *(siehe S. 147–149)*. Zunächst untersuchte Portillo die in den USA zur Anwendung kommenden Hinrichtungsarten Giftspritze, Hängen, Gas, elektrischer Stuhl. Alle vier Tötungsarten erwiesen sich als ungeeignet, einem Menschen ohne Schmerz und unnötiges Leiden das Leben zu nehmen. Als besonders schlimm stellte sich der Tod durch elektrischen Strom heraus. Im Film festgehaltene Laborversuche mit (bereits toten) Schweinen zeigen eindrücklich, dass eher ein langsames Grillen des Opfers bewerkstelligt wird als ein schneller Tod. Kein Wunder: Den elektrischen Stuhl entwickelte Thomas A. Edison am Ende des 19. Jahrhunderts auch deshalb, um zu zeigen, dass der von seinem Konkurrenten George Westinghouse bei der Elektrifizierung Amerikas bevorzugte Wechselstrom zu gefährlich sei. Edison setzte auf Gleichstrom und nannte als PR-Genie die Tötung mit Wechselstrom auch öffentlich „to westinghouse someone". Den verbitterten Kampf um den ersten technischen Standard der Wirtschaftsgeschichte entschied dennoch George Westinghouse für sich. Grund dafür waren technische Vorteile des Wechselstroms in der Industrie.

## Köpfen

Der „König der Henker" war der 1893 in Wörth an der Donau geborene Johann Reichhart *(siehe S. 140)*. Als Spross einer alten bayerischen Scharfrichterfamilie richtete er während der Zeit der Weimarer Republik und des Nationalsozialismus über 3000 Verurteilte mit dem Fallbeil. Seiner später in Interviews geäußerten Ansicht nach sei diese Methode die schnellste und daher menschenschonendste. Hingegen waren Beobachter von Hinrichtungen per Guillotine in England und Frankreich, dem Ursprungsland des Tötungsapparates, davon überzeugt, dass der Kopf eines Enthaupteten noch einige Sekunden leben und bei Bewusstsein bleiben könne. Zeitgenössische Berichte aus dem 18. und 19. Jahrhundert attestieren den rollenden Häuptern wild umherblickende Augen sowie äußerst wache Gesichtsausdrücke. Andere hätten grässliche Grimassen geschnitten, wenn ein untersuchender Arzt seinen Finger in den Rachen gesteckt hatte, wieder andere abscheulich mit den Zähnen geknirscht. Geht man davon aus, dass das Gehirn einige Minuten ohne Sauerstoffzufuhr überlebt, scheint es durchaus vorstellbar, dass diese Zeit bei vollem Bewusstsein erlebt wird.

## Erfrieren

Der Erfrierungstod verläuft in mehreren unterschiedlichen Phasen. Da der Körper bestrebt ist, die lebenswichtigen Organe im Rumpf und im Kopf so lange wie möglich funktionstüchtig zu halten, entzieht er zunächst den äußeren Gliedmaßen die Versorgung mit warmem Blut. Jeder weiß, dass die Fingerspitzen und die Zehen zuerst kalt werden – und dass dieses Gefühl durchaus unangenehm ist. Diese erste Phase, in der die

Extremitäten erfrieren, ist mit großen Schmerzen verbunden. Bald kann der überdurchschnittliche Energiebedarf des Gehirns nicht mehr aufrechterhalten werden. Das Gehirn benötigt beim Erwachsenen 20 Prozent des Grundumsatzes bei einem Gewichtsanteil von nur zwei Prozent des Körpergewichts – und in einer Stresssituation noch wesentlich mehr. Die Gehirnleistung wird nach und nach heruntergefahren, um das im Vergleich noch wichtigere Herz so lange wie möglich zu versorgen. Dadurch schränkt sich die Wahrnehmung des Erfrierenden immer stärker ein. Es kann durchaus sein, dass er keinen Schmerz mehr verspürt. Im Endstadium kann es zur so genannten Kälteidiotie kommen, in deren Verlauf das Opfer große Hitze wahrnimmt und sich mit letzter Kraft die Kleider vom Leib reißt. Ein schöner Tod ist das sicherlich nicht. Die Legende vom einfachen und daher schmerzlosen Einschlafen dürfte daher rühren, dass winters viele Obdachlose in ihren Schlafstätten unter Brücken und auf Parkbänken erfrieren, wenn es zu plötzlichen und scharfen Kälteeinbrüchen kommt. Da nicht wenige durch Alkohol bereits betäubt sind, geschieht das Erfrieren dann tatsächlich im Schlaf. Im nüchternen Zustand bekommt man sein eigenes langsames Sterben eine unendliche Zeit lang mit.

## Erschießen

Auf welche Weise eine Schusswaffe tötet und was der Getroffene dabei empfindet, ist von sehr vielen Faktoren abhängig: In welche Körperregion traf der Schuss? Welche Art und Form eines Projektils wurde verwendet? Mit welcher Kraft traf es auf dem Körper auf? Wie Western- und Krimiliebhaber wissen, reichen die Ausprägungen einer Schussverletzung vom zunächst harmlosen Streifschuss, dessen Wunde sich jedoch infizieren kann, über den Durchschuss, bei dem ein größeres Blutgefäß getroffen wird, wodurch das Opfer verblutet, bis zum direkten Herzschuss, der sofort tötet. Der „Kommt-ganz-darauf-an"-Faktor lässt sich alleine schon an den unzähligen Fällen verdeutlichen, in denen Kopfschüsse nicht tödlich wirken. Eine Vorhersage, ob das Sterben angenehm ist oder nicht, lässt sich von keinem anderen Tötungsmittel weniger gut treffen als bei der Schusswaffe, dem Mordinstrument Nummer 1.

## Strangulation

Der Rechtsmediziner unterscheidet Erwürgen (mit den bloßen Händen), Erdrosseln (mit Werkzeugen wie Strick oder Draht) und Erhängen (mit Hilfe des Zusammenspiels zwischen Strick und Körpergewicht). Besonders Letzteres ist beliebt bei Suizidenten wie auch Henkern. Ob die Strangulation ein schneller Tod ist oder nicht, liegt vor allem an der Routine des ausführenden Personals. Da Selbstmörder keine allzu große Erfahrung erwerben können, laufen sie Gefahr, Fehler zu begehen, die ihnen einen längeren und damit unschönen Tod bescheren.

## Herzversagen

Weder die Schilderung der Symptome der Brustenge *(Angina Pectoris)*, die von der Verstopfung der Herzkranzgefäße herrührt, noch des akuten Herzinfarkts, dem Absterben ganzer Regionen des Herzmuskels, lesen sich besonders angenehm. Von sehr starken Schmerzen, die weit in die Schultern und den Bauchraum ausstrahlen können, von einem Gefühl, ein Elefant stehe auf der Brust, sowie von starker Übelkeit und Erbrechen ist in Aufklärungsschriften die Rede. Beide Erkrankungen können, müssen aber nicht zum plötzlichen Herztod führen, der in manchen Fällen schneller, in anderen langsamer eintritt. Der Sekundentod kann aber auch auftreten, ohne sich zuvor angekündigt zu haben. Ihn erleiden nicht nur alte Menschen, wie der Fall des norwegischen Schwimmweltmeisters Alexander Dale Oen zeigte, der 2012 im Trainingslager in den USA unter der Dusche tot zusammenbrach. Umfallen und tot sein – dies ist eine Todesart, die der Vorstellung vom guten Tod ziemlich nahe kommt.

# Wie denken Waffenschmiede über den Tod?

Aus militärischen Überlegungen ist es unvorteilhaft, wenn ein Gegner auf dem Schlachtfeld stirbt. Taktisch gesehen ist eine schwere Verletzung des Feindes vorzuziehen. Denn ein kampfunfähiger Verwundeter beschäftigt zwei Kameraden, die ihm beistehen – und die in dieser Zeit nicht kämpfen können. Daher werden Sturmgewehre so konzipiert, dass sie Menschen schlimme Wunden zufügen, die sie zunächst einmal überleben. Das meistgebaute Sturmgewehr der Welt, die russische *AK-47*, auch bekannt unter dem Namen ihres Erfinders Michail Kalaschnikow, hat mit Kaliber 7,62 x 39 Millimeter einen idealen Durchmesser, um solche Wunden zu verursachen. Dagegen hat die von den NATO-Sturmgewehren, wie dem amerikanischen *M16* oder dem deutschen *G36*, verschossene Munition mit Kaliber 5,56 × 45 Millimeter einen wesentlich geringeren Durchmesser. Die Geschosse sind leichter und kürzer als die der Kalaschnikow und bieten daher von der Herstellung über Lagerung und Transport bis zur Bevorratung des einzelnen Soldaten logistische Vorteile. Nachteil: Treffer könnten gegnerische Soldaten nicht ausreichend verletzen, um sie kampfunfähig zu machen. Daher ist die NATO-Munition so beschaffen, dass sich die Kugel nach dem Auftreffen im Körper überschlägt und in Stücke zerlegt, um größeren Schaden anzurichten.

Überraschende Erkenntnisse
eines Friedensforschers: ⟶
Töten ist kein Kriegsziel.

# Wie denken Kriegsherren über den Tod?

Der Niederländer Jaïr van der Lijn forscht am Stockholmer Internationalen Friedensforschungsinstitut (SIPRI), wie bewaffnete Konflikte entstehen und wie sie sich vermeiden lassen.

*Man hat den Eindruck, dass in früheren Zeiten eine Schlacht oder ein Krieg dann beendet waren, wenn die Soldaten der einen Partei die der anderen umgebracht hatten. Hat sich Töten als Kriegsziel erledigt?*
Töten war nie Ziel eines Krieges. Kriegsziel war immer, dem Gegner seinen Willen aufzuzwingen. Dass dabei Menschen sterben, ist ein Nebeneffekt. Wie Clausewitz sagte: ‚Krieg ist die Fortsetzung der Politik mit anderen Mitteln.'

*Dennoch sind in den Kriegen, besonders im 20. Jahrhundert, Millionen von Menschen gestorben.*
Der Zweite, und viel mehr noch der Erste Weltkrieg, waren die letzten Zermürbungskriege. Da gehörte es zur militärischen Strategie, Gegner zu töten. Aber nicht, um am Ende ein paar Soldaten mehr übrig zu haben. Durch den Tod der Kameraden sollen die Überlebenden zur Aufgabe bewegt werden.

*Weil ein gefangener Soldat besser ist als ein toter Krieger?*
Mit Gefangenen können Sie politische Zugeständnisse erreichen. Mit Toten können Sie niemanden erpressen.

*Diese Art des Krieges ist Vergangenheit?*
Wir leben grundsätzlich in einer relativ friedlichen Zeit. Auch wenn die Abendnachrichten etwas anderes vermuten las-

sen. Die Militärs haben viel aus der Vergangenheit gelernt. Zum Beispiel, dass dauerhaft verletzte und traumatisierte Gegner strategisch nutzvoller sind als tote Gegner.

*Man plant Verstümmelungen bei der Kriegsvorbereitung ein?*
Sehen Sie sich Landminen an. Sie sind so gebaut, dass sie eben nicht töten. Es wäre ein Leichtes, sie mit so viel Sprengstoff auszustatten, dass sie einen Gegner sofort umbringen, wenn er auf sie tritt. Aber die Stärke der Detonation und die Art der verwendeten Schrapnelle sind genau so berechnet, dass sie das nicht tun, sondern nur die Beine zerfetzen.

*Dann sind abgerissene Kinderbeine keine Zufallsprodukte?*
Natürlich nicht. Diejenigen, die die Minen einsetzen, zielen darauf ab, dass sie großen ökonomischen Schaden in der Bevölkerung des Gegners anrichten. Ein Mensch, der für die nächsten 30 bis 50 Jahre auf Hilfe angewiesen ist, belastet seine Familie und damit die gesamte Gesellschaft des Gegners wesentlich stärker als ein Toter.

*Der Tod war also zu allen Zeiten eher eine ungewollte Nebenwirkung des Krieges?*
Noch nie hat ein Staatenlenker beim Beginn eines Krieges gesagt: ‚Wir werden die Gegner umbringen‘. Sie haben immer gesagt: ‚Wir werden unsere Nordgrenze verteidigen‘ oder ‚Wir müssen Lebensraum im Osten erkämpfen.‘ Das ist auch der eigenen Bevölkerung viel besser darstellbar.

*Die Bevölkerung möchte vom Tod schließlich auch nichts wissen, denn die eigenen Leute sterben ja auch.*
Solange man nicht mit unbemannten Drohnen kämpft. Das Gefährliche an den modernen Kriegen ist, dass sie weit weg und scheinbar ohne Beteiligung der eigenen Gesellschaft stattfinden. Aber das ist natürlich nicht so. Auch am Steuerknüppel einer Drohne sitzt ein Mensch. Noch.

# Der Tod
## und
## der
## Körper

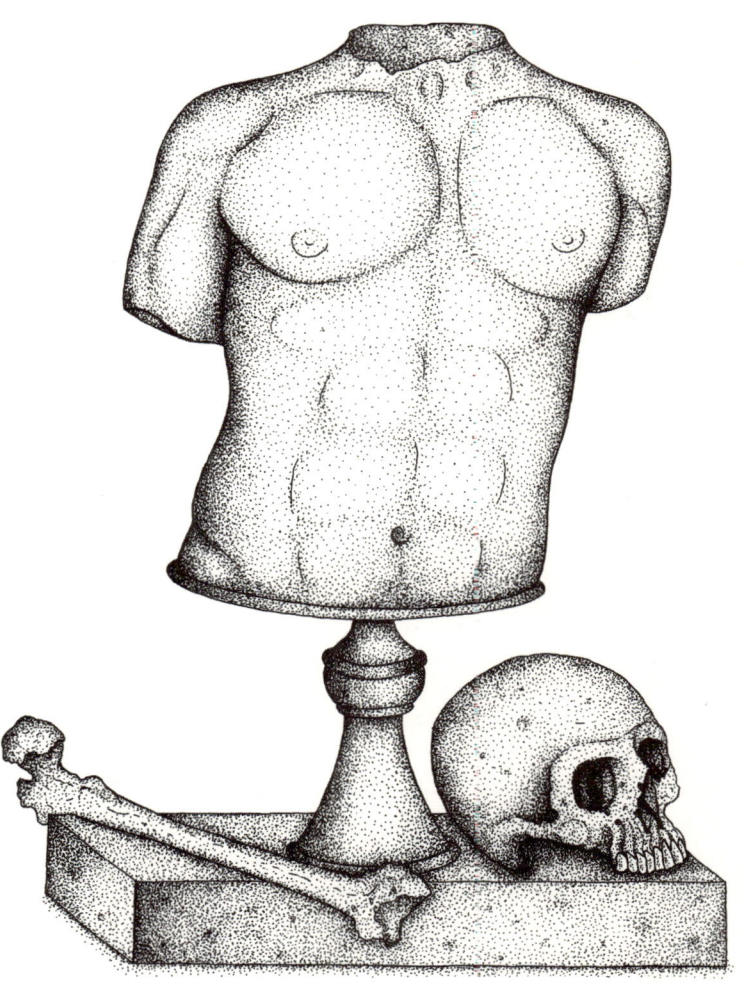

# Leichen als Studienobjekte

Die Fortschritte, die die Medizin in den letzten Jahrhunderten gemacht hat, beruhen darauf, dass Forscher die Abläufe im Körper verstehen und Mittel entwickeln, in sie einzugreifen. In den letzten 100 Jahren richtete sich der Blick der Ärzte auf immer kleinere Einheiten. Mittlerweile sind sie auf der Ebene der Moleküle angelangt: Das menschliche Erbgut wurde entschlüsselt, um Krankheiten zu erkennen und zu heilen. Doch lange Zeit hatten Mediziner keinen Einblick unter die Haut eines Menschen. Die meiste Zeit der letzten Jahrtausende tappten sie regelrecht im Dunkeln, und ihre Behandlungsmethoden beruhten nicht selten auf Glaube und Aberglaube. Erst als sich Naturwissenschaftler am Ende des Mittelalters trauten, Leichen zu Forschungszwecken zu öffnen, verschwanden Alchemie und Zauberelixiere aus den Arsenalen der Ärzte und Bader. Eine kurze Geschichte der Vivisektion.

## Antike

Ptolemaios I. (*367/66 v. Chr.; †283/82 v. Chr.), alexandrinischer König über Ägypten, war einer der ersten Herrscher, die Körper von Toten zu medizinischen Studien öffnen ließen. Doch sein Beispiel machte kaum Schule. Die großen Ärzte der Antike, allen voran die Griechen Galen und Hippokrates, haben nie einen toten Menschen aufgeschnitten. Wobei Galen (*um 129; †um 216) als Gladiatorenarzt von Pergamon an der Quelle saß: Er bekam viele im Kampf abgetrennte Gliedmaßen und aufgeschlitzte Leiber zum Zusammenflicken geliefert und konnte sich so einen besseren Eindruck von den Abläufen im Körper bilden als sein Kollege Hippokrates (*460 v. Chr.; † um 370 v. Chr.), dessen Säftelehre (Blut, Schleim, gelbe und schwarze Galle) ein nicht ganz mit den Tatsachen übereinstimmendes Bild ergab.

## Mittelalter

Erst der Staufer-Kaiser Friedrich II. (*1194; †1250) gestattete im 13. Jahrhundert die Vivisektion von Leichen – allerdings nur bei Verbrechern. Anatomieinteressierte mussten sich die Körper Gehenkter besorgen, um diese – meist heimlich – zu untersuchen. Dass das kaiserliche Gebot auch wirklich befolgt wurde, ist anzuzweifeln. Immerhin fertigte Leonardo da Vinci (*1452; †1519) die ersten Zeichnungen eines ungeborenen Kindes im Mutterleib an. Wie er an den Leichnam einer hochschwangeren Frau gekommen war, ist nicht bekannt.

## Renaissance

Der belgische Arzt Andreas Vesalius (*1514; †1564) wurde schließlich der Star unter den Anatomen. Er führte ab 1539 in Bologna öffentliche Sektionen durch – oder besser: auf, denn die Obduktionen erfolgten in einem Anatomischen Theater. Dies geschah sogar unter Obhut und mit dem Schutz der katholischen Kirche. Anatomen arbeiteten mit sehr guten Künstlern zusammen, die ihre Ergebnisse dokumentierten. Die bildgebenden Verfahren der Zeit hießen Holzschnitt und Kupferstich.

## 18. Jahrhundert

Ab dem 18. Jahrhundert entwickelte sich insbesondere in England und in Amerika ein wahrer Run auf frische Leichen. Auf den Britischen Inseln war bis zum Erlass eines Anatomiegesetzes 1836 nur die Sektion von verurteilten und hingerichteten Mördern erlaubt. Zwar gab es in einer Stadt wie London daran keinen Mangel, doch Anatomieschulen schossen wie Pilze aus dem Boden und verlangten nach mehr Nachschub, als die Justiz liefern konnte. Es entstand der – wenig ehrbare, aber lukrative – Beruf des Body Snatchers (dt: *Leichenhäscher*), der frisch beerdigte Leichen auf Friedhöfen ausbuddelte. London stand im Wettbewerb mit den Anatomieschulen von Paris, wo die Körper der Mittellosen zu Studienzwecken verwendet werden durften. Auch in England landeten eher die Armen auf den Seziertischen. Wer Geld hatte, ließ sich in eisenarmierten und somit aufbruch- und diebstahlsicher gemachten Särgen bestatten, die den Body Snatchern den Job vergällen sollten.

## 20. Jahrhundert

Erst ab 1960 setzte sich die Körperspende als altruistische Tat durch; man mag aus dem Zeitpunkt schließen, dass die Geschichte des 20. Jahrhunderts bis dahin genug Leichen für die Medizin geliefert hatte. Die Schenkung des eigenen Körpers an eine Universität bleibt eine Möglichkeit, Bestattungskosten einzusparen – wobei die Entscheidung zu Lebzeiten vom Spender zu treffen ist. Die Überreste der konservierten und von jungen Studentinnen und Studenten zerlegten Leichen werden von den Universitäten nach würdevollen Zeremonien in Gemeinschaftsgräbern bestattet. Seit dem Wegfall des von Krankenkassen ausbezahlten Sterbegeldes muss (in Deutschland und Österreich) der Überlasser jedoch auch dafür mehrere hundert Euro im Voraus bezahlen. In der Schweiz übernimmt die Universität Zürich diese Kosten noch selbst. Verursacht durch die Finanzkrise gibt es auch in Ländern wie Spanien, in denen die Körperspende aus religiösen Gründen undenkbar war, mittlerweile Leichenüberschuss. So wurde die Aufnahmekapazität der Universität Madrid im Jahr 2010 mit 3000 gespendeten Körpern erreicht. Auch das von Gunther von Hagens in Heidelberg gegründete Institut für Plastination ist mit 13 000 registrierten Körperspendern für die kommenden Jahre ausgebucht.

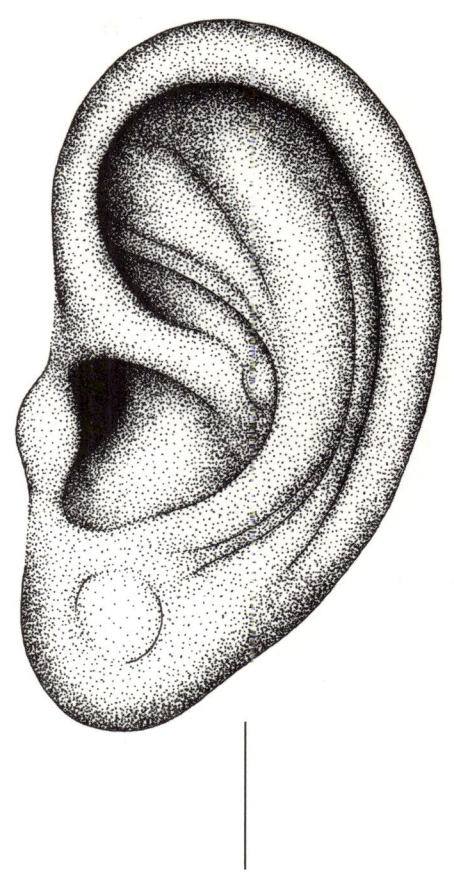

# Das Ohr ist das erste und letzte funktionierende Sinnesorgan des Menschen.

# Was Ärzte von den
# Toten lernen können

Kaum ein Kriminalfall des sonntäglichen Tatorts kommt
ohne abgeklärten Gerichtsmediziner aus, der der Brechreiz ver-
spürenden jungen Kriminalkommissarin genüsslich erklärt, welche ekelerregenden Details er an dem auf dem Edelstahl-Sezier-
tisch liegenden Mordopfer gefunden hat. In der Wirklichkeit
finden Leichenöffnungen (oder Autopsien, Obduktionen und
Vivisektionen, alle Begriffe bezeichnen ein und dasselbe) nicht
nur in der unvermeidlichen TV-Gerichtsmedizin statt, sondern
auch in pathologischen Abteilungen normaler Kliniken. Sie geschehen häufiger, als der Krimizuseher glaubt. Gründe für eine
Obduktion – neben der forensischen Untersuchung von augen-
scheinlich unnatürlichen Todesursachen und der Identifizie-
rung unbekannter Toter – ist das Vorliegen einer meldepflichti-
gen Infektion, die Qualitätskontrolle von Kliniken und Ärzten,
ein Versicherungsfall oder auch der Wunsch der Hinterbliebenen, genau zu erfahren, woran ein Familienmitglied gestorben
ist. Denn viele Todesursachen sind erst postmortal eindeutig zu
belegen. In Deutschland werden nach Ansicht von Fachleuten
zu wenige Tote obduziert. Eine höhere Autopsiequote würde
besonders Ärzten im Krankenhaus helfen, aus ihren Fehlern zu
lernen. Doch das sei nur selten erwünscht. Anders als beispielsweise bei Verkehrspiloten, die nach durch menschliches Versagen verursachten Flugzeugkatastrophen eine Kultur der
gegenseitigen Fehlererkennung und -vermeidung entwickelt
haben, ist dies in deutschen Krankenhäusern schwer vorstellbar.
Und so gehen dem medizinischen Fortschritt täglich viele
Anschauungsobjekte für immer und ewig verloren.

**Das geschieht bei einer Obduktion:**

Geruchseindrücke

Mikroskopische
und mikrobiologische
Untersuchung

Äußere
Besichtigung

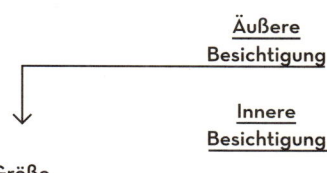

Innere
Besichtigung

| Größe,<br>Gewicht,<br>Ernährungszustand | Labor-<br>untersuchungen | |
|---|---|---|
| | | Drei Körperhöhlen:<br>Schädelhöhle<br>Brusthöhle und<br>Bauchhöhle |
| Hautkolorit,<br>Lokalisation<br>und Farbe der<br>Totenflecke | Toxikologische<br>Untersuchung<br>(Drogen, Giftstoffe<br>Medikamentenspiegel) | |
| Pigmentflecken | | Freilegung aller<br>Organe und<br>Beurteilung nach<br>Größe, Form,<br>Farbe, Konsistenz und<br>Kohärenz |
| Tätowierungen | DNA-Analysen | |
| Grad der Ausprägung<br>der Totenstarre | Insektenkundliche<br>Untersuchung | |
| Narben,<br>Wunden,<br>Operationswunden,<br>Verletzungen,<br>Schuss- oder Stich-<br>wunden | Röntgen<br>Computertomo-<br>graphie | Probenentnahme<br>für mikroskopische und<br>mikrobiologische<br>Untersuchungen |
| Bekleidung,<br>Schmuck,<br>Piercings,<br>Armbanduhr | | Blut und Urin zum<br>Zweck toxikologischer<br>Untersuchungen |

## Der Tod als Supermodel

Rick Genest stammt aus Kanada. Mit 15 Jahren wurde bei ihm ein Hirntumor festgestellt. Er wurde operiert und überlebte. Seitdem fühlte er sich dem Tod ein großes Stück näher. Dieses wollte er auf seiner eigenen Haut darstellen. Sein erstes Tattoo, den Totenschädel der Piratenflagge, ließ er sich mit 16 Jahren stechen. Mit 19 war die Idee in ihm gereift, seinen dereinst verwesenden Leichnam bereits zu Lebzeiten zu zeigen. In unendlichen Tattoositzungen ließ er sein Innerstes auf die Außenhülle des Körpers tätowieren. Er nannte sich fortan Zombie Boy und tourte mit Freakshows durch die Lande. Seine Fotos wurden im Internet populär. Der Stylist Nicola Formichetti wurde auf ihn aufmerksam und buchte ihn als Model für Thierry Mugler und als Darsteller für ein Video von Lady Gaga. 2011 kam eine Kosmetikfirma auf die Idee, die Deckkraft eines Make-ups an Zombie Boy zu demonstrieren. In dem Video erscheint er komplett ohne Tattoos ungewohnt nackt – bis er sich abschminkt.

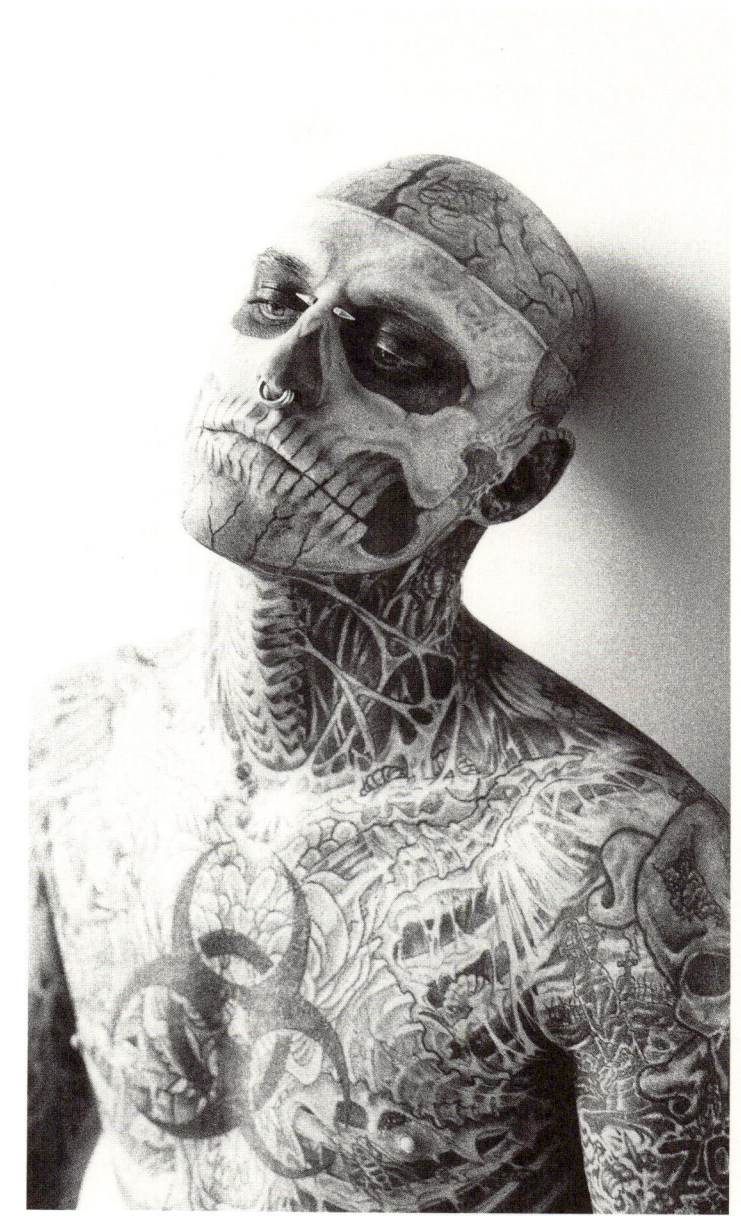

# Biologie oder Fantasie?

Um den Tod und den toten Körper ranken sich Gerüchte, die in den Medien gerne aufgegriffen und weitergesponnen werden. Besonders die Genres Gruselroman und Horrorfilm haben falsche Wahrheiten in unseren Köpfen zementiert. Die Wirklichkeit sieht meist ganz anders aus. Nicht unbedingt langweiliger, aber weniger spektakulär. Ein toter Körper ist einfach nur: tote Biomasse. Und diese ist den Gesetzen der Physik und der Chemie unterworfen, wie sie es schon war, als noch ein Bewusstsein in ihr wohnte.

## 1.
## Arbeitslose Friseure

Entgegen einer von Drehbuchautoren und Comiczeichnern verbreiteten Ansicht wachsen Haare und Nägel eines Menschen nach seinem Tod nicht weiter. Diese Vorstellung unterschätzt die Komplexität der Biologie. Denn die Reproduktion von Körperzellen ist ein hochkomplexer Vorgang, der nach dem Ausfall der Organe auf keinen Fall aufrechterhalten werden kann. Der moderne Mythos von Leichen mit langen grauen Haaren und ungeschnittenen Finger- und Fußnägeln, der gerne in der Horrorliteratur als Schockmittel verwendet wird, rührt nach Einschätzung von Rachel C. Vreeman und Aaron E. Carroll von der Universität Indianapolis (USA) daher, dass der Flüssigkeitsgehalt im Körpergewebe und in der Haut nach dem Tod je nach äußeren Umständen auf ganz natürliche Weise zurückgeht. Wasser verdunstet ganz einfach. Mit dieser Trocknung zieht sich die Haut zusammen, was den Eindruck entstehen lassen könnte, die Nägel wären gewachsen: In Wirklichkeit sind die Fingerkuppen und die Nagelhaut geschrumpft, die Nägel blieben gleich lang. Dieser einfach zu erklärende Vorgang könnte in Extremfällen auch im Verhältnis zwischen Kopfhaut und Haupthaar zu entdecken sein, hier jedoch wesentlich unauffälliger als an Hand und Fuß. Es gibt auch überhaupt keine Erklärung dafür, warum ausgerechnet Haar- und Nagelzellen weiter gebildet werden sollen und andere Körperzellen nicht.

## 2.
## Nagende Rolle

„Ich lasse mich verbrennen, weil ich nicht will, dass mich die Würmer fressen." Diese Argumentation zu Gunsten einer Kremierung hört man immer wieder. Und in vielen Todesdarstellungen der bildenden Kunst wird Gewürm abgebildet. Doch die Befürchtung, im Grab von wirbellosen Erdbewohnern zerkaut zu werden, ist unbegründet. Bodenwürmer leben nur bis zu einer Tiefe von rund 30 Zentimetern und ernähren sich zum überwiegenden Teil von Pflanzen. Die biologische Verwertung eines Leichnams ist vielmehr Sache von Fliegen- und Käferlarven. Und selbst die gibt es nur an der Oberfläche oder in deren Nähe. Krabbelnde und kriechende Tiere auf Leichen gibt es demnach nur, wenn der tote Körper an der Luft verwest, ohne begraben zu sein. Der erdbestattete Leichnam zersetzt sich vielmehr von innen heraus. Die Verwesung ist ein Zusammenwirken von Bakterien und Enzymen, die wir zeit unseres Lebens in uns tragen. Nach dem Tod werden sie nicht mehr durch das Immunsystem in Schach gehalten; der Körper wird ihnen nicht mehr Herr. Sie zersetzen das Gewebe. Dieser Verwesungsprozess dauert bei einer erdbestatteten Leiche rund vier Mal länger als bei der Lagerung an der Luft. Die üblichen Liegezeiten auf Friedhöfen sind so berechnet, dass sie ausreichen, die meisten Bestandteile eines Körpers abzubauen. Eine entscheidende Rolle spielt dabei die Beschaffenheit des Bodens. Wasserdurchlässigkeit und pH-Wert können die Kompostierung beschleunigen oder verlangsamen. Befindet sich eine wasserhemmende Löß- oder Tonschicht unter dem Friedhof, kann es zur Bildung von Wachsleichen kommen. Im Idealfall bleibt wenig vom Leichnam übrig. Große Knochen wie Schädel und Oberschenkel werden nach Auflassung des Grabes in Beinkisten gesammelt und an ungenutzten Ecken des Friedhofes bestattet.

## 3.
## Entflammbare Schläfer

Spontane menschliche Selbstentzündung (engl. *Spontaneous human combustion, SHC*) geistert durch die Kriminal- und Horrorliteratur von Charles Dickens (*Bleak House*, 1852/53) bis Simon Beckett (*Kalte Asche*, 2007). Wissenschaftler weisen SHC in das Reich der modernen Mythen. Aufgrund der Zusammensetzung des menschlichen Körpers mit über 70 Prozent Wasser ist eine Spontanentflammung unmöglich. Und die enorme Energie, die aufgewendet werden muss, um einen Körper bei 870 Grad in einem Krematorium zu verbrennen, widerspricht den SHC-Berichten, die es seit dem Mittelalter gibt. Möglich ist der so genannte Docht-Effekt. Dieser benötigt jedoch zunächst eine Feuerquelle, mit der ein Mensch in Kontakt kommen muss. Ähnlich wie bei einer Kerze das Wachs, schmilzt das Körperfett und nährt das Feuer, ohne dass die Umgebung des Körpers verbrennt. Vieles an diesem Szenario spricht dafür, dass der Docht-Effekt nur bei bereits toten oder betäubten Opfern in Gang gesetzt werden kann, also zum Beispiel im Fall des Rauchers, dessen im Bett gerauchte Zigarette zunächst einen Schwelbrand der Matratze hervorruft. Durch die Rauchentwicklung erstickt der Brandverursacher, bevor sein Fett ihn zur Fackel macht.

# Was passiert beim Sterben?

## Vor dem Tod

**3–4 Tage**
Der Sterbende schläft
immer mehr. Der Stoff-
wechsel schaltet auf Abbau.
Hunger und Durst werden
abgestellt.

**2–1 Tag**
Die Nieren versagen,
vergiften den Körper und
lähmen das Gehirn.
Bewusstlosigkeit tritt ein.

**3–2 Stunden**
Nur noch Herz, Lunge und
Gehirn werden durchblutet.
Die Extremitäten erkalten.

Das Gesicht wird
leichenblass.

Der Atem ist regelmäßig,
aber er rasselt, weil die
Bronchien keinen Schleim
mehr abtransportieren.

**1 Stunde**
Der Atem geht unregel-
mäßig und setzt aus.
Der Sterbende schnappt
nach Luft.

✝

## Nach dem Tod

**1 Minute**
Die Zellen des Körpers
werden nicht mehr mit
Blut und somit nicht mehr
mit Sauerstoff versorgt.

**3 Minuten**
Gehirnzellen sterben ab.

**30 Minuten**
Totenflecke bilden sich
an den Unterseiten durch
absinkendes Blut.

**3 Stunden**
Kalzium dringt in die
Muskelzellen ein. Die
Muskeln versteifen sich
und können sich nicht
mehr entspannen.
Die Totenstarre tritt ein.

**24 Stunden**
Die Zellen können Bakterien
nicht mehr abwehren.
Die Autolyse (Verwesung)
beginnt. Enzyme und
Bakterien beginnen den
Körper zu zersetzen. Mus-
keln werden wieder locker.
Die Totenstarre endet.

# Der tödliche Lebensstil der zivilisierten Welt

Das „tödliche Quartett", „metabolisches Syndrom" oder „Syndrom X" nennen Mediziner die Zivilisationskrankheit Nummer 1. Die Kombination aus

1. zu hohem Blutdruck,
2. Übergewicht, vor allem innerem Bauchfett,
3. ungünstigen Blutfettwerten und
4. zu hohem Blutzuckerwert

rafft über die Spätfolgen – koronare Herzkrankheit und Schlaganfall – die meisten Menschen in den Überflussgesellschaften der Industrienationen dahin.

Die gute Nachricht: Wird das metabolische Syndrom rechtzeitig erkannt (was jeder Hausarzt mittels Bluttests, Waage und Maßband kann), lässt es sich abstellen. Die Therapie besteht in der Umstellung der Lebensgewohnheiten: Durch Bewegung und Ernährungsumstellung können Körpergewicht und Taillenumfang reduziert werden. Die Blutfettwerte können abgesenkt und dadurch das Auftreten eines Diabetes mellitus (Symptom: Zucker im Urin, Ursachen: Übergewicht, genetische Vorbelastung) so lange wie möglich vermieden werden.

Das metabolische Syndrom kann also durch Mäßigung bei zucker- und fettreichen Nahrungsmitteln, weitgehenden Verzicht auf Alkohol sowie durch regelmäßige körperliche Betätigung wie Radfahren, Laufen oder Schwimmen vermieden und behandelt werden. Dabei gilt die Faustregel: Drei Mal pro Woche 30 Minuten Sport sind schon genug.

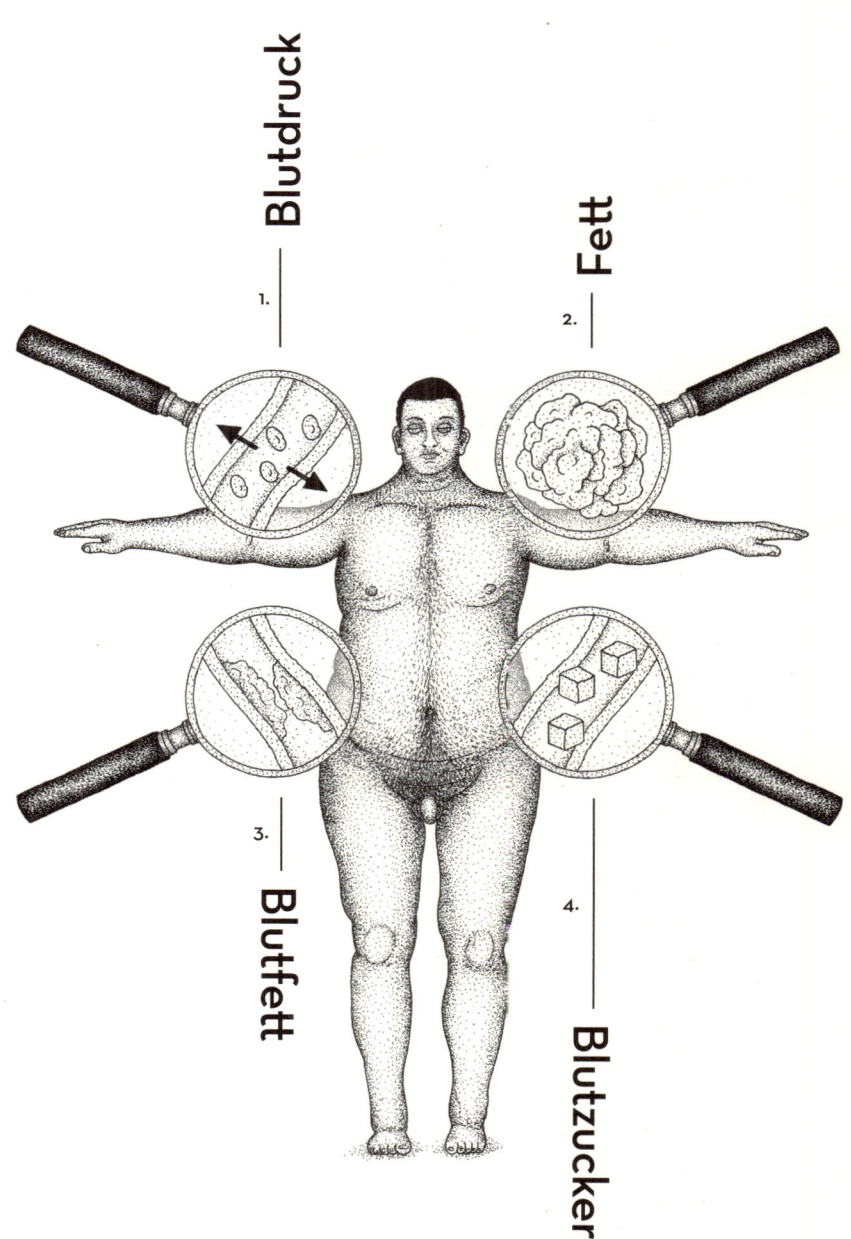

Blutdruck

1.

Fett

2.

3.

Blutfett

4.

Blutzucker

# Lebenserwartung

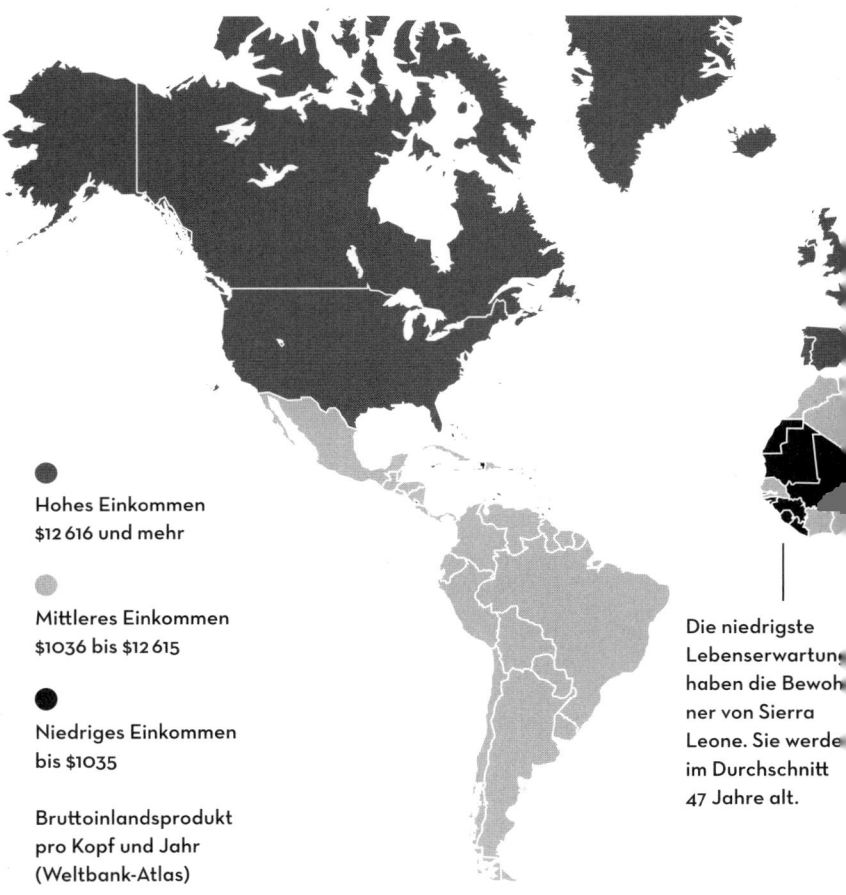

**Hohes Einkommen**
$12 616 und mehr

**Mittleres Einkommen**
$1036 bis $12 615

**Niedriges Einkommen**
bis $1035

Bruttoinlandsprodukt
pro Kopf und Jahr
(Weltbank-Atlas)

Die niedrigste
Lebenserwartung
haben die Bewoh
ner von Sierra
Leone. Sie werde
im Durchschnitt
47 Jahre alt.

Wie alt ein Mensch wird, hängt viel stärker von
seiner Heimat als von seinen Genen ab. Die Daten
der Weltgesundheitsorganisation belegen die
größte Ungerechtigkeit auf Erden: Geld macht alt.
Armut tötet die Jungen und Jüngsten.

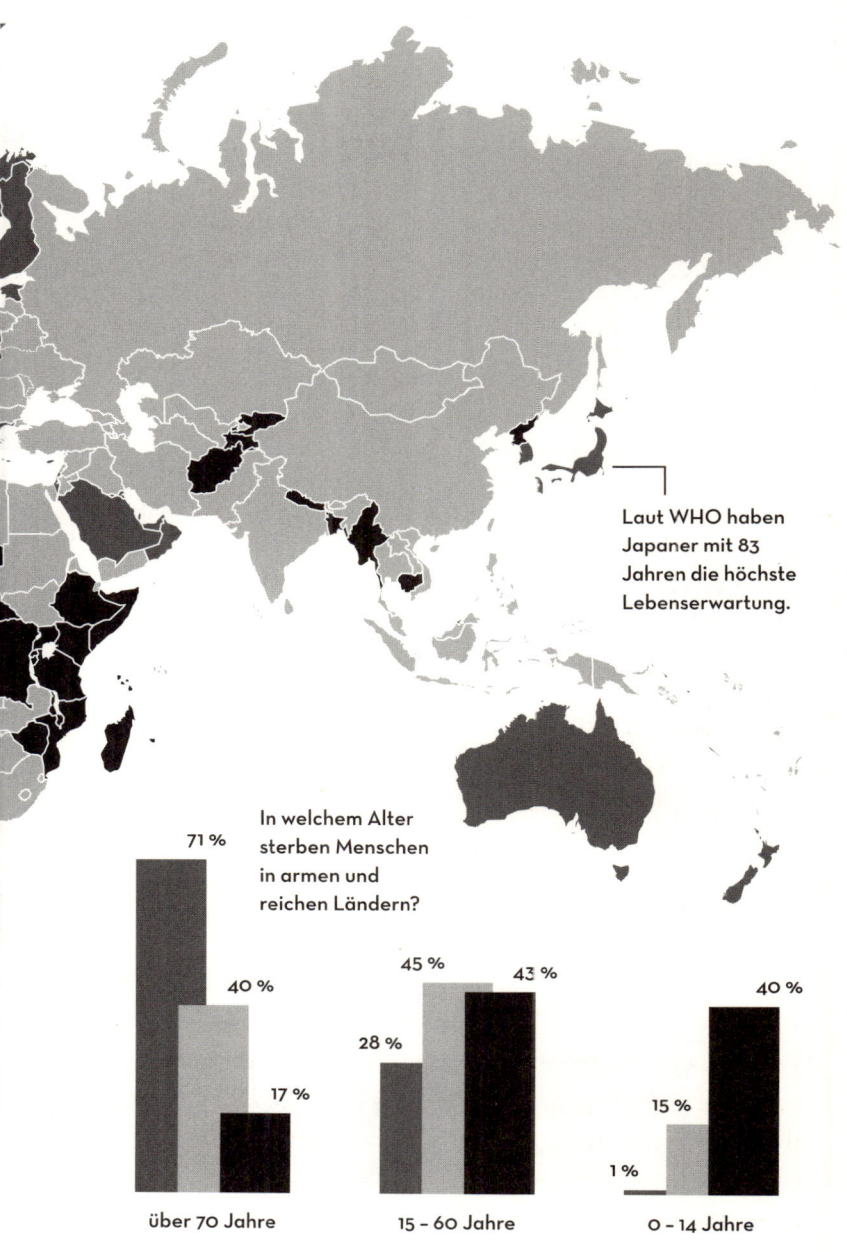

Laut WHO haben Japaner mit 83 Jahren die höchste Lebenserwartung.

In welchem Alter sterben Menschen in armen und reichen Ländern?

71 %
40 %
17 %

über 70 Jahre

28 %
45 %
43 %

15 – 60 Jahre

1 %
15 %
40 %

0 – 14 Jahre

# Woran stirbt der Mensch?

Knapp 60 Millionen Todesfälle verzeichnet die WHO pro Jahr weltweit. Die hier abgebildeten Top Ten der Todesursachen werden bestimmt von den Ländern des mittleren Einkommens – denn hier leben die meisten Menschen. In den reichen Ländern sind Infektionen weitgehend gebannt. Hier haben Erkrankungen wie Krebs, Diabetes, Demenz oder Gefäßerkrankungen die Infektionen abgelöst. Auch in den Ländern mit mittleren Einkommen nehmen diese Zivilisationskrankheiten die Spitzenränge ein. Doch töten dort auch noch Ansteckungskrankheiten wie Tuberkulose oder HIV sowie Verkehrsunfälle eine große Menge von Menschen. In den armen Ländern dominieren HIV und Durchfallerkrankungen die Todesstatistik, wobei auch Malaria und Geburtskomplikationen, die meist Mutter und Kind töten, traurige Rollen spielen. Diese Sterbegründe schaffen es aufgrund ihrer niedrigeren absoluten Zahl aber nicht unter die zehn weltweit „erfolgreichsten" Killer.

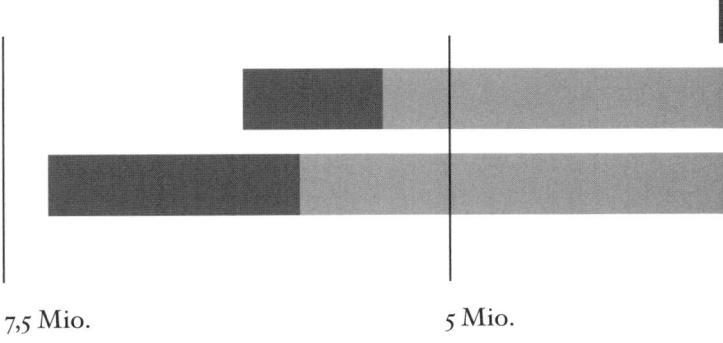

7,5 Mio.          5 Mio.

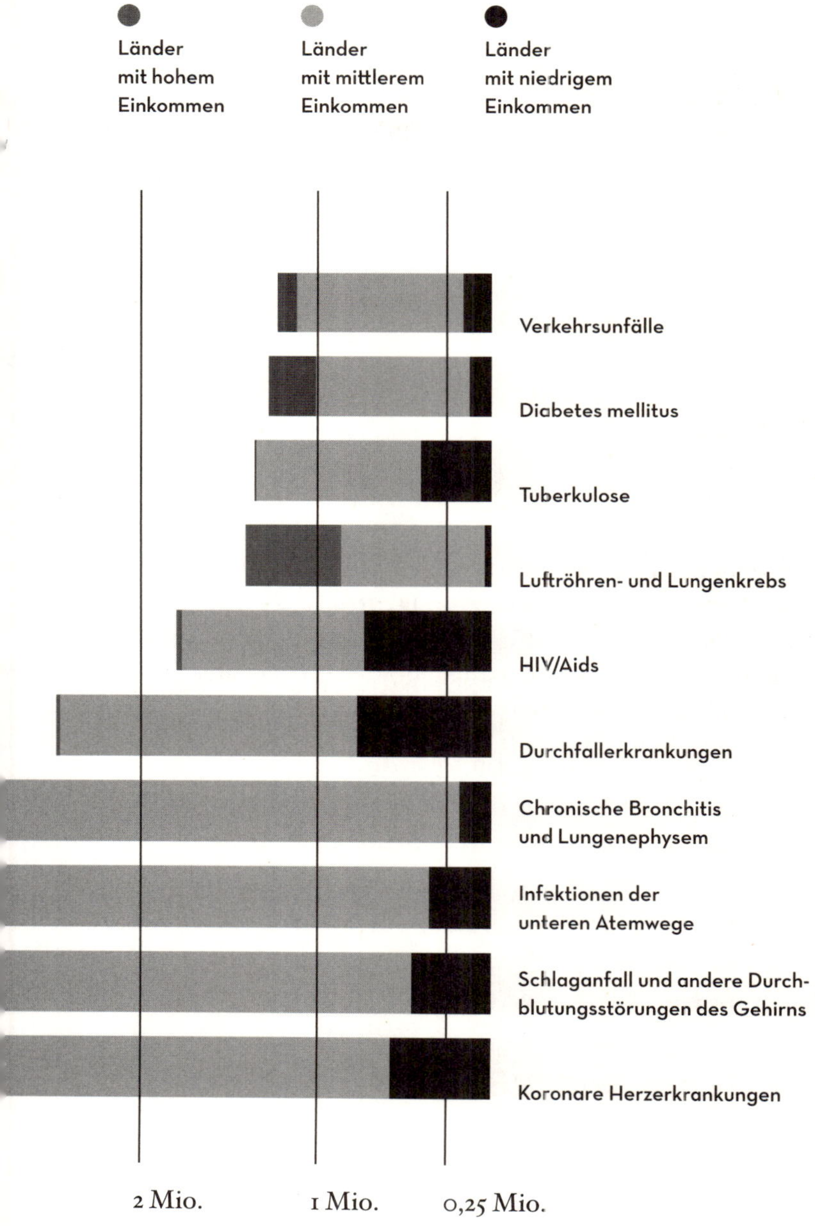

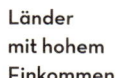

**Länder
mit hohem
Einkommen**

**Länder
mit mittlerem
Einkommen**

**Länder
mit niedrigem
Einkommen**

Verkehrsunfälle

Diabetes mellitus

Tuberkulose

Luftröhren- und Lungenkrebs

HIV/Aids

Durchfallerkrankungen

Chronische Bronchitis
und Lungenephysem

Infektionen der
unteren Atemwege

Schlaganfall und andere Durch-
blutungsstörungen des Gehirns

Koronare Herzerkrankungen

2 Mio.          1 Mio.          0,25 Mio.

## Die schönste Tote der Welt

Sie starb wie 25 Millionen weitere Menschen 1920 an der so genannten Spanischen Grippe. Noch heute liegt sie mit ihrer gelben Haarschleife unter dem Glasdeckel des Sarges in der Gruft der Kapuzinermönche in Palermo, als wäre sie gestern Abend erst eingeschlafen. Rosalia war zwei Jahre alt, als sie starb. Der berühmte Einbalsamierer Alfredo Salafia wurde von Rosalias Vater, dem italienischen General Mario Lombardo, gerufen, der sich von seinem liebsten Kind nicht trennen wollte. Salafia war in ganz Italien bekannt geworden, weil er die Mumie des italienischen Staatspräsidenten Francesco Crispi restaurieren und haltbar machen konnte, nachdem eine erste Einbalsamierung des 1901 gestorbenen Politikers fehlgeschlagen war. Wie erst im Jahr 2010 in einer Handschrift Salafias entdeckt wurde, verwendete er als einer der Ersten weltweit eine Substanz namens Formaldehyd, um die Leiche zu konservieren. Er mischte die Chemikalie mit Glycerin und Alkohol. Rosalia machte ihren Einbalsamierer Salafia damit unsterblich.

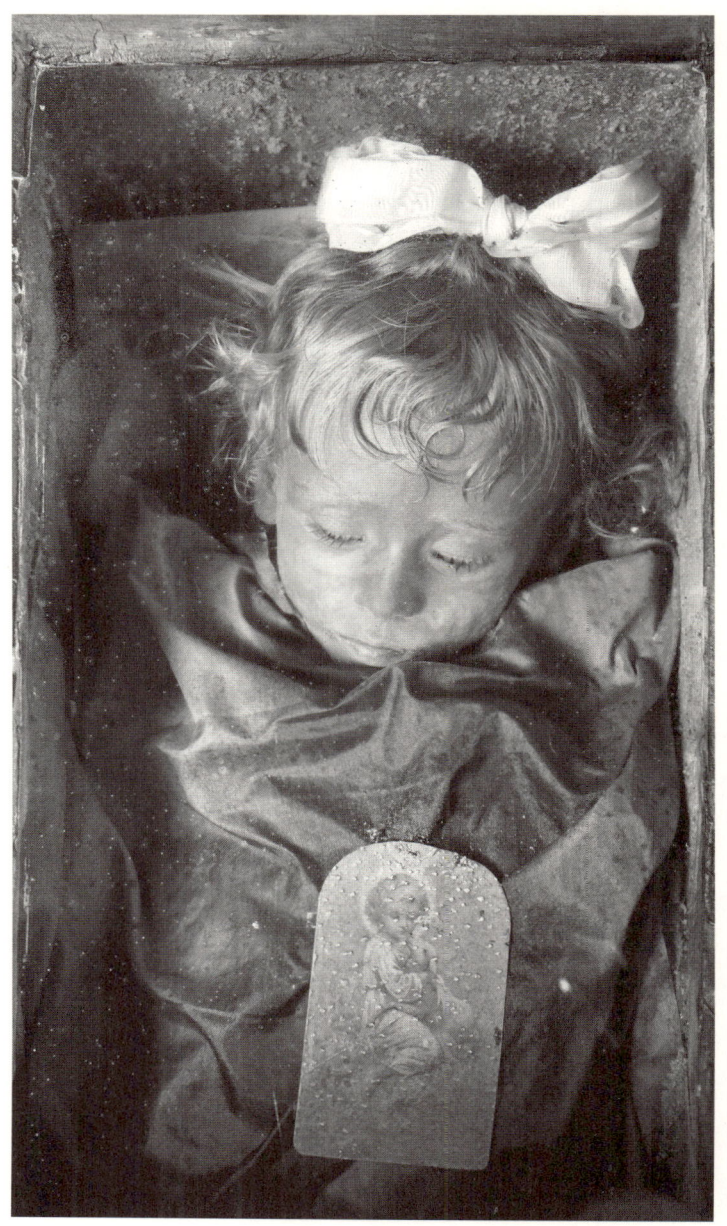

## Mumifizierung

# Haltbar gemacht und reisefertig verpackt

Das Eldorado für Mumienforscher ist längst nicht mehr Ägypten, wo alle Königsgräber in den vergangenen 130 Jahren erforscht und die massenhaft gefundenen und als geringwertig erachteten Volksmumien sogar in Dampfloks verheizt wurden. Forschungsobjekte der modernen Mumienkundler, die mit Computertomographen und Radiokarbonanalyse sehr genaue Methoden haben, sind chinesische, südamerikanische und europäische Mumien. Kaum ein Forschungsgebiet lässt so viele Rückschlüsse auf die Gesellschaft zur jeweiligen Zeit zu wie die Mumienarchäologie. Auch Deutschland ist eine wahre Mumien-Fundgrube. Das hat mit der Kleinteiligkeit des ehemaligen deutschen Feudalsystems zu tun. Kaum ein Marktflecken, der nicht einmal Sitz eines weltlichen Grafen, Barons, Herzogs oder Kirchenfürsten war. In den Gruften ihrer Güter und Kirchen wurden die Herrscher und ihre Familien oft für die Ewigkeit frisch gehalten.

Die Haltbarmachung von Leichen kann auf vielfältige Weise geschehen. Grundsätzlich zu unterscheiden sind Einbalsamierung und Mumifizierung. Die erste ist von eher kurzer Wirkung, die andere konserviert Körper für mehrere Jahrtausende. Das Wort „Einbalsamierung" lässt uns an das alte Ägypten denken – und an hautpflegende Tinkturen. Um einen Leichnam haltbar zu machen, genügt es nicht, duftende Cremes auf die Haut des Toten aufzutragen. Die notwendigen Prozeduren sind wesentlich umfassender, als der schöne Wortstamm „Balsam" vermuten lässt. Auch der Begriff „Mumie" greift wesentlich weiter als unsere Assoziation des in Mullverbände gewickelten ägyptischen Königs. Zunächst ist eine Mumie ein nicht verwester Körper von Mensch oder Tier. Die Mumifizierung kann vom Menschen gemacht sein. Doch auch unter natürlichen Umständen kann es zu einer dauerhaften Konservierung von Tierkadavern oder menschlichen Körpern kommen. Mumien können auf unterschiedliche Weise entstehen, in trockenem, nassem, kaltem oder heißem Milieu. Und so manche Mumie wurde einbalsamiert. Alles klar? Versuch einer Systematisierung:

## Natürliche Mumifizierung

## Wüstenmumien

Die ersten prähistorischen Mumien stammen aus dem Gebiet des heutigen Ägypten. Es handelt sich um Tote, die an den Rändern der Siedlungen in Embryonalstellung in Kuhlen im Wüstenboden gelegt wurden. Die Sonne sowie der heiße und salzige Sand trockneten die Leichen sehr schnell aus. „Ginger", die älteste Mumie, liegt heute im British Museum in London. Sie wurde um 3500 v. Chr. bestattet. Nach Ansicht von Ägyptologen begründete diese vorgeschichtliche Bestattungsform den Glauben der antiken Ägypter, dass für ein ewiges Leben ein intakter Körper Bedingung sei.

## Moorleichen

Hochmoore (über dem Grundwasserspiegel stehende Moore) speisen sich ausschließlich aus Niederschlägen. Sie sind äußerst nährstoffarm und besitzen einen niedrigen pH-Wert, bieten also ein saures Milieu. Zudem leitet der in ihnen entstehende Torf Wärme schlecht, was sie zu kalten Gewässern macht. Wichtiger als diese Eigenschaften sind die Vorkommen von Polysacchariden, die das Bakterienwachstum verhindern, und Tanninen (Gerbsäuren), die in den Moorpflanzen enthalten sind. Diese Stoffe konservieren im Moor begrabene, versenkte oder verunglückte Lebewesen sehr gut – auch Pferde und Hunde wurden bereits gefunden. Rund 1000 Moorleichen wurden vor allem im Norden Europas bislang ausgegraben, zumeist als Zufallsfunde beim Torfstechen. In deutschen Museen kann man 17 erhaltene Torfmumien bestaunen. Die bekannteste von ihnen ist das jahrelang so genannte Mädchen von Windeby, das sich nach einer DNA-Analyse als Junge entpuppt hat. Die Moorleiche wird zusammen mit weiten Funden im Archäologischen Museum Schloss Gottorf in Schleswig ausgestellt.

## Eismumien

Eis ist ein perfekter Konservator, da niedrige Temperaturen den Zellstoffwechsel lähmen. Die nach dem ägyptischen Pharao Tutanchamun bekannteste Mumie ist der Mann aus dem Eis. Er war 5000 Jahre lang in einem Gletscher begraben und ist als Ötzi der Weltstar unter den europäischen Mumien. Als Ausdruck geographischer sowie völkerkundlicher Ignoranz und in Liebe zur Alliteration tauften ihn englische Boulevardzeitungen „Frozen Fritz". 1991 legte die Sonne eines überdurchschnittlich heißen Bergsommers den Körper des Eismannes unterhalb des Tisenjochs frei. Die deutschen Bergwanderer Erika und Helmut Simon aus Nürnberg fanden ihn zwischen der nahe gelegenen Similaunhütte und dem Hauslabjoch, das als „geographisch stabiler" Fundort vom deutschen Prähistoriker Konrad Spindler vermerkt wurde. Fast 5300 Jahre hatte das Gletschereis den Unbekannten vor Verwesung geschützt. Um die Eigentumsrechte gab es einen Streit zwischen Italien und Österreich, respektive der Provinz Südtirol und dem Bundesland Tirol. Mittlerweile ist entschieden, dass Ötzi auf italienischem Staatsgebiet gefunden worden ist. Beinahe hätte es weder den Streit noch den Medienhype um den spätsteinzeitlichen Bergsteiger gegeben, denn der Innsbrucker Gerichtsmediziner, zu dem der Leichnam gebracht worden war, wollte ihn zur Bestattung freigeben. Es sei nach so langer Zeit nicht mit dem Auffinden eines Mörders durch die

Tiroler Polizei zu rechnen, lautete sein nicht gänzlich von der Hand zu weisendes Argument. Mittlerweile ruht Ötzi im Südtiroler Archäologiemuseum in Bozen. Die umfangreiche Forschung, die der Körper sowie Kleidung und Ausrüstungsgegenstände der Mumie in Gang gesetzt haben, koordiniert das Institut für Mumien und den Iceman an der Europäischen Akademie Bozen (EURAC). Das „Strafverfahren gegen Unbekannt" der Staatsanwaltschaft Innsbruck wurde eingestellt.

## Salzmumien

Salz bindet Wasser an sich und trocknet Körper aus – ein Umstand, den der Mensch sich seit Urzeiten beim Pökeln von Fleisch für die Vorratshaltung zu Nutze macht. Mumifizierung im Salz funktioniert auf die exakt gleiche Weise. In Salzseen, Salzhöhlen oder auch an Meeresküsten mit einer erhöhten Salzkonzentration im Wasser kam es zum Fund von Salzmumien. Die berühmtesten von ihnen sind diejenigen aus dem Salzbergwerk in Hallstatt-Dürnberg in Österreich, verschüttete Bergleute aus der frühen Neuzeit, die zwischen dem 16. und 18. Jahrhundert entdeckt worden waren.

## Höhlenmumien

Niedrige Temperaturen, ständiger Luftzug und die absolute Dunkelheit, die das Leben auch einfacher Lebewesen wie Bakterien sehr erschwert, machen viele Höhlen zu einem idealen Entstehungsort für Mumien. In besonderem Maße gilt das für Wüstengegenden, wenn die durchziehende Luft trocken ist. Die Kapuzinermönche in Palermo nutzten die im Süden Italiens heiße und trockene Luft, die durch die Felsenhöhlen unter ihrem Kloster zieht, um Angehörige ihres Konvents wie auch Bewohner der Hauptstadt Siziliens zu konservieren *(siehe S. 193)*. In Höhlen werden jedoch nicht nur Menschen, sondern auch immer wieder Tiermumien oder -skelette gefunden.

# Gruft- und Kirchenmumien

Sehr ähnlich wie natürliche Höhlen wirken manche künstlichen Bauten. Auch hier ist der wichtigste Faktor für die Mumienbildung der schnelle Feuchtigkeitsentzug durch Lufttrocknung. Christian Friedrich von Kahlbutz, genannt *Ritter Kahlbutz*, starb 1702 im Alter von 51 Jahren auf dem Familiensitz Kampehl in Brandenburg an einem Blutsturz. Er wurde in der Familiengruft bestattet. Als die Kirche von Gut Kampehl 1794 renoviert wurde, sollten alle Toten aus der Gruft umgebettet werden. Dabei fiel auf, dass Christian Friedrichs Leichnam im Gegensatz zu denen seiner Verwandten nicht verwest war. Warum der Ritter der Zersetzung widerstand, ist bis heute nicht mit Sicherheit geklärt. Eine Einbalsamierung konnte nicht festgestellt werden. Forscher vermuten ein Zusammenwirken von mehreren Umständen: Neben der Krankheit des Edelmannes, wahrscheinlich Tuberkulose, die eine Auszehrung und vielleicht Dehydrierung zu Lebzeiten verursacht hatte, halfen ein insektenfester, aber flüssigkeitsentziehender Eichensarg und ein starker beständiger Luftzug in der Gruft bei der Erhaltung. Die Legende weiß von einem Meineid, den der Ritter Kahlbutz in einem Mordprozess gegen ihn geleistet haben soll. Nachdem er den Schäfer Pickert im Streit um dessen Verlobte erschlagen hatte, soll er geschworen haben: „Wenn ich doch der Mörder bin gewesen, dann wolle Gott, soll mein Leichnam nie verwesen!" Der Ritter wurde mangels Beweisen freigesprochen.

## Künstliche Mumifizierung

# Feuchtleichen

Aus China stammen die besterhaltenen Mumien der Welt, zum Beispiel die Lady von Dai. Im Gegensatz zu den ägyptischen Mumien wurden die Körper der Gestorbenen nicht getrocknet, sondern gewaschen, in viele Schichten Stoff und Kleidung gehüllt und in teilweise mehreren dickwandigen Särgen, die mit Lack luftdicht verschlossen wurden, gelagert. Der wenige Sauerstoff im Sarg war schnell durch die ersten Verwesungsprozesse aufgebraucht. Es entstand ein saures Milieu, das die Bakterien abtötete. Die Mumien blieben feucht. Eine solche Bestattung war nichts für Arme: Die Grabkammern liegen bis 20 Meter tief in der Erde, um Kühle sicherzustellen. Eine der am besten erhaltenen Feuchtmumien ist Xin Zhui, die Marquise von Dai. Die Chinesin starb um 160 v. Chr. im Alter von rund 50 Jahren. Sie wurde so perfekt behandelt, dass das Blut in ihren Adern noch vorhanden ist. Ihre Gelenke sind beweglich und ihre Haut elastisch. Die Marquise pflegte offenbar einen sehr modernen Lebensstil. Sie war übergewichtig, ihre Herzkranzgefäße verengt und ihre Bandscheiben vorgefallen. Anzeichen heute typischer Zivilisationsschäden. Passend zu ihrem Leben im Luxus und Stil fand man sie eingehüllt in Tücher und Handschuhen aus feinster Seide. Neben 1000 wertvollen Gegenständen gab man ihr 30 Bambuskörbe gefüllt mit Leckereien sowie eine Rezeptsammlung als Wegzehrung mit ins Grab, das über zwölf Meter tief im Boden angelegt wurde.

## Trockenleichen

Wie bei den natürlichen Mumien ist der Königsweg der Mumifizierung die schnelle Trocknung. In Ägypten wurde die Bauchhöhle seitlich geöffnet und entweidet, um die Innereien, die die meisten Bakterien und Enzyme enthalten, aus dem Körper zu entfernen. Sie landeten in den Kanopen genannten Gefäßen, die neben dem Toten bestattet wurden. Das Gehirn wurde mithilfe eines Hakens, den man durch die Nase in den Kopf einführte, zerkleinert und herausgezogen. Der Körper wurde mit ätherischen, vor allem antibiotisch wirkenden Ölen und Substanzen gefüllt. Hier mag der Saft des Balsamstrauchs (*Cedronella canariensis*) eine Rolle gespielt haben. Es wurden aber auch Konservierungsmittel wie natürlicher Asphalt verwendet. Anschließend legte man die Toten wochenlang in nitrat- und nitrithaltigen Lösungen ein, um die gewünschte Trocknung beziehungsweise Langzeitwirkung zu erreichen (vgl. Konservierungsstoffe neuzeitlicher Konserven, zum Beispiel Nitritpökelsalz). Eine Wiederbefeuchtung zu verhindern war Aufgabe von Harzen, die in großen Mengen auf den Körper und die ihn umhüllenden Binden gegeben wurden. Schließlich kam der mumifizierte Leichnam in den Sarkophag, der die letzte Schutzschicht bildete.

Analog verfuhr man mit Tieren wie Stieren, Widdern, Katzen, Falken, Hunden und Krokodilen, die in Tiernekropolen bestattet wurden. In Tuna el-Gebel bei Hermopolis sollen über eine Million mumifizierte Tiere liegen.

<u>Einbalsamierung</u>

## Haltbarmachung in der Antike

Schon seit Jahrtausenden im Orient verwendete Naturmittel, die helfen sollten, den Körper eines toten Menschen vor der Verwesung zu bewahren, sind ätherische Öle und Harze aus dem Balsambaum. Daher also der Name. Die dickflüssigen Substanzen, die man erhält, wenn man die Pflanze an den richtigen Stellen einritzt, enthalten chemische Verbindungen, darunter Benzoesäure, die auch heute noch als Konservierungsstoff in Lebensmittel verwendet wird.

## Modern Embalming

Mit dem englischen Fachbegriff *modern Embalming* bezeichnet der Thanatopraktiker seine Tätigkeit, die den Verwesungsprozess um einige Tage aufhalten soll. Entweder weil der Tote zunächst aufgebahrt wird und die Zersetzung zu schnell voranschreitet (zum Beispiel wegen zu hoher Außentemperaturen) oder weil der Leichnam erst auf dem Luftweg zu seinem Bestattungsort transportiert werden muss. Dies ist in Zeiten der Globalisierung recht oft der Fall, da viele Migranten sich in der Heimaterde bestatten lassen. Der Thanatopraktiker ist der Spezialist im Bestattungswesens, der sich um das gute Aussehen und die Haltbarkeit einer Leiche kümmert. Das Berufsbild ist geschützt; in Deutschland bildet das Deutsche Institut für Thanatopraxie in Düsseldorf aus (Österreich: Bestatterakademie, Wien). Die moderne Einbalsamierung führen auch medizinische Präparatoren aus, die an pathologischen Instituten beschäftigt sind. Einer der bekanntesten Vertreter dieses Faches ist der Münchner Oberpräparator Alfred Riepertinger vom Städtischen Klinikum Schwabing. Er balsamierte Rudolph Moshammer und Franz Josef Strauß ein. Gefragt, ob man das Einbalsamieren nicht – wie immer mehr Dienste, die die Hinterbliebenen einem Toten erbringen – selbst zu Hause vornehmen könne, winkt Riepertinger schnell ab: Zu viel Fachwissen sei vonnöten, zu viele und mitunter giftige Flüssigkeiten müssten verwendet werden. Das sei nichts, was man zu Hause im Badezimmer vornehmen dürfe, geschweige denn wolle. Beim *modern Embalming* wird eine Lösung aus Alkohol, Formaldehyd, Lanolin und Wasser in das arterielle System eingeführt, meist durch die Halsschlagader. Im Gegenzug muss das Blut durch ein Gefäß, meist eine Beinarterie, ausgeleitet werden. Dabei werden über zehn Liter Konservierungslösung unter Verwendung von Pumpen in das Gefäßsystem gedrückt. Die Flüssigkeit und damit die antibakteriellen Wirkstoffe verteilen sich im ganzen Körper. „Vor allem Luftfahrtgesellschaften und internationale Speditionen freuen sich, wenn diese Arbeit professionell und sorgfältig ausgeführt wurde und ein Leichnam nicht auf dem Transport nach Argentinien im Bauch eines Flugzeuges aufplatzt, weil doch Verwesungsgase entstanden sind", weiß der Experte Alfred Riepertinger zu berichten.

# Das Angesicht des Todes

Der Kopf als Zentrum des Denkens, Sehens, Hörens, Riechens und Sprechens steht für den ganzen Menschen. Mit der Mimik werden Gefühle und Stimmungen ausgedrückt, und wir sind darauf konditioniert, andere an ihrem Gesicht zu erkennen. Kein Wunder, dass bereits die Neandertaler dem Schädel des Menschen in ihren Kulthandlungen einen besonderen Stellenwert einräumten. Schädelkulte waren auf allen Kontinenten verbreitet. Christliche Missionare und Kolonialisten erklärten sie zu primitiven und archaischen Riten. Als Sujet der Kunst hat sich der Skull gehalten.

Charles Allan Gilbert (*1873; †1929)
All is Vanity, 1892

Mit 18 Jahren malte Charles Gilbert die junge Dame vor dem Schminkspiegel als Illustration für das *Life Magazine*. Das Vexierbild ist Vanitas, Tod-und-Mädchen-Darstellung und Memento Mori und wurde unzählige Male kopiert.

Bertozzi e Casoni
Ossobello, 2010

Das an Makabrem nicht arme Werk des 1980 in Imola gegründeten Künstler-
duos Giampaolo Bertozzi (*1957) und Stefano Dal Monte Casoni (*1961) wird
bestimmt von Vanitas- und Memento-Mori-Motiven aus Keramik.

Alberto Giacometti (*1901; †1965)
Kopf-Schädel, 1934

Der Schweizer Bildhauer und Maler schuf ein Jahr nach dem Tod seines Vaters einen Totenschädel als eines seiner letzten surrealistischen Werke, bevor er sich wieder einer naturalistischeren Darstellungsweise zuwandte.

Anonymus, Postkarte
Blüthe und Verwesung

Ob diese Postkarte Zitat von oder Vorlage für Charles Gilberts „All is Vanity"
war, kann nicht mehr nachvollzogen werden. Das Vexierbild war im 19. Jahrhundert in Deutschland ein sehr beliebtes Motiv.

Laurence Olivier (*1907; †1989)
Hamlet, 1948

Als Hauptdarsteller und Regisseur schuf Olivier den ersten nicht-amerikani-
schen Film, der den Oscar für den Besten Film erhielt. Der Totenschädel aus
der „Sein oder Nichtsein"-Szene bekam keinen Darstellerpreis: Er war echt.

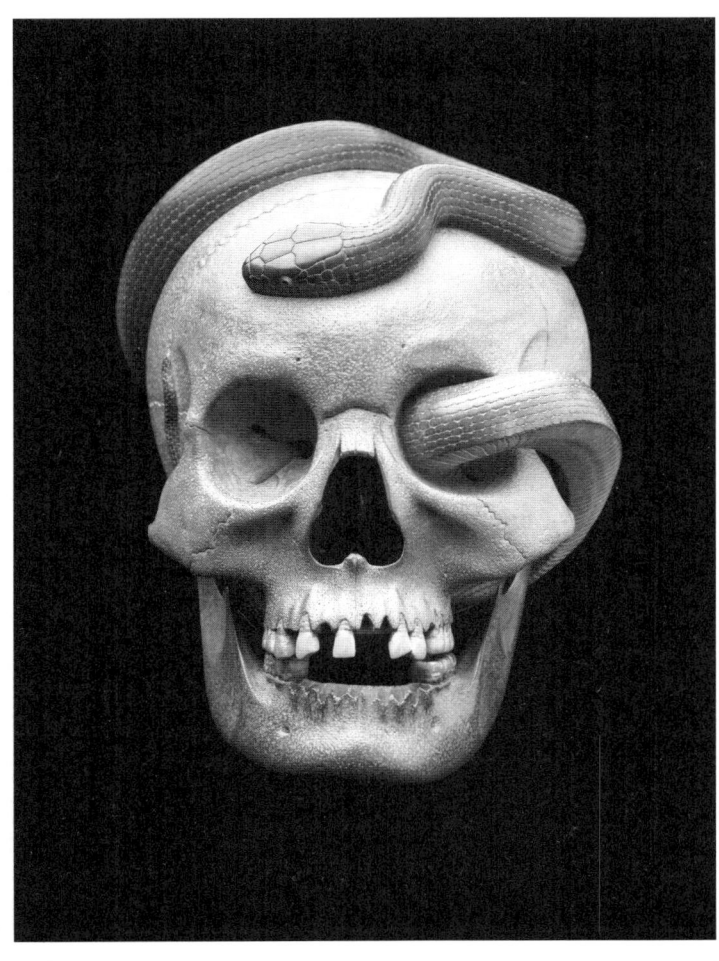

Izumi Sukeyuki (*1838; †1920)
Neugierige Schlange erforscht einen Schädel, 1900–10

Japanische „Okimonos" (dt.: Hinstellding) aus Elfenbein oder Buchsbaumholz
stellten meist Götter, Geister und Glücksfiguren der japanische Mythologie
dar. Sie wurden Anfang des 20. Jahrhunderts sehr gerne in Europa gekauft.

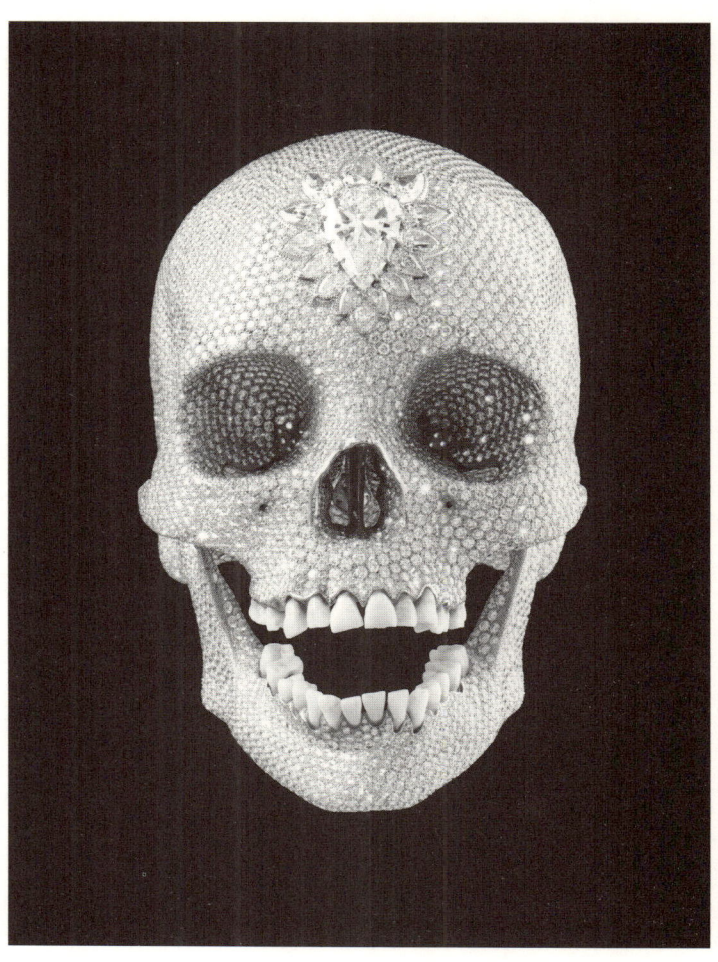

Damien Hirst (*1965)
For the Love of God, 2007

Das Platin-Objekt trägt 8601 Diamanten. Die Materialkosten betrugen 14 Millionen Pfund, das Kunstwerk wurde für 50 Millionen Pfund gehandelt. Auf der Stirn trägt der Schädel einen Diamanten von 52 Karat.

Julian Roffmann (*1915; †2000)
The Mask, 1961

Der kanadische Film lockte mit 3D-Sequenzen. An der Kinokasse gab es eine Totenkopfmaske mit integrierter Rot/Grün-Brille. Die Filmfirma warnte das Publikum: „The management is not responsible for nervous breakdowns!!"

Cecil Beaton (*1904; †1980)
Selbstportrait, 1930

Als einer der größten Fotografen des 20. Jahrhunderts schuf der Engländer Beaton nicht nur surrealistische Werke wie das hier gezeigte, sondern auch Portraits von Elizabeth II., Marilyn Monroe und Mick Jagger.

# Gut gekühlt auf bessere Zeiten warten

Es hört sich verlockend an: Wenn wir gestorben sind, lassen wir uns tiefkühlen und irgendwann, eines schönen Tages, wenn die Medizin so weit ist, wieder auftauen. Unsere Krankheiten, die uns das Leben einst aushauchten, werden geheilt, und generalüberholt nehmen wir unsere zweite Chance an. Die Kryonik (altgriech.: *kryos* = kalt), auch Kryostase oder Kryokonservierung, verspricht, dass Körper und Organe, die bei sehr tiefen Temperaturen gelagert werden, später wieder erwärmt und funktionsfähig gemacht werden können. Für die Anhänger dieser Vorstellung, die Kryonisten, ist bei vielen tödlichen Erkrankungen, vor allem beim Versagen des Herz-Kreislauf-Systems, nicht das Symptom schuld am Tod, sondern die falsche Definition des Todeszeitpunkts durch die Ärzte. Als Referenz dient ihnen die Verschiebung des Todeskriteriums vom Herzstillstand zum Hirntod, den die moderne Medizin ermöglicht.

## Nicht tot, nur kalt

Nach Ansicht der Kryonisten ist ein Mensch erst dann als tot zu betrachten, wenn das Gehirn durch die Verwesung die Fähigkeit verloren hat, Informationen zu speichern. Das sei erst viele Tagen nach dem Erliegen der Organfunktionen und nach dem Hirntod der Fall. Dem entsprechend lagern laut der Diktion der Kryonisten in den Einrichtungen, die Kryonik betreiben, auch keine tiefgefrorenen Toten, sondern „kryokonservierte Patienten". Die Unternehmen, die Kryostase anbieten, arbeiten heute mit flüssigem Stickstoff als Kühlmedium, der eine Temperatur von -196 Grad Celsius aufweist. Da beim Einfrieren selbst Schäden an menschlichem Gewebe auftreten, konzentriert man sich auf die möglichst weitgehende Erhaltung des Gehirns – in der Hoffnung, dass kälteverursachte Risse und Verletzungen an Organen und Blutbahnen und anderem Gewebe beizeiten durch Nanorobotik repariert werden können.

## Dr. Bedford zieht um

Der älteste „kryokonservierte Patient" ist der kalifornische Arzt Dr. James H. Bedford, der am 12. Januar 1967 an den Folgen seiner Krebserkrankung starb. Er – nun ja – lebt? Existiert? Sagen wir: befindet sich nach mehreren Zwischenaufenthalten in Obhut der Alcor-Stiftung, einer gemeinnützigen Einrichtung, die als Weltmarktführer der Kryokonservierung gilt. Mehrmals wurde Dr. Bedford dem jeweiligen Stand der Technik entsprechend in neue Gefäße umgebettet. Bei den ersten zylinderförmigen Kältekammern traten allzu oft Lecks auf, so dass alleine in den ersten zwei Jahren zwei Umzüge notwendig wurden. Auf der Webseite der Alcor-Stiftung findet sich ein Brief, den der Kryo-Enthusiast Mike Darwin an Dr. Bedford geschrieben hat und der dessen eisige Stationen bis 1991 nachzeichnet. Darwin verabschiedet sich am Ende des Briefes von seinem Idol mit den Worten: „Ich hoffe, dass wir uns eines Tages wirklich treffen, bis dann, au revoir!" Damit es zu einem Wiedersehen kommt, hat Darwin seine eigene Kryostase-Firma gegründet, die mit einigen weiteren Anbietern konkurriert. Mit Ausnahme eines Unternehmens, das 1996 in Russland entstanden ist, befinden sich alle Tiefkühlspezialisten in den USA. In Europa gibt es lediglich die portugiesische Firma Eucrio, die die Vorbereitung und den Transport eines zu kryokonservierenden Patienten übernimmt. Eucrios Internetseite erfreut seine Besucher mit dem schönen Satz: „Die Konservierung Ihres Lebens ist für uns ein Daseinsgrund." Allen Unternehmen der Branche geht es laut Insiderberichten wirtschaftlich sehr gut.

# Von Würsten und Quallen

Der, die, das Gift – die Wortbedeutung der von „Gabe" abgeleiteten Vokabel hat sich in den vergangenen 1000 Jahren gemeinsam mit ihrem Geschlecht geändert. Meint der alt- und mittelhochdeutsche Sprecher mit „die Gift" noch das Geschenk, wird doch schon um die Wende ins zweite Jahrtausend das Wort mit weiblichem wie männlichem Artikel auch als euphemistische Umschreibung für eine „tödliche Gabe" verwendet. Die ursprüngliche Bedeutung finden wir heute im Deutschen nur noch bei der „Mitgift". Und im Englischen. Dort ist „the gift" immer noch und ausschließlich ein Präsent.

Und was ist nun *das* Gift? „Alle Dinge sind Gift, und nichts ist ohne Gift; allein die Dosis macht's, dass ein Ding kein Gift sei." Das wusste im 15. Jahrhundert bereits der Schweizer Arzt und Philosoph Theophrastus Bombastus von Hohenheim, bekannter unter dem Namen Paracelsus. Seiner Weisheit folgend gibt es Gifte, die äußerst stark verdünnt werden müssen, um eine letale Dosis zu vermeiden. Diese wird in der Wissenschaft „LD" abgekürzt, eine nachfolgende Zahl zeigt den Prozentsatz der Versuchstiere an, die diese Dosis überleben. „LD50" bedeutet also, dass die Hälfte der Probanden stirbt und die andere Hälfte überlebt.

Eine Rangliste der tödlichsten Gifte aufzustellen ist auch deshalb schwer, weil die Darreichungsform eine entscheidende Rolle spielt: Wird der tödliche Stoff eingeatmet, geschluckt oder injiziert? Manche Gifte, so genannte Kontaktgifte, wirken auch durch die Haut. Auch das Gewicht und der Allgemeinzustand des Opfers entscheiden über die Wirksamkeit.

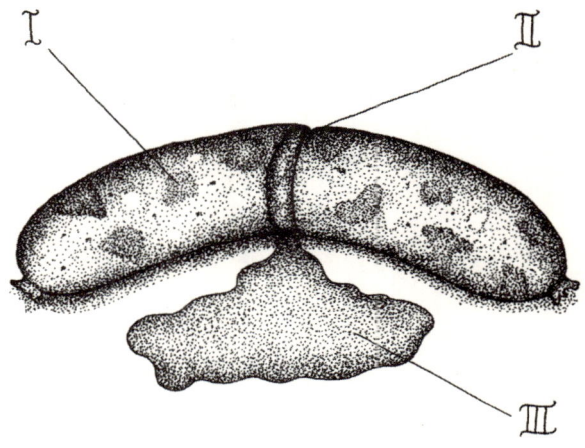

I

II

III

## Botulin

Das Gift der Gifte nennen Chemiker das Botulinum-Toxin, das Bakterien des Stammes *Clostridium botulinum* erzeugen, wenn sie in Nahrungsmittel gelangen und diese zu lange unter Luftabschluss gelagert werden. Das Bakterium ist ubiquitär, das heißt, dass es überall auf der Welt im Boden vorkommt. Besonders gerne entsteht das giftigste Gift der Welt in Fleisch- und Wurstkonserven, was ihm den Namen gab: Das lateinische *botulus* bedeutet schlicht *Wurst*. Unter dem Handelsnamen Botox führt es eine zivile Existenz, die vielen Menschen zu einem faltenfreien Aussehen verhilft. Noch mehr als Fehlbehandlungen mit diesem Mittel, die zu nachhaltigen Gesichtslähmungen führen können, muss seine militärischen Verwendung gefürchtet werden. Die UN ächten Botulinium als Waffengift. Terrorismusexperten fürchten die Substanz. In mathematischen Modellen hat ein Gramm des Toxins bis zu 100 000 Tote verursacht.

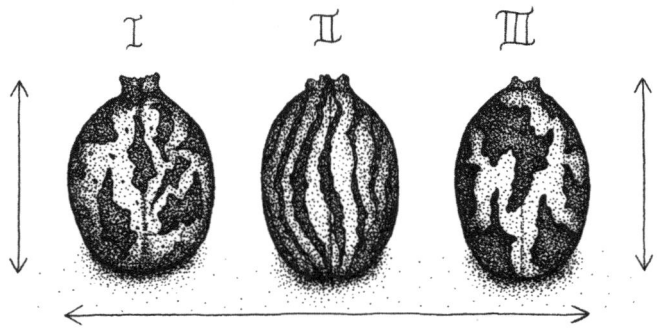

# Rizin

Gegen einen durchschnittlichen mitteleuropäischen Garten ist ein Koffer voll mit Drogen das reinste Kinderspielzeug. Blauer Eisenhut, Herbstzeitlose, Goldregen, Christrose, Fingerhut sind farbenfroh und schön anzusehen – doch viele ihrer Bestandteile, vor allem die Früchte und Samen, sind pures Gift. Die Pflanzen schützen sich damit vor dem Gefressenwerden – an spielende Kinder hat die Evolution nicht gedacht. Am tödlichsten wirken die Samen des Wunderbaumes oder Rizinusstrauches, die auch zur Herstellung des berühmten Öls verwendet werden. Das Rizin von sechs bis acht Rizinus-Samen reicht aus, um einen Erwachsenen zu töten, bei Kindern genügt oft ein einziges Korn. Ein Gegenmittel gibt es nicht. Je weniger Samen zerkaut, je schneller sie ausgebrochen werden und je schneller eine Magenspülung erfolgt, desto höher die Überlebenschance. Rizin steht in der Liste der von den UN verbotenen Bio-Kampfstoffe. Beim Regenschirm-Attentat 1978 in London wurde dem bulgarischen Dissidenten Georgi Markow mittels einer ausgeklügelten Technik ein Rizinkügelchen injiziert.

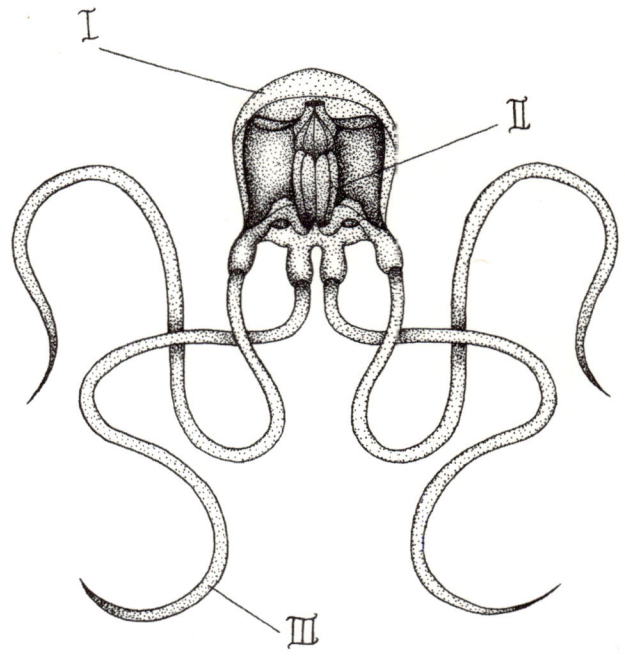

I

II

III

## Palytoxin

Mit einem LD50-Wert von nur 0,00015 Milligramm pro Kilogramm Körpergewicht bei Mäusen führt die Krustenanemone die Rangliste der giftigsten Tiere an. Das Gift Palytoxin ist das stärkste in der Natur vorkommende Gift, das nicht auf einer Eiweißverbindung basiert. Gegengifte gibt es nicht, erfahrene Meereswasser-Aquarianer, die die kleinen und bunten Anemonen zu Hause halten, wechseln das Wasser nur mit Handschuhen. Aufgrund ihrer Verbreitung in tropischen und subtropischen Gewässern wesentlich gefährlicher für den Menschen sind Würfelquallen oder Seewespen, deren bis zu einem Meter langen Tentakel ein Kind töten können.

# Unsichtbare Massenmörder

Die Erreger sind winzig klein und überall zu Hause. Sie nutzen die menschlichsten und schönsten Dinge des Lebens, um sich auszubreiten: miteinander sprechen, Sex haben, Geld zählen. Hier die drei absoluten Rekordhalter unter den Seuchen in der Todesstatistik der letzten Jahrhunderte.

## Grippe

H1N1 ist der Code, mit dem das gefährlichste Virus der Welt wissenschaftlich beschrieben wird. Es kommt bei Menschen, Enten, Truthähnen und Schweinen und einigen anderen Säugetieren vor und löst bei ihnen die Krankheit aus, die Influenza oder „echte Grippe" genannt wird. Die Ansteckung erfolgt über Tröpfchen- (Niesen, Husten, Küssen, Spucken), aber auch Kontaktinfektion (Geld, Türgriffe, öffentliche Verkehrsmittel). Niedrige Temperaturen und trockene Luft verlängern die Lebenszeit des Virus, deshalb treten Erkrankungen bevorzugt im Herbst, Winter und Frühjahr auf. Symptome sind Fieber, Kopf- und Gliederschmerzen. Tödlich ist meist nicht die Influenzainfektion selbst, sondern Lungenentzündungen, die sich als Komplikation bilden. Gegen Influenzaviren können heute sehr gut Impfstoffe entwickelt werden.

Influenza ist seit jeher bekannt, trat jedoch 1918 zum ersten Mal in der Geschichte mit dem neuen Stamm H1N1 in einer Pandemie auf – einer Länder und Kontinente überschreitenden Ansteckungswelle. Obwohl der Entstehungsort wahrscheinlich in Kansas in den USA lag, erhielt diese Ansteckungswelle den

# Pest

# Grippe

# AIDS

**2.** Platz

**1.** Platz

**3.** Platz

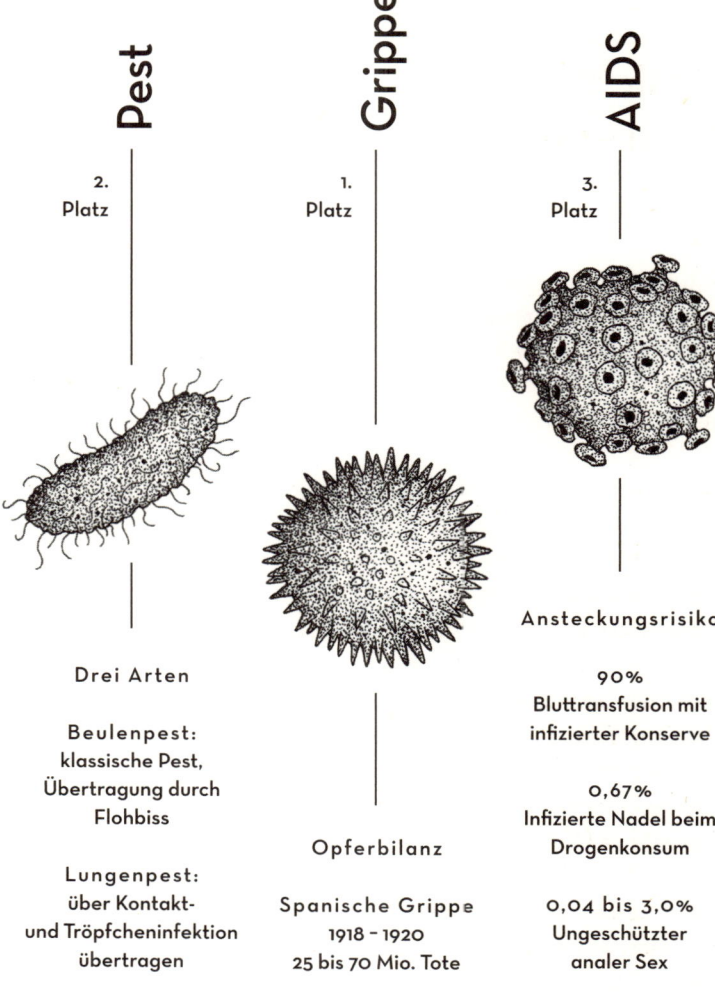

### Pest (2. Platz)

**Drei Arten**

**Beulenpest:**
klassische Pest,
Übertragung durch
Flohbiss

**Lungenpest:**
über Kontakt-
und Tröpfcheninfektion
übertragen

**Pestsepsis:**
Bakterien gelangen
durch Platzen der Beu-
len in die Blutbahn

### Grippe (1. Platz)

**Opferbilanz**

**Spanische Grippe**
1918 – 1920
25 bis 70 Mio. Tote

**Asiatische Grippe**
1957 – 1958
bis 2 Mio. Tote

**Hongkong-Grippe**
1968 – 1970
800 000 bis 2 Mio. Tote

### AIDS (3. Platz)

**Ansteckungsrisiko**

**90%**
Bluttransfusion mit
infizierter Konserve

**0,67%**
Infizierte Nadel beim
Drogenkonsum

**0,04 bis 3,0%**
Ungeschützter
analer Sex

**0,05 bis 0,3%**
Ungeschützter
vaginaler Sex

Namen Spanische Grippe. Spanien war während des Ersten Weltkriegs, der zu dieser Zeit Europa und Amerika beschäftigte, neutral, und die Pressezensur war dort weniger streng als in den anderen betroffenen Ländern dies- und jenseits des Atlantiks. Daher tauchten Berichte über die Krankheit zuerst in spanischen Zeitungen auf. Weitere Grippewellen im 20. Jahrhundert wurden ebenfalls nach den Orten ihres ersten Auftretens benannt. Später ging man dazu über, die vermuteten ersten Wirtstiere des jeweiligen Subtypus eines Grippevirus als Namensgeber zu verwenden: Es entstanden die Schweine- und die Vogelgrippe. Nachdem diese Nomenklatur jedoch äußerst unscharf ist, verwenden Fachleute nur noch Bezeichnungen wie etwa *Pandemie H1N1 2009/10*, für die so genannte Schweinegrippe, die 2009 die Welt in Angst und Schrecken versetzt hatte. Weitere Stämme und Subtypen heißen H1N1, H3N2 oder H1N2.

Die Addition der Grippetoten beruht auf Schätzungen. Bis heute sind statistische Hochrechnungen nötig, um das Ausmaß von Grippewellen zu beschreiben, da weder alle Kranken einen Arzt aufsuchen, noch alle Ärzte einem Meldesystem angeschlossen sind. Darüber hinaus werden in der offiziellen Todesursachenstatistik nur die letztlich letalen Krankheiten (wie Lungenentzündung) gesammelt, nicht die vorausgegangenen Infektionen. Studien rechnen der Spanischen Grippe von 1918 bis 1920 weltweit 25 bis 70 Millionen Tote zu. Zählt man die weiteren großen Grippewellen und die jährlich berechneten Grippetoten hinzu, kommt man auf rund 100 Millionen Tote, die diese Krankheit in den letzten 100 Jahren gefordert hat. Grippe ist damit die tödlichste Seuche der Geschichte.

## Pest

Ein Drittel der europäischen Bevölkerung – rund 25 bis 30 Millionen Menschen – wurden zwischen 1347 und 1352 Opfer des Schwarzen Todes. Vermutlich aus Asien kommend breitete sich die bakterielle Erkrankung über die im Mittelalter stark frequentierten Handelswege nach Europa aus. Hier waren die Hafen- und Handelsmetropolen Genua und Venedig Ausgangspunkte für die schnelle weitere Verbreitung. Das enge Zusammenleben von Mensch, Nagetier und Insekt verhalf dem Stäbchenbakterium *Yersinia pestis* zu seinem Siegeszug. Zunächst stecken sich Ratten an. Erst über die Mundwerkzeuge der Flöhe, die gerne das Blut beider Warmblüter genießen, gelangen die Erreger von der Ratte in den menschlichen Körper.

Die vermeintlich Schuldigen für die Pandemie waren schnell ausgemacht: In ganz Europa kam es zu schweren Pogromen gegen Juden, die von der Bevölkerung als „Brunnenvergifter" verleumdet wurden. In mehreren Städten begingen ganze jüdische Gemeinden Suizid, indem sie ihre eigenen Häuser anzündeten, um dem Tod durch den lynchenden Mob zu entgehen.

Der Begriff „Schwarzer Tod" wurde im Mittelalter für die Pest nicht verwendet. Erst nach 1600 taucht er in der Literatur auf, um das besonders Schreckliche der Pandemie auszudrücken. Erst der deutsche Medizinhistoriker Justus Hecker brachte in seinem Buch *Der schwarze Tod im vierzehnten Jahrhundert* (1832) die Farbe mit den pesttypischen Nekrosen in Zusammenhang. Bei Erkrankten kommt es zu Entzündungen der Gliedmaßen. Das tote Gewebe (Nekrose) verfärbt sich schwarz.

Auch in Kunst und Kultur hat die Pest deutliche Spuren hinterlassen. Die bekanntesten Werke sind die Novellensammlung *Decamerone* (1349–1353) von Giovanni Boccaccio, der Holzschnitt *Die apokalyptischen Reiter* (1498) von Albrecht Dürer, das Gemälde *Die Pest* (1898) von Arnold Böcklin, der Roman *Die Pest* (1947) von Albert Camus oder der Film *Die Pest in Florenz* (1919) nach einem Drehbuch von Fritz Lang. Zahlreiche regionale Bräuche haben ihre Ursprünge in der Pest beziehungsweise ihrem Ende, so die Passionsspiele in Oberammergau oder der Schäfflertanz in München.

Im heutigen Europa gilt die Pest durch den Einzug von Hygiene und die Schaffung menschenwürdiger Wohnverhältnisse als besiegt. Die Krankheit tritt jedoch weiterhin in Asien und

Afrika sowie in Nord- und Südamerika auf. In den USA erkranken bis heute zehn bis 20 Menschen pro Jahr, infiziert vor allem von Katzen.

Zusammen mit Anthrax, Pocken, Milzbrand und acht anderen Erregern bildet das Pestbakterium das so genannte dreckige Dutzend der Stoffe, die am ehesten für einen Angriff oder Anschlag mit Biowaffen in Betracht kommen.

## AIDS

Seit den 1980er Jahren starben laut UN weltweit etwa 37 Millionen Menschen an AIDS – dem Acquired Immune Deficiency Syndrome (engl. für *erworbenes Immundefektsyndrom*). Die meisten Opfer gab es in Afrika. Ende 2010 waren weltweit über 34 Millionen Menschen infiziert. Die Vereinten Nationen geben an, dass in diesem Jahr 1,8 Millionen Menschen am Humanen Immundefizienz-Virus (HIV), das AIDS hervorruft, gestorben sind. AIDS schwächt die körpereigene Abwehr so stark, dass in unterschiedlichen Stadien der Krankheit immer neue opportunistische Krankheiten den Körper befallen können. Die ersten Symptome der akuten Phase ähneln denen eines grippalen Infektes, weshalb frische Ansteckungen oft nicht bemerkt werden. Dies wäre aber umso wichtiger, als die Ansteckung über Blut, Sperma, Vaginalsekret und Muttermilch erfolgt.

Der Akutphase folgt die Latenzphase, in der sich das Virus im Körper entwickelt. Der Infizierte verspürt keine Beschwerden, kann aber andere Menschen anstecken. Die Latenzphase kann von wenigen Monaten bis über 30 Jahre, im Schnitt neun bis zwölf Jahre dauern. Es folgt eine Zwischenphase namens AIDS Related Complex, in der die ersten klinischen Symptome auftreten, die aber noch nicht das Krankheitsbild AIDS definieren. Werden bei einem Infizierten bestimmte „AIDS-definierende" Infektionen oder Tumoren festgestellt, tritt die Endphase der Krankheit ein.

Unterschiedlichste Behandlungsmethoden wurden in den vergangenen Jahrzehnten entwickelt, die die Sterblichkeit der Betroffenen verringert haben. Die Verbreitung der Krankheit ist in Afrika am größten, wo in manchen Ländern über 30 Prozent der Bevölkerung infiziert sind. In Westeuropa gehen die Infektionsraten wieder nach oben. Die Menschen sind dort der Aufklärungskampagnen der vergangenen Jahrzehnte überdrüssig oder halten AIDS fälschlicherweise für eine kontrollierbare, wenn nicht gar besiegte Krankheit.

Anhand von Genanalysen lässt sich der Weg des Virus nachzeichnen. Im ersten Drittel des 20. Jahrhundert soll er in Afrika von Affen auf Menschen übergesprungen sein. Über Haiti kam er bereits 1966 in die USA, wo er 15 Jahre Zeit hatte, sich auszubreiten. Berichte einer Krankheit, die homosexuelle Männer befiel, häuften sich in den frühen 1980er Jahren. Als bekannt wurde, dass auch Bluter (Hämophile), Empfänger von Bluttransfusionen und Drogensüchtige, die Nadeln verwenden, erkrankten, war einer der ersten wenig politisch korrekten Namen, die sich das amerikanische Center for Disease Control and Prevention für die Krankheit einfallen ließ, „4-H-Krankheit", nach: Haitianer, Homosexuelle, Hämophile und Heroinsüchtige.

---

## Gleichrangige Killer

In den ersten dreißig Jahren nach der Entdeckung von HIV starben ungefähr so viele Menschen an der Immunschwächekrankheit wie während fünf Jahren im Mittelalter an der Pest.

## 8 Tipps gegen Grippe

1. Händewaschen
2. In den Ärmel husten
3. Zu Hause bleiben
4. Krankheit erkennen
5. Auskurieren
6. Familienmitglieder schützen
7. Regelmäßig lüften
8. Impfen

## Berühmte AIDS-Tote

Klaus Nomi (1983)
Rock Hudson (1985)
Liberace (1987)
Keith Haring (1990)
Freddie Mercury (1991)
Anthony Perkins (1992)
Rudolf Nureyev (1993)
Klaus Schwarzkopf (1991)
Arthur Ashe (1993)

# Der Tod

## und
## das
## Recht

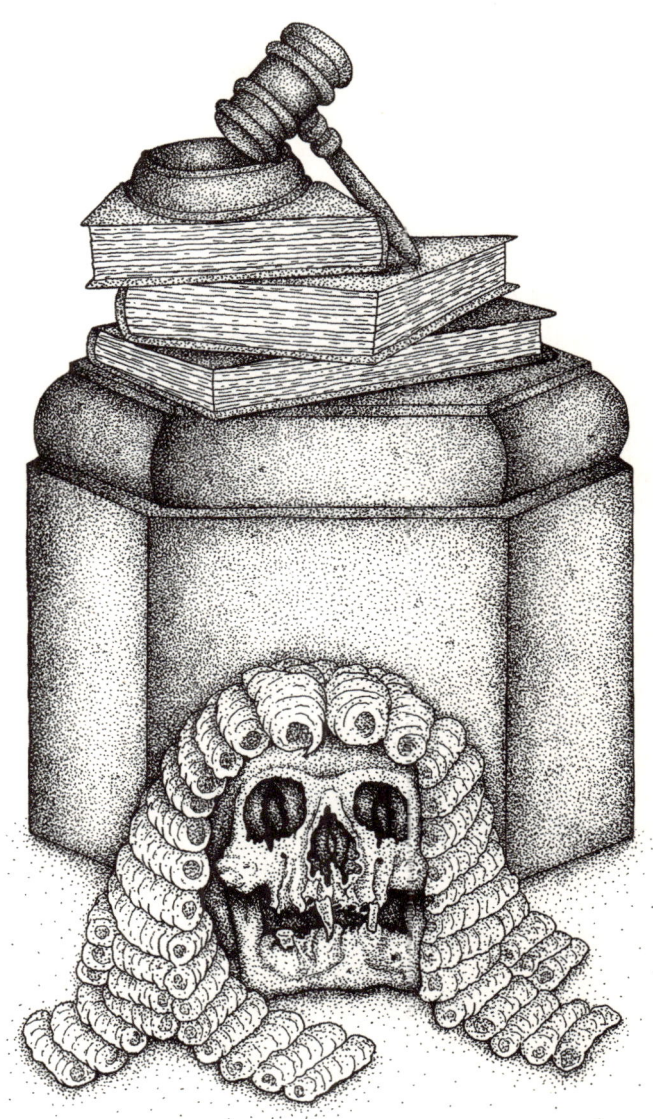

# Sterben Sie – wir kümmern uns um die Details

Das Bestattungsgewerbe ist ein Kind des 19. Jahrhunderts; um 1850 gründeten sich die ersten Unternehmen. Zuvor lag die Zuständigkeit für Waschung, Einkleidung, Aufbahrung und Einsargung eines Leichnams in den Händen der Familie, während die Abschiedszeremonie Sache der Kirchen war. Lediglich der Tischler lieferte den Sarg – wobei ein solcher auch nur wohlhabenderen Familien Geld wert war. Die Armen bestatteten ihre Toten in Leichentüchern oder in selbstgezimmerten Kisten. Mit Einrichtung der Zentralfriedhöfe *(siehe S. 310)* und dem Erlass von Bestattungsgesetzen und Friedhofsverordnungen spezialisierten sich Schreiner auf die Dienstleistung und boten einen umfassenden Service an. Heute hat man den Eindruck, ohne die Hilfe eines Profis könne man seine Angehörigen nicht unter die Erde bringen. Zwar ist in den 16 deutschen Bestattungsgesetzen und in ungezählten kommunalen Friedhofsverordnungen vieles geregelt, doch es bleibt Platz für individuelles Kümmern. Immer mehr Bestatter stellen sich darauf ein. „Wenn wir Angehörige beraten, sind sie oft überrascht, was sie alles selbst machen können. Im Grunde muss nur der Leichentransport im Leichenwagen erfolgen." Nicole Rinder vom Bestattungsunternehmen *aetas* in München bietet Familien und Freunden Verstorbener an, möglichst viel selbst zu erledigen. Das sei die beste Trauerarbeit. „Wir raten bei der Vorsorge den Lebenden auch dazu, nicht allzu genaue Verfügungen zu treffen. Wenn sogar die Blumen und die Musik bereits schriftlich bestimmt wurden, sind Hinterbliebene oft enttäuscht, dass sie so gar nichts mehr für den geliebten Menschen tun können."

**Tod feststellen**
Muss durch einen Arzt geschehen. In manchen
Bundesländern ist bei Kremation sogar eine zweite
Leichenschau durch den Amtsarzt vorgeschrieben.

**Toten waschen, anziehen**
Darf man alleine; idealerweise mit dem Bestatter.
Die Kleidung kann frei gewählt werden, teure
Leichenhemden usw. nicht nötig.

**Toten aufbahren**
Aufbahrung zu Hause möglich. Je nach Landesgesetz
ist nach 36 Stunden Kühlung vorgeschrieben und
bei hohen Außentemperaturen auch empfehlenswert.
Spezielle Kühlgeräte verleiht der Bestatter.

**Toten transportieren**
In Deutschland ist der Transport in einem dafür zugelassenen
Leichenwagen vorgeschrieben.

**Sarg zimmern**
Bauanleitungen liefern aufgeschlossene Bestatter.
Material gibt es in jedem Baumarkt. Hilft Vätern von toten
Kindern oft bei der Trauerarbeit.

**Sarg schmücken und bemalen**
ist eine der bei modernen Bestattern am häufigsten wahr-
genommenen Möglichkeiten, sich zu verabschieden.

**Trauerfeier gestalten**
Bei kirchlicher Bestattung nur in Absprache mit dem jeweiligen
Geistlichen. Bei allen anderen Bestattungen möglich.

**Grab gestalten**
Das Grab gehört den Hinterbliebenen. Die – oft rigiden –
Vorschriften der lokalen Friedhofsverwaltung können nach einem
Gespräch oft weiter ausgelegt werden als gedacht.

**Asche verstreuen**
In Deutschland eigentlich nicht vorgesehen (Friedhofszwang).
Legaler Umweg: Die Asche kommt zum Bestatter in die Schweiz
und von dort per Post zurück. Den deutschen Behörden genügt
ein Bescheid, dass die Asche ausgeführt wurde.

Darf ich selbst

Darf ich nicht

# Fünf Fragen an eine Hospizhelferin

Gunda Borgeest ist Kulturmanagerin und arbeitet ehrenamtlich als Hospizhelferin. Sie war unter anderem für die Presse- und Öffentlichkeitsarbeit des Christophorus-Hospizes in München verantwortlich und hat eine umfangreiche Veranstaltungsreihe zum Thema Tod und Sterben konzipiert und umgesetzt. Sie hatte die Idee, die bekannte Ausstellung „Ein Koffer für die letzte Reise" des Bestatters Fritz Roth nach München zu holen und hat dafür ein großes kulturelles Rahmenprogramm entwickelt.

*1. Was passiert nach dem Tod?*
Wir leben in der Erinnerung derer weiter, mit denen wir im Leben verbunden waren.

*2. Wo waren wir vor dem Leben?*
In einer anderen Umlaufbahn, oder um es mit dem Kinderbuch *Das kleine Nein!* zu sagen: „Vielleicht warst du eine Sternschnuppe, die aus dem Nachthimmel fiel?"

*3. Was ist die Seele?*
Eine schöne Idee.

*4. Was ist der Sinn des Lebens?*
Das Leben zu leben.

*5. Was wollen Sie unbedingt tun, bevor Sie sterben?*
Lebendig sein.

# Die Schweiz sehen und sterben

In Deutschland und Österreich gibt es im Gegensatz zur Schweiz kein Gesetz, das den von einem sterbenskranken Menschen erwünschten eigenen Tod regelt. Das deutsche Strafgesetzbuch privilegiert, wie der Jurist sich ausdrückt, ein Tötungsdelikt, die so genannte „Tötung auf Verlangen". Das heißt, die Tat wird nicht als Mord geahndet – bleibt aber strafbewehrt mit bis zu fünf Jahren Haft. Dass die Deutschen keine eindeutige Regelung finden können, liegt wohl in ihrer Geschichte begründet. Die Euthanasieprogramme der Nationalsozialisten kosteten hunderttausende Menschen das Leben, die aufgrund der Rassegesetze zu „lebensunwertem Leben" erklärt wurden. Politik und Kirchen tun sich schwer damit, die von einem Todkranken gewünschte Beendigung seiner Existenz davon abzugrenzen. Daraus resultieren in der juristischen Praxis Probleme, eine Tötung auf Verlangen von „Beihilfe zum Suizid" (in Deutschland nicht strafbar) oder der „Körperverletzung mit Todesfolge" (strafbewehrt mit Gefängnisstrafe) zu unterscheiden. Der Sterbehelfer steht also in Deutschland immer mit mindestens einem Bein im Gefängnis. Ähnlich ist die Situation in Österreich. In der Schweiz (oder auch anderen europäischen Staaten, etwa in den Niederlanden) gelten liberalere Gesetze, die die im Volksmund generell „Sterbehilfe" betitelte Tat regeln.

Deutsches, österreichi-
sches und Schweizer $\longrightarrow$
Recht im Überblick

| Was geschieht? | | Strafe Deutschland |
| --- | --- | --- |
| **Aktive Sterbehilfe** | Der Sterbehelfer verabreicht dem Patienten auf dessen Wunsch eine tödliche Giftspritze oder flößt ihm einen Gifttrank ein. | § 216 Strafgesetzbuch: Tötung auf Verlangen. Sechs Monate bis fünf Jahre Freiheitsstrafe. Versuch ist strafbar. |
| **Beihilfe zur Selbsttötung** | Der Sterbehelfer stellt einen Gifttrank bereit, den der Patient selbsttätig einnimmt. Niemand darf helfen, nicht einmal das Glas zum Mund führen. | Suizid an sich ist straffrei, doch unterschiedliche Auffassung, ob es durch „Tatherrschaftswechsel" (BGH) zum Tatbestand der unterlassenen Hilfeleistung kommt. |
| **Passive Sterbehilfe** | Die Ärzte verzichten auf lebensverlängernde Maßnahmen, stellen zum Beispiel die künstliche Ernährung ein oder die Beatmungsmaschine ab. | Zulässig, wenn das Vorgehen dem erklärten oder vermuteten Willen des Patienten entspricht. (Patientenverfügung stellt Klarheit her.) |
| **Indirekte Sterbehilfe** | Die Ärzte behandeln am Ende einer unheilbaren Krankheit nur noch die Schmerzen. Auch mit Medikamenten, deren Nebenwirkungen den Tod beschleunigen könnten. | Zulässig, wenn das Vorgehen dem erklärten oder vermuteten Willen des Patienten entspricht. (Patientenverfügung stellt Klarheit her.) |

| Strafe Österreich | Strafe Schweiz | |
|---|---|---|
| § 77 Strafgesetzbuch: Tötung auf Verlangen. Sechs Monate bis fünf Jahre Freiheitsstrafe. | Art. 114 Schweizerisches Strafgesetzbuch: Tötung auf Verlangen. Freiheitsstrafe bis zu drei Jahren oder Geldstrafe. | Aktive Sterbehilfe |
| § 78 StGB: Mitwirkung am Selbstmord. Sechs Monate bis fünf Jahre Freiheitsstrafe. Bei fehlender Freiwilligkeit oder Urteilsfähigkeit: Mord nach § 75 StGB! | Nicht strafbar, sofern kein egoistisches Motiv vorliegt. Nicht Teil der ärztlichen Tätigkeit laut Akademie der Wissenschaften; Sterbehelfer sind Freiwillige. | Beihilfe zur Selbsttötung |
| Zulässig, wenn das Vorgehen dem erklärten oder vermuteten Willen des Patienten entspricht. (Patientenverfügung stellt Klarheit her.) | Durch das Strafrecht nicht geregelt. Es gelten die „Richtlinien über die Sterbehilfe der Schweizerischen Akademie der Medizinischen Wissenschaften". | Passive Sterbehilfe |
| Zulässig, wenn das Vorgehen dem erklärten oder vermuteten Willen des Patienten entspricht. (Patientenverfügung stellt Klarheit her.) | Durch das Strafrecht nicht geregelt und daher straffrei. | Indirekte Sterbehilfe |

# Die sieben wichtigsten Regeln beim Testament

Eigentlich kann es uns egal sein, was nach dem Tod mit unserem Besitz geschieht. Es sind Gefühle wie Dank, Rache oder vorgezogene Mitfreude an der Freude des Erben, die uns Verfügungen treffen lassen, die erst nach unserem Ableben in Kraft treten. Manchen bewegt auch der Stolz des Besitzers oder des Erschaffers, das Lebenswerk soll in gute Hände geraten. Bei aller Emotionalität: Es gibt glasklare Vorschriften, die ein Testament gültig oder ungültig machen. Dass es im Fall der Fälle zuverlässig gefunden werden soll, ist nicht zu vergessen.

**1.**
**Gesamter Text eigenhändig geschrieben – kein PC-Ausdruck!**

**2.**
**Text leserlich geschrieben**

**3.**
**Eigenhändige Unterschrift unter den Text**

**4.**
**Unterschrift mit Vor- und Familiennamen**

**5.**
**Datum und Ort der Testamentserrichtung**

**6.**
**Zu Testierfähigkeit eventuell Hausarzt/Facharzt konsultieren**

**7.**
**Testament auffindbar machen – oder beim Notar hinterlegen**

# Wann fängt das Leben an?

Die deutschen Vorschriften kannten lange keine Gnade. Totgeborene Kinder oder Frühchen, die sehr schnell nach Verlassen des Mutterleibes starben, wurden nicht als Rechtspersonen anerkannt, wenn sie nicht mindestens 500 Gramm Gewicht auf die Klinikwaage brachten. Die von den betroffenen Eltern als Sternenkinder bezeichneten kleinen Lebewesen waren also vor dem Gesetz keine Menschen. Das Personenstandsgesetz schrieb vor, dass Totgeburten unter 500 Gramm nicht in den Personenstandbüchern beurkundet werden durften. Rechtlich hatten diese Kinder also nie existiert. Zwar durften diese Kinder auf Wunsch der Eltern bestattet werden, wie es das bundesdeutsche Bestattungsgesetz (BestattG) in Paragraph 25 verfügte, doch die örtlichen Friedhofsverwaltungen gestatteten nur die Einbringung in ein bestehendes Grab, zum Beispiel ein Familiengrab. Neue Grabstellen konnten nicht eröffnet werden, denn wo keine Geburts- und Sterbeurkunde, da keine neue Friedhofsparzelle. Also, so § 25 BestattG, war „[die Leibesfrucht] von der Einrichtung, in der die Geburt erfolgt ist, hygienisch einwandfrei und dem sittlichen Empfinden entsprechend zu beseitigen, sofern sie nicht rechtmäßig zu medizinischen, pharmazeutischen oder wissenschaftlichen Zwecken verwendet wird". In der Praxis hieß dies oft, dass die ohnehin geschockten Eltern zu verkraften hatten, dass ihr Kind im Klinikmüll entsorgt wurde. Die Petition beim Deutschen Bundestag eines betroffenen Elternpaares setzte 2013 durch, dass die Gewichtsbeschränkung vollständig aufgehoben wurde. Seither können Sternenkinder unabhängig von ihrem Gewicht bestattet werden.

# Die ersten Dinge nach der letzten Stunde

Auch der Tod muss gemanagt werden. Selbst wenn ein Angehöriger eine lange Leidenszeit hinter sich bringen musste und man mit dem traurigen Ereignis gerechnet hat: Plötzlich muss alles ganz schnell gehen. Für die Hinterbliebenen gibt es eine Menge an Dingen zu tun, mit denen sie wenig oder keine Erfahrung haben. Meist empfindet man eine große Belastung, die man am liebsten komplett an Profis abgeben möchte. Doch die Beschäftigung ist ein wichtiger Schritt, der hilft, die Trauer zu bewältigen. Die wichtigsten Dinge der ersten Stunden, Tage und Wochen im Überblick:

## Sofort

- *Arzt verständigen.* Totenschein wird ausgestellt.
- Angehörige benachrichtigen.
- *Wichtige Unterlagen suchen:* Ausweise, Geburtsurkunde, Heiratsurkunde
- *Verfügungen des Verstorbenen suchen und danach handeln:* Organ- und Gewebespende? Bestattungsverfügung, Vorsorgevertrag, Willenserklärung zur Feuerbestattung, Testament
- *Aufbahrung und Aussegnung regeln.* Zu Hause aufbahren ist bis zu 36 Stunden ohne Weiteres möglich.
- *Urlaub beantragen.* Sind Sie der wichtigste Angehörige, kommt sehr viel Trauer- und Papierarbeit auf Sie zu.
- *Haustiere versorgen* oder unterbringen.
- *Wohnung sichern.* Auch Einbrecher lesen Todesanzeigen.

## Am nächsten Tag

- *Dokumente:* Sterbeurkunde auf Standesamt besorgen.
- *Bestattung:* Bestattungsform wählen, Bestattung selbst organisieren oder Bestatter auswählen.
- *Beisetzung vorbereiten:* Grabstelle, Grabschmuck, Trauerredner, Todesanzeige, Benachrichtigung per Post, Leichenschmaus, Trauerkleidung
- *Dienstleistungen abbestellen:* Zeitungsabo, Essen auf Rädern, Pflegedienst
- *Termine absagen:* Arzttermine, Krankenhaus- und Kuraufenthalte, Friseur, private Verabredungen
- *Buchführung:* Alle Rechnungen und Auslagen aufbewahren im Hinblick auf Nachlassstreitigkeiten.

## Innerhalb von 36 Stunden

- *Rentenversicherung:* Prüfen, ob Hinterbliebenenrente oder Waisenrente besteht. Übergangsgeld?
- *Bei Unfalltod:* Unfallversicherung informieren.
- *Bankgeschäfte:* Konten prüfen, Daueraufträge löschen, Einzugsermächtigungen zurücknehmen. Eventuell Anwalt beauftragen.
- *Arbeitsamt, Pflegeversicherung:* Informieren, denn zu viel gezahlte Hilfen werden zurückgefordert.
- *Storno:* Reise gebucht? Auto bestellt? Mit dem Tod erlischt die Geschäftsgrundlage.

## Innerhalb von zwei Wochen

- *Wohnung:* Weiternutzung oder Kündigung? Verkürzte Kündigungsfrist? Renovierungsbedarf? Entrümpelung? Versorger (Wasser, Strom, Gas, Kabel, Telefon, Internet etc.) kündigen. Mietkaution zurückfordern.

- *Heim:* Heimplatz kündigen, Zimmer räumen.
- *Post, E-Mail, Soziale Netzwerke:* Bekommt der Tote Nachrichten?!
- *Versicherungen:* Lebensversicherung, private Vorsorge, betriebliche Vorsorge? Krankenversicherung?
- *Ämter:* Kindergeldkasse, Versorgungsamt, BAföG?
- *Nachlassgericht:* Testament abgeben, Erbschein beantragen.
- *Mitgliedschaften und Verträge:* Ist Übertragung auf Hinterbliebene sinnvoll? (z.b. Bausparverein)
- *Ausgeliehenes zurückgeben:* Medizinische Hilfsmittel? DVDs? Bücher?

## Nach einem Monat

- *Auto:* Verkaufen?
- *Danksagung:* Zeitungsanzeige, Karten, Internet?
- *Rechnungen:* Bestattungskosten, Leichenschmaus, Wohnungsauflösung, Anwalt. Genaue Buchführung bei mehreren Erben.
- *Grabpflege:* Unter Verwandten organisieren oder Gärtner beauftragen.

## Nach zwei Monaten

- *Testamentseröffnung:* Innerhalb von acht Wochen durch Nachlassgericht.
- *Nachlassverzeichnis:* Alle mobilen, immobilen und virtuellen Güter listen. Gegebenenfalls bestellt das Gericht einen Testamentsvollstrecker.
- *Finanzamt:* Erbe muss innerhalb von drei Monaten angemeldet werden. Finale Einkommensteuererklärung für den Toten. Lohnsteuerklasse des Hinterbliebenen?
- *Weitere Zahlungen:* Nebenkostenabrechnung der Wohnung, Nachforderungen genau prüfen.

# Wenn Länder Trauer tragen

Eine offizielle Staatstrauer gibt es in der Bundesrepublik Deutschland nicht. Sie würde Einschnitte in das öffentliche Leben bedeuten (Absage von Veranstaltungen, Schließung von Geschäften und Ämtern). Die davon betroffenen Regelungen sind aber Sache der Bundesländer. Die Bundespräsidentin oder der Bundespräsident kann lediglich Staatsbegräbnisse und Trauerstaatsakte anordnen und wird dies auch nur im Einvernehmen mit den anderen Verfassungsorganen tun. Bundesweit kann eine Beflaggung auf Halbmast an öffentlichen Gebäuden des Bundes angeordnet werden.

Ein Staatsbegräbnis kann folgende Elemente enthalten: öffentliche Aufbahrung und Trauerdefilee, große Totenwache (bestehend aus sechs Personen), kirchliche Trauerfeier, eventuell mit weltlichem Nachruf im Anschluss an die Liturgie, Trauergeleit, militärisches Abschiedszeremoniell mit Ehrenformation, Beisetzung, Trauerempfang. Ein Trauerstaatsakt umfasst die von Musikstücken umrahmte Traueransprache, Gedenkreden und die Nationalhymne.

In zentralistischen Staaten ist eine nationale angeordnete Trauer möglich. Den Tod von Galyani Vadhana, der Schwester von König Bhumibol, betrauerte Thailand einhundert Tage lang. Der Tod bedeutender Persönlichkeiten kann auch länderübergreifend betrauert werden. So wie bei Zayid bin Sultan Al Nahyan, dem seit der Staatsgründung 1977 amtierenden Staatspräsidenten der Vereinigten Arabischen Emirate. Als er 2004 starb, wurde in fast allen islamischen Ländern im Nahen Osten, in Nordafrika sowie in Pakistan eine Staatstrauer angesetzt.

# Das erste Formular des Nachlebens

Der Arzt, der den Tod eines Menschen feststellt, beurkundet diesen offiziell mit der Todesbescheinigung, wie der im Volksmund genannte Totenschein im Behördendeutsch heißt. Die konkrete Ausgestaltung des Formulars ist in Deutschland Ländersache – Inhalt und Umfang sind in den 16 Bestattungsgesetzen unterschiedlich vorgeschrieben. Grundsätzlich gilt jedoch, dass es sich eigentlich um zwei Formulare – den vertraulichen und den nichtvertraulichen Teil – handelt, die auf zwei unterschiedliche Briefumschläge verteilt werden.

Der nichtvertrauliche Teil verbleibt bei den Angehörigen, damit beim Standesamt der Todesfall beurkundet werden kann und die Nachkommen die Sterbebescheinigung erhalten. Die Daten gehen in die Sterbestatistik ein. Die Todesursache steht hier nicht, sie geht die Standesbeamten nichts an.

Der vertrauliche Teil enthält genaue Angaben zur Todesursache und geht an das Gesundheitsamt. Es soll meldepflichtige Krankheiten erkennen und darauf reagieren können sowie Statistiken über Krankheiten erstellen. Bei unnatürlichem Tod, ungeklärter Todesursache oder Auffindung eines unbekannten Toten geht der vertrauliche Teil zunächst an die Polizei.

Ärzte werden von den Behörden eindringlich darauf hingewiesen, dass es sich bei der Todesbescheinigung nicht um eine Formalität handelt – und dass sie unbedingt die unbekleidete Leiche untersuchen müssen. Denn anhand des Scheins wird entschieden, ob eine Leiche zur Bestattung freigegeben wird oder ob weitere Ermittlungen seitens der Staatsanwaltschaft angestellt werden. Der Hausarzt ist oft der erste Ermittler am Tatort.

Die Todesbescheinigung sieht in jedem deutschen Bundesland anders aus. Hier das Formular aus Bayern.

# Der Freilandfarmer der Leichen

23 Jahre lang legte der forensische Anthropologe Bill Bass von der University of Tennessee in Knoxville unbeachtet von der Öffentlichkeit Leichen auf einem versteckt gelegenen Grundstück aus. Er beobachtete genau, was unter unterschiedlichen äußeren Einflüssen – Wetter, Tierfraß, aber auch Verpackung – mit den verwesenden Toten geschah. Dann veröffentlichte die Schriftstellerin Patricia Cornwell 1994 ihren Kriminalroman „Body Farm". Die Presse fand schnell heraus, dass das Gelände in den Hügeln um Knoxville als Vorlage gedient hatte, und belagerte den Zaun, um einen Blick dahinter werfen zu können. Die Methode des Dr. Bass wurde kontrovers diskutiert, und es bestand Gefahr, dass das erste forensische Echtzeitlabor seinen Betrieb hätte einstellen müssen. Doch Polizeibehörden von überall in den Vereinigten Staaten erhoben lautstarken Einspruch. Immerhin hatten die Forschungen mittlerweile ermöglicht, über 300 Mordfälle aufzuklären, die ohne Bass' revolutionäre Idee des Freilandversuchs nie gelöst worden wären.

# Herren der Fliegen und Käfer

Schmeißfliegen (lat.: *Calliphoridae*) sind die ersten Gäste am Festtagstisch namens Leiche: Bereits wenige Stunden nachdem der Tod eingetreten ist, fangen trächtige Weibchen an, ihre Eier in den Körperöffnungen abzulegen. Daraus entwickeln sich abhängig von der Außentemperatur innerhalb weniger Tage Larven, die schließlich den toten Körper verlassen, um sich zu verpuppen. Aus den Puppen schlüpfen neue Fliegen. Aus der Entwicklungsgeschwindigkeit, mit der dieser Zyklus durchlaufen wird, errechnen forensische Entomologen den Todeszeitpunkt einer Leiche. „Innerhalb der ersten 72 Stunden ist die Todeszeitbestimmung Sache des Gerichtsmediziners, doch danach ist unsere Methode oft genauer", sagen Dr. Frank Reckel und Dr. Jan Grunwald, forensische Entomologen am Bayerischen Landeskriminalamt. „Bei einer Leiche untersuchen wir den Insektenbefall und nehmen Proben. Die Hälfte der entnommenen Larven töten wir mit heißem Wasser und legen sie in Alkohol, um den Status quo festzuhalten. Die andere Hälfte kommt auf Hackfleisch in den Brutschrank, damit wir die letztlich schlüpfenden Fliegen mit Sicherheit bestimmen können." Auch welche Fliegenarten den Körper besiedeln, liefert den Insektenkundlern wertvolle Informationen. Wenn ortsuntypische Fliegen ihre Eier in den Leichnam abgelegt haben, könnte die Leiche postmortal transportiert worden sein. Um die lokalen forensisch relevanten Fliegen- und Käfervorkommen zu erfassen und zu katalogisieren, legen Dr. Reckel und Dr. Grunwald regelmäßig tote Schweine in Bayern aus. Denn der Klimawandel lockt neue Insektenarten in die Region nördlich der Alpen.

**Die vier Phasen der Leichenbesiedelung
nach Reckel und Grunwald:**

1.    2.    3.    4.

Leiche:
Frisch

Leiche:
Aufgebläht

Leiche:
Verfall

Leiche:
Ausgetrocknet
bis skelettiert

→          →          →          →

Schmeiß-
und
Fleischfliegen

Schmeiß-,
Fleisch- und
echte Fliegen

Adulte Tiere
legen Eier ab

Nächste Gene-
rationen legen
Eier ab

Geschlüpfte
Larven fressen

Larven fressen
weiter in großen
Massen

Kurzflügler,
Pelz- und
Speckkäfer,
Totengräber

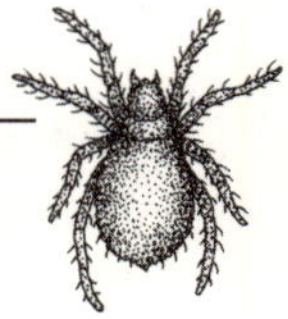

Mistkäfer,
Stutzkäfer,
Aaskäfer,
Speckkäfer,
Buntkäfer

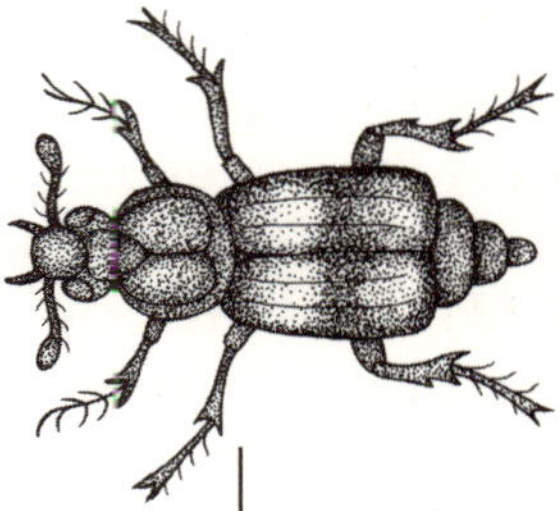

Käferlarven
übertreffen
Fliegenlarven
nach Zahl

Käfer fressen
Fliegenlarven
und legen
eigene Eier ab

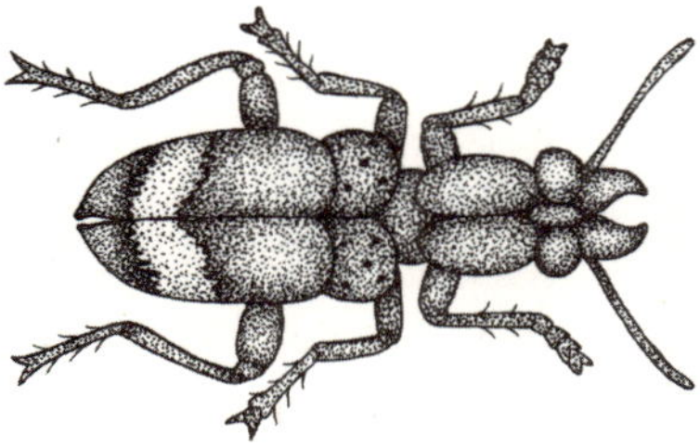

Milben
fressen Insekten
und Verwe-
sungsprodukte
wie Pilze

Ortsübliche
Insektenfauna
kehrt zurück

# Die letzten
# ihrer Art

Johann Reichhart (*1893; †1972), letzter Vertreter einer jahrhundertealten bayerischen Scharfrichter-Familie, war einer der vielbeschäftigsten Vertreter seiner Zunft seit der Französischen Revolution. In der Weimarer Republik und während der Nazizeit bediente Reichhart über 3000-mal die Guillotine oder die Falltüre eines Galgens. Er war deutschlandweit tätig und vollzog Hinrichtungen an den meisten so genannten zentralen Hinrichtungsstätten, die die Nationalsozialisten im Reich eingerichtet hatten. Er war es auch, der die Geschwister Hans und Sophie Scholl hingerichtet hat. Ungeachtet seiner Mitwirkung an den Naziverbrechen und seiner NSDAP-Parteimitgliedschaft wurde Reichhart nach dem Krieg von der US-Militärregierung weiterbeschäftigt. Nun köpfte und henkte er seine ehemaligen Auftraggeber, die zum Tode verurteilten Nationalsozialisten und Kriegsverbrecher. Die Amerikaner beschäftigten ihn bis 1946, dann lernte er einen US-Sergeant an, der die Urteile der Hauptkriegsverbrecher in Nürnberg vollstreckte.

Für die letzte in Deutschland durchgeführte Exekution müssen mehrere Daten in Betracht gezogen werden. Am 18. Februar 1949 wurde der 28-jährige Raubmörder Richard Schuh in Tübingen als letzter von einem bundesdeutschen Zivilgericht verurteilter Täter mit dem Fallbeil hingerichtet. Am 23. Mai 1949 trat das Grundgesetz in Kraft, das die Todesstrafe in Westdeutschland abschaffte. Dessen ungeachtet fanden unter dem Recht der Alliierten weiter Hinrichtungen statt. Zwischen 1945 bis 1951 wurden im Gefängnis Landsberg am Lech 285 von insgesamt 308 in Nürnberg zum Tode verurteilte Kriegsverbrecher gehenkt. Am 7. Juni 1951 schließlich kamen die letzten sieben Verurteilten aus dem Einsatzgruppen-Prozess der Nürnberger Nachfolgeprozesse an die Reihe.

In der DDR wurde die mutmaßlich letzte Hinrichtung Deutschlands am 26. Juni 1981 im Leipziger Gefängnis an der Alfred-Kästner-Straße vollzogen. Mit der in der DDR oft praktizierten Hinrichtungsmethode „Nahschuss in das Hinterhaupt" tötete der Henker Hermann Lorenz (*1928; †2001) den Stasi-Hauptmann Werner Teske. Teske wurde vorgeworfen, dass er in den Westen fliehen wollte, was den Tatbestand der „vollendeten Spionage" erfüllte. Der unerwartete Nahschuss zeigt, wie eng Justiz und Exekutive in einem Unrechtsstaat zusammenarbeiten: Sofort nachdem der Staatsanwalt dem ahnungslosen Delinquenten die beiden letzten Sätze verlesen hatte „Das Gnadengesuch ist abgelehnt. Ihre Hinrichtung steht unmittelbar bevor.", trat der Henker von hinten an das Opfer und feuerte ihm mit der Pistole eine Kugel in den Kopf. Lorenz wandte diese Methode über 20-mal während seiner Laufbahn an, die ihn immerhin den Rang eines Majors – und für jede Tötung 150 Mark in bar – einbrachte. Seine Lieblingswaffe war eine Walther P38, die Standard-Handfeuerwaffe der Wehrmacht. Die Todesstrafe wurde in der DDR erst im Jahr 1987 aus dem Gesetz gestrichen.

Wie sein berühmter Kollege Johann Reichhart bekam auch Hermann Lorenz noch des Öfteren Gelegenheit, in den Medien aufzutreten. Während die Münchner Boulevardpresse Reichhart gerne bei öffentlichkeitswirksamen Morden zu dem von ihm präferierten Strafmaß befragte – seine Einschätzung, was mit Mördern zu geschehen habe, überraschte nie – , wurde Lorenz als Zeitzeuge der DDR im Fernsehen interviewt.

Österreich schaffte die Todesstrafe 1950 ab, sie blieb jedoch bis 1968 Teil des Militärrechts. In der Schweiz fand die letzte zivile Hinrichtung 1940, die letzte militärische 1944 statt.

# Erst nach dem Ärztecheck unters Messer

Bevor Ärzte unsere Körper aufschneiden, lassen sie uns Fragebögen ausfüllen, in denen unsere Lebensgewohnheiten erforscht werden. Diese Fragen dienen der rechtlichen Absicherung des Chirurgen. Ähnlich wie beim Kleingedruckten unter Softwarelizenzen oder den rigiden Arbeitsverträgen von Lebensmittel-Discountern wird eine freie Wahl nur vorgegaukelt. Entweder man unterschreibt, oder man wird eben nicht operiert. Dabei ist das Risiko des Patienten viel größer als das des gut versicherten Doktors. Daher ist es nur recht und billig, wenn der zu Operierende dem Operateur auch ein paar Fragen stellen darf, bevor das Skalpell zum Einsatz kommt. Wer sich an die folgende Liste hält, erfährt so viel über die vielleicht wichtigste Person seines Lebens wie sonst nur Golffreunde nach mehrjähriger gemeinsamer Clubzugehörigkeit. Der wichtigste Aspekt ist aber die Liste selbst: Ärzte, die nach ihrer Vorlage noch operieren, bringt sicher auch im OP nichts aus der Ruhe.

1. Warum sind Sie Arzt geworden?
2. Üben Sie Ihren Beruf mit Freude aus?
3. Was wären Sie geworden, wenn Sie nicht Arzt geworden wären?
4. Wie oft haben Sie den an mir geplanten Eingriff schon durchgeführt?
5. Wie oft erfolgreich?
6. Was war der schlimmste Kunstfehler, von dem Sie in Bezug auf den an mir geplanten Eingriff gehört haben?
7. Was war der schlimmste Kunstfehler, der Ihnen bei dem an mir geplanten Eingriff passiert ist?
8. Welche Musik hören Sie im OP?
9. Rauchen Sie?

10. Wie viel?
11. Wie viel Liter Wasser trinken Sie pro Tag?
12. Nehmen Sie regelmäßig Alkohol zu sich?
13. Zu welcher Tageszeit?
14. Würden Sie sich als Alkoholiker bezeichnen?
15. Was sagt Ihre Frau/Ihr Mann dazu?
16. Sind Sie tablettensüchtig?
17. Nehmen Sie andere Drogen?
18. Wenn ja, welche?
19. Welche Medikamente nehmen Sie regelmäßig ein?
20. Wie viele Stunden schlafen Sie im Durchschnitt pro Nacht?
21. Ernähren Sie sich gesund?
22. Haben Sie regelmäßig Sex?
23. Treiben Sie regelmäßig Sport?
24. Welches ist Ihr Lieblingshobby?
25. Denken Sie während der Arbeit oft an Ihr Hobby?
26. Sind Sie Katzen- oder Hundebesitzer?
27. Lassen Sie regelmäßig einen Gesundheits-Check-up durchführen?
28. Hören Sie gut?
29. Sehen Sie gut?
30. Leiden Sie an Depressionen oder haben Sie an Depressionen gelitten?
31. Haben Sie Schulden?
32. Spekulieren Sie auf Aktien?
33. Investieren Sie in Immobilien?
34. Haben Sie Kinder?
35. Was ist Ihr Sternzeichen?
36. Aszendent?
37. Sind Sie Kreationist oder Darwinist?
38. Glauben Sie an Gott?
39. Wenn nein, an was dann?
40. Wie groß ist Ihre Chance, in den Himmel zu kommen, in Prozent?
41. Freuen Sie sich auf die Pensionierung?
42. Würden Sie den an mir geplanten Eingriff an sich selbst vornehmen lassen?
43. An Ihrer Frau/Ihrem Mann?
44. An einem Ihrer Kinder?
45. Von Ihnen selbst oder lieber von einem Kollegen?
46. Namen der Kollegen:

a) _____

b) _____

c) _____

# Synonyme

abberufen werden
abdanken
abfahren
abgehen
abkratzen
ableben
abmarschieren
abnippeln
abschmieren
abtreten
abwandern
aufgeben
aussteigen
bleiben (im Krieg)
dahinscheiden
dahinschwinden
das Leben aushauchen
das Leben verlieren
das Zeitliche segnen
den Besteckkasten abgeben
den Geist aufgeben
den Geist aushauchen
den letzten Atemzug tun
den Löffel abgeben
den Tod finden
den Weg alles Irdischen gehen
die Biege machen
die Radieschen von unten ansehen
draufgehen
ein Sterbchen machen
einen Abgang machen
einschlafen
einschlummern
enden
entschlafen
entschlummern
erblassen
erbleichen
erlöschen
erwischt (worden sein)

fallen
gehen (von jemandem)
heimgehen
heimgeholt werden
hinschmeißen
hinüberschlummern
hinsterben
hinweggerafft werden
in die ewigen Jagdgründe eingehen
in den Himmel eingehen
ins Gras beißen
kaputtgehen
krepieren
nicht heimkommen
nicht wiederkommen
sein Ende finden
sein Leben geben
sein Leben lassen
sich geharkt legen
sich kalt legen
sich verabschieden
umkommen
ums Leben kommen
untergehen
verderben
verebben
verenden
vergehen
verlassen (jemanden)
verlöschen
verrecken
verschwinden
versterben
verstummen
von uns gehen
weggehen
wegtreten
zugrunde gehen
zu Tode kommen
zur Hölle fahren

# Mord oder Totschlag?

Allgemein wird von „Mord" gesprochen, wenn ein Mensch einen anderen tötet. Das Recht unterscheidet Tötungsdelikte nach strafverschärfenden und strafmildernden Kriterien. Grundsätzlich hat sich seit der Antike, ausgehend vom römisch-jüdischen Rechtssystem, die Einteilung in „Totschlag" und „Mord" durchgesetzt. Wichtigstes Kriterium bei der Unterscheidung ist der Vorsatz, also eine gezielte Tötungsabsicht des Täters, sowie die Motivation, die der Tat vorausgeht. Geschieht eine Tötung ohne Vorsatz, wird dies in Deutschland „fahrlässige Tötung" oder „Körperverletzung mit Todesfolge" genannt. „Totschläger" ist nach der deutschen Rechtsprechung jemand, der „einen Menschen tötet, ohne Mörder zu sein". Als Mörder qualifiziert sich, „wer aus Mordlust, zur Befriedigung des Geschlechtstriebs, aus Habgier oder sonst aus niedrigen Beweggründen, heimtückisch oder grausam oder mit gemeingefährlichen Mitteln oder um eine andere Straftat zu ermöglichen oder zu verdecken, einen Menschen tötet". In der herrschenden Lehre wird Totschlag als Grunddelikt und Mord als qualifizierende Ausnahme angesehen. Während das deutsche Gesetz bei Totschlag eine Haftstrafe von mindestens fünf Jahren bis lebenslang fordert, kennt das Gericht bei Mord nur ein mögliches Strafmaß: lebenslängliche Haft. Im Unterschied zum Mord hat der Totschlag nach deutschem Recht auch eine strafverschärfende und eine strafmildernde Variante, den „besonders schweren Fall des Totschlags" (wird wie Mord bestraft: lebenslange Haft) und den „minder schweren Fall des Totschlags". Das Strafmaß beträgt dann ein bis zu zehn Jahre.

# Risikolebensversicherung im Reisegepäck empfohlen

Mordfälle pro Jahr und 100 000 Einwohner (CIA Worldbook)

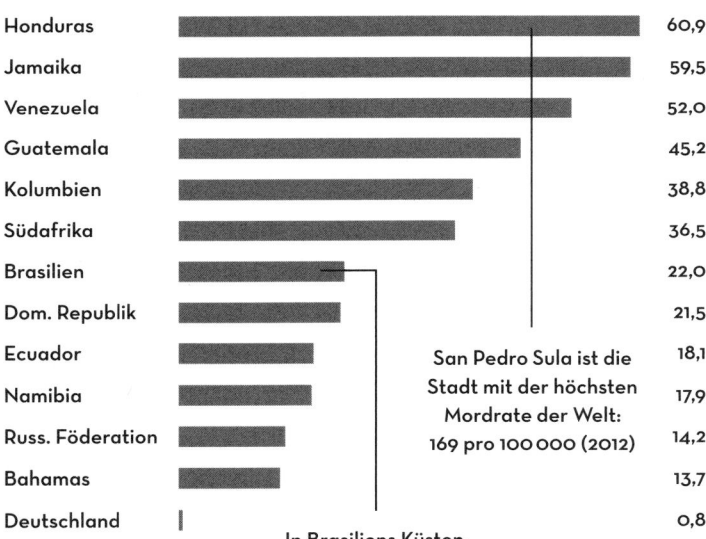

| | |
|---|---|
| Honduras | 60,9 |
| Jamaika | 59,5 |
| Venezuela | 52,0 |
| Guatemala | 45,2 |
| Kolumbien | 38,8 |
| Südafrika | 36,5 |
| Brasilien | 22,0 |
| Dom. Republik | 21,5 |
| Ecuador | 18,1 |
| Namibia | 17,9 |
| Russ. Föderation | 14,2 |
| Bahamas | 13,7 |
| Deutschland | 0,8 |

San Pedro Sula ist die Stadt mit der höchsten Mordrate der Welt: 169 pro 100 000 (2012)

In Brasiliens Küsten- stadt Rio de Janeiro geschehen durchschnitt- lich 22 Morde am Tag.

200 000 Menschen werden jährlich kriegsunabhängig mit Schusswaffen getötet. Davon 30 000 in den USA.

Weltweit wurden 2011 Waffen, Munition und Ersatzteile im Wert von 8,5 Milliarden US-Dollar privat gekauft.

# Wenn sich der Staat über das Leben stellt

Befürworter der Todesstrafe verwenden gerne das Bibelzitat „Auge um Auge, Zahn um Zahn" als Rechtfertigung für das geplante Töten eines Verbrechers durch den Staat. Damit wird eine zentrale Stelle der Tora unzulässig verkürzt und ihre eigentliche Bedeutung umgekehrt. Richtig wiedergegeben muss es heißen: „... so sollst du geben Leben für Leben, Auge für Auge, Zahn für Zahn, Hand für Hand, Fuß für Fuß, Brandmal für Brandmal, Wunde für Wunde, Strieme für Strieme." Nach Auslegung der meisten Exegeten sei die Vorschrift als Mahnung gemeint, bei der Vergeltung angemessen vorzugehen. Sie führte also die Verhältnismäßigkeit in ein archaisches Rechtssystem ein, das zum Zeitpunkt ihrer Niederschrift vor 2500 Jahren von Blutrache geprägt war. 98 Staaten der Erde haben sich davon gelöst. Die Todesstrafe wird laut Amnesty International im Jahr 2013 jedoch noch in 58 Ländern angewendet. Auf dieser Liste stehen so genannte „Schurkenstaaten" und Diktaturen wie Iran, Uganda, Syrien und Nordkorea in trauter Einheit mit den Weltmächten China und USA sowie den wichtigen deutschen Handelspartnern Indien, Saudi-Arabien und dem Ausrichter der Fußball-Weltmeisterschaft 2022, dem Emirat Katar. In 43 Ländern gibt es die Todesstrafe noch in den Gesetzen, sie wird dort jedoch nicht mehr oder nicht in Friedenszeiten vollstreckt.

Wo wird die Todesstrafe noch angewendet und $\longrightarrow$ welche Arten gibt es?

# Todesstrafe

Staaten, die die Todesstrafe
abgeschafft oder in Friedenszeiten ausgesetzt haben.

Staaten, die 2013 die Todesstrafe
anwenden.

Im Jahr 2012 sind nach Kenntnis
von Amnesty International
folgende Hinrichtungsmethoden
bei der Vollstreckung der
Todesstrafe zur Anwendung
gekommen:

1   Enthaupten
2   Hängen
3   Giftinjektion
4   Erschießen
5   Steinigen

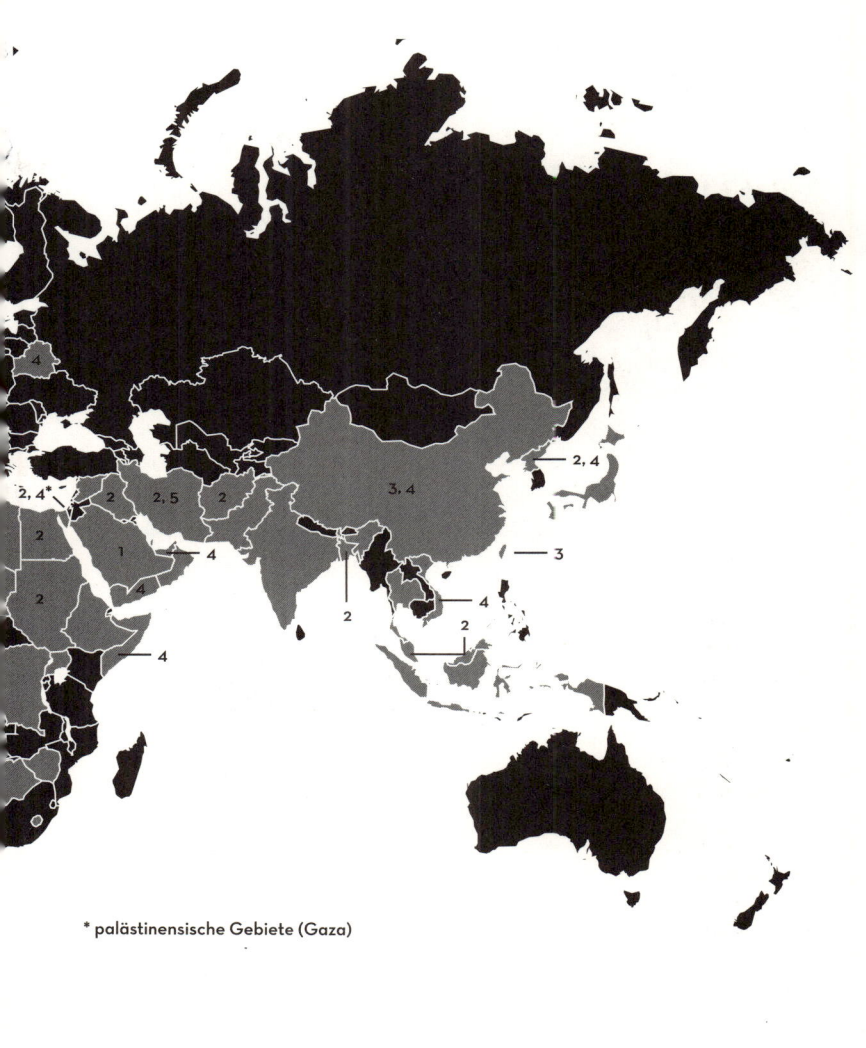

* palästinensische Gebiete (Gaza)

# Ordentlich was hinterlassen

„Your loved ones will thank you!" schreibt die Forest Lawn Memorial-Park Association aus Hollywood unter ihr „Planning Portfolio". Die Nachkommen danken umso mehr, je höhere Angaben zu Bankkonten und Investments gemacht werden. Wer in Hollywood bestattet wird, überlässt nichts dem Zufall, wie Michael Jackson, George Cukor, Humphrey Bogart, Walt Disney, Errol Flynn, Liz Taylor, Sam Cooke, Clark Gable und viele andere prominente Kunden des Unternehmens.

Logen, Clubs, Verbindungen: ⎯⎯⎯⎯⎯⎯⎯⎯⎯⎯⎯

Im Leben Erreichtes: ⎯⎯⎯⎯⎯⎯⎯⎯⎯⎯⎯

Lieblingszitate: ⎯⎯⎯⎯⎯⎯⎯⎯⎯⎯⎯

Lieblingslieder oder -hymnen: ⎯⎯⎯⎯⎯⎯⎯⎯⎯⎯⎯

Meine wichtigsten Erinnerungen: ⎯⎯⎯⎯⎯⎯⎯⎯⎯⎯⎯

Worauf ich stolz bin: ⎯⎯⎯⎯⎯⎯⎯⎯⎯⎯⎯

Ich will, dass meine Familie weiß: ⎯⎯⎯⎯⎯⎯⎯⎯⎯⎯⎯

Auf meinem Grabstein soll stehen: ⎯⎯⎯⎯⎯⎯⎯⎯⎯⎯⎯

Man soll sich an mich erinnern wegen: ⎯⎯⎯⎯⎯⎯⎯⎯⎯⎯⎯

Die Aufzeichnung meiner Botschaft an
meine Familie befindet sich: ⎯⎯⎯⎯⎯⎯⎯⎯⎯⎯⎯

Die Fotos, die verwendet werden sollen, sind hier: ⎯⎯⎯⎯⎯⎯⎯⎯⎯

Ich möchte mit folgenden Bekleidungs- und Schmuck-
stücken bestattet werden: ⎯⎯⎯⎯⎯⎯⎯⎯⎯⎯⎯

Andere Grabbeigaben: _____

Meine Asche soll hier verstreut werden: _____

Banken und Konten (Liste): _____

Schließfächer (Liste): _____

Versicherungen: Leben, Gesundheit, Hausrat (Liste): _____

Anlagen – Fonds (Liste): _____

Anlagen – Aktien (Liste der Broker): _____

Anlagen – Kapitalanlagefonds (Liste): _____

Anlagen – Rentenpapiere (Liste): _____

Anlagen – Rentensparen (Liste): _____

Immobilien – Hauptwohnsitz: _____

Immobilien – Nebenwohnsitz (ggf. Liste): _____

Immobilien – Beteiligungen und Fonds (Liste): _____

Rente – Pensionskasse welcher Firma: _____

Rente – Staatliche Rente: _____

Private Darlehen – Schuldner (Liste): _____

Private Darlehen – Gläubiger (Liste): _____

Unternehmensbeteiligungen (Liste): _____

Geschäftskontakte, die benachrichtigt werden sollen
(Nummern aktuell halten!): _____

Anwalt: _____

Bankberater: _____

Arzt (Liste): _____

Testamentsvollstrecker: _____

Versicherungsagent (Liste): _____

Freunde, die benachrichtigt werden sollen
(Nummern aktuell halten!): _____

# Wie funktioniert das Transplantationssystem?

April bis Oktober, Wochenende, Sonnenschein, Lufttemperatur über 20 Grad Celsius. Kommen diese Faktoren zusammen, sterben auf deutschen Landstraßen Motorradfahrer. Laut einer Reportage des *Süddeutsche Zeitung*-Magazins macht dann auf den Fluren der Transplantationszentren das Wort vom „Nierchenwetter" die Runde. In Deutschland warten über 12 000 Menschen auf ein Spenderorgan. Das am häufigsten gespendete Organ ist die Niere, doch – was niemand weiß – bis zum Oberschenkelknochen ist praktisch jeder Teil des Menschen als Gewebespende verwertbar.

Zunächst muss man also Organ- von Gewebespende unterscheiden. Als Organe gelten Herz, Nieren, Leber, Bauchspeicheldrüse, Lunge, Dünndarm, Magen. Als Gewebe gilt: alles andere *(siehe S. 234–236)*. Die Organspende wird wiederum in Lebendspende und Spende von Verstorbenen eingeteilt. Da die Lebendspende kaum ethische Probleme mit sich bringt, naturgegeben jedoch nur für wenige Organe (Nieren und Leber) infrage kommt, kreist eine kontroverse Debatte um die postmortale Spende. Die Kritik richtet sich vor allem auf das Konstrukt des so genannten „Hirntodes". In Deutschland und der Schweiz regeln die Transplantationsgesetze, dass ein Spender eine positive Willenserklärung abgegeben haben muss. Diese kann jedoch auch gemutmaßt werden, wenn die Angehörigen dies bestätigen. In Österreich oder in Spanien gilt zunächst jeder Mensch als Spender, der sich nicht in einer Negativliste hat eintragen lassen. Spende-Unwilligen, auch Reisenden, wird empfohlen, sich in die entsprechende Liste eintragen zu lassen.

# Ist Organmangel Kommunikationsmangel?

Aufgrund der in Deutschland geltenden Zustimmungsregelung übersteigt die Nachfrage nach Organen das Angebot um ein Vielfaches. Nach den Organspendeskandalen von 2012 ist die Anzahl der Spender in Deutschland sofort um ein Fünftel zurückgegangen. Mit Millionenaufwand werden von der Bundeszentrale für gesundheitliche Aufklärung (BZGA) und den Krankenkassen Kampagnen für die Organspende gefahren. In deren Mittelpunkt steht der Organspendeausweis. Doch bereits bei diesem beginnen die Probleme. Kaum einer weiß, was er da unterscheibt. Denn mit den Organen sollen auch Gewebe gespendet werden. Was ist das? Und so bemängeln Kritiker nicht nur das der Organspende zugrunde liegende Konzept des Hirntodes und das nicht transparente Vergabeverfahren, sondern auch die Kommunikation der beteiligten Organisationen. Patientenverbände dagegen möchten grundsätzlich alle Bürger zu potentiellen Spendern machen und kämpfen für eine Widerspruchslösung, wie sie in Österreich oder Spanien existiert.

50 Transplantationszentren, eine nationale und eine internationale private Organisation und viele Regeln: So funktioniert das System Organspende auf dem Papier. In der Praxis existieren einige Ausnahmeregelungen.

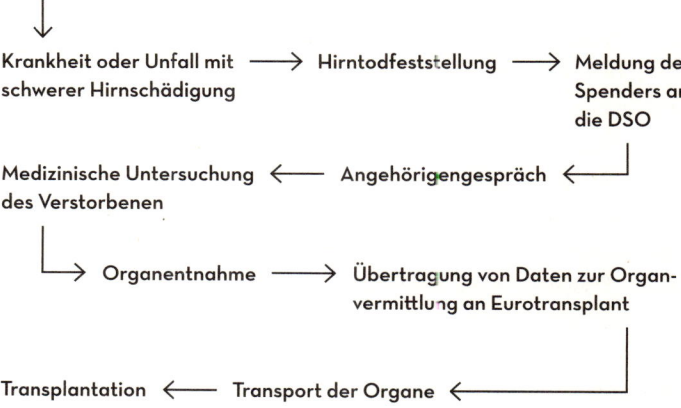

# Wann ist ein Mensch tot?

Der Übergang vom Leben zum Tod ist ein fließender und hängt damit zusammen, dass einzelne Organe irreversibel ihren Dienst einstellen. Somit sind der Tod und der Zeitpunkt seines Eintritts reine Definitionssache, über die sich trefflich streiten lässt. Traditionell wurde der Herz- und Kreislaufstillstand als Todeszeitpunkt betrachtet. Durch die moderne Medizin hat sich das Gehirn als ausschlaggebendes Organ in den Vordergrund gedrängt. Spätestens seit der ersten Herzverpflanzung im Jahr 1967 musste also eine neue Definition des Todes gefunden werden. Das Harvard Ad Hoc Committee on Brain Death veröffentlichte 1968 einen Bericht, der das „irreversible Koma" einführte, erst später nannte man diesen Zustand „Hirntod".

Die Hirntoddefinition aus Harvard wird als Basis der Festlegung des Todeszeitpunkts bis heute angewandt. Sie hat Auswirkungen auf medizinische und rechtliche Fragen. Die ersten Ärzte, die Organtransplantationen vornahmen, wurden wegen Totschlags angeklagt, so 1968 der japanische Arzt Juro Wada. Auch heute nennen Kritiker der Hirntoddefinition und der Organspende die Definitionen willkürlich und eine „Rechtfertigung für absichtliches Töten" (engl.: *justified killing*).

## Klinisch tot oder hirntot?

*Was bedeutet „klinisch tot"?*

Nach den geläufigen Definitionen unserer westlichen Gesellschaft gilt ein Mensch als klinisch tot, wenn das Herz nicht mehr aus eigener Kraft schlägt und die selbständige Atmung aufgehört hat. In diesem Zustand können Menschen durch Maßnahmen wie künstliche Beatmung, Herzdruckmassage oder Elektroschocks reanimiert werden und weiterleben. Je nach Ursache des Organversagens, das Herz und Atmung ausgeschaltet hat, können ehemals klinisch tote und wiederbelebte

Personen sehr lange und ohne Beeinträchtigungen weiterleben. Da bei Ausfall von Herz und Atmung das Gehirn nicht mehr mit Sauerstoff und Nährstoffen versorgt wird, muss die Reanimation jedoch sehr schnell erfolgen.

### Was bedeutet „hirntot"?

Dem so genannten „Hirntod" geht das Absterben der Gehirnzellen voraus. Dieses geschieht entweder durch die direkte Verletzung (etwa durch massive äußere Gewalt) oder durch Minderdurchblutung des Gewebes (etwa bei Verschluss eines das Gehirn versorgenden Blutgefäßes). Die Gehirnfunktionen erlöschen, doch viele Funktionen des Nervensystems und anderer Systeme des Körpers bleiben erhalten. Durch künstliche Beatmung (die Atmung setzt bei Eintreten des Hirntodes aus) lebt ein Patient weiter. Oder ist er jetzt als Toter zu bezeichnen, der nur wie ein Patient aussieht? Hier fangen die Definitions- und Interpretationsprobleme an.

### Kritik am Konzept „Hirntod"

Die Körperfunktionen eines als hirntot erklärten Menschen wie Zellatmung, Heilung von Wunden, Ausscheidung von Urin und Stuhl, bei Männern sogar die Erektion, bestehen fort. In Einzelfällen haben für hirntot erklärte Frauen Babys ausgetragen. Deshalb kritisieren Ärzte, Ethiker und auch Betroffene, die bereuen, der Organspende eines Verwandten zugestimmt zu haben, dass die Kriterien der Hirntodfeststellung nicht ausgereift seien. Nach dem Erlöschen der Hirnfunktionen befinde sich der Patient in einer Phase des Sterbens, die nur deshalb künstlich verlängert werde, um an die Organe zu kommen. Es sei nicht abschließend geklärt, ob der hirntote Mensch nicht doch noch etwas fühlt. Außerdem mache man den Hinterbliebenen die Begleitung des Sterbenden bis zum definitiven Tod unmöglich, wenn man diesen nach Gutdünken der organentnehmenden Ärzte im Operationssaal erst zu dem Zeitpunkt zulasse, an dem der Körper ausgeschlachtet sei. Die Befürworter der Organspende bezeichnen diese Befürchtungen als unwissenschaftlich. Eine andere Kritik richtet sich gegen die Werbe- und Imagekampagnen pro Organspende. Diese seien einseitig und klärten die Menschen nicht über die Zweifel am Hirntodkonzept auf. Dadurch werde beim mündigen Bürger der Anschein der Unseriosität und Geschäftemacherei sogar noch verstärkt, der durch die Organspendeskandale an vielen deutschen Kliniken entstanden ist.

*Wie wird der Hirntod festgestellt?*
Laut der derzeit in Deutschland gültigen Definition der Bundesärztekammer tritt der Hirntod ein als „Zustand der irreversibel erloschenen Gesamtfunktion des Großhirns, des Kleinhirns und des Hirnstamms".

*Richtlinien der Bundesärztekammer zur Feststellung des Hirntodes*
Zwei Ärzte, die nicht zum Transplantationsteam gehören und mehrjährige Erfahrung in der Intensivmedizin oder Neurologie haben, müssen den Hirntod unabhängig voneinander und zweifelsfrei diagnostizieren.

In einer klinischen Untersuchung muss nachgewiesen werden, dass alle Hirnstammreflexe und die Spontanatmung ausgefallen sind. Die Hirnstammreflexe sind bei bewusstlosen Patienten auslösbar, bei Hirntoten jedoch nicht. Zu diesen Reflexen zählen:

Pupillenreflex: Bei Gesunden sind normalerweise beide Pupillen gleich weit. Sie verengen sich bei Lichteinfall. Bei hirntoten Patienten fehlt dieser Reflex, die Pupillen reagieren nicht mehr auf Lichteinfall.

Puppenkopf-Phänomen (okulozephaler Reflex): Ist ein Patient bewusstlos, aber nicht hirntot, reagiert er auf das schnelle Drehen oder Kippen seines Kopfes mit einer langsamen Gegenbewegung der Augen. Ein Hirntoter tut das nicht.

Hornhautreflex: Berührt man die äußerste Augenschicht (Hornhaut) des Auges mit einem Fremdkörper, schließen sich die Augen reflektorisch. Prüft ein Arzt diese Reaktion bei einem Hirntoten mit einem Wattestäbchen, erfolgt keine Reaktion.

Schmerzreaktionen im Gesicht: Auf starke Schmerzreize im Gesicht reagieren selbst Patienten, die im tiefen Koma liegen, mit erkennbaren Muskelzuckungen und Abwehrreaktionen der Kopf- und Halsmuskulatur. Bei Hirntoten bleiben diese Reflexe aus.

Würge- und Hustenreflex (Tracheal- und Pharyngealreflex): Berührungen der hinteren Rachenwand lösen bei Gesunden und Bewusstlosen einen Würgereflex aus. Hirntote zeigen diese Reaktion nicht.

## Was geschieht bei der Organentnahme genau?

Ist der Hirntod festgestellt und liegt die Zustimmung der Angehörigen zur Organspende vor, ändert sich das Ziel der Behandlung in der Klinik. Nun gilt als vereinbart, dass es nicht mehr um die Heilung des Patienten, sondern um den Erhalt der Organe geht. Der Patient (nach der Hirntod-Definition muss man eigentlich bereits vom Toten sprechen) wird für die Organentnahme „konditioniert". Alle Maßnahmen zielen darauf ab, die Organe für die Spende in Bestform zu erhalten. Eine Pflegekraft überwacht ständig Körpertemperatur, Kreislauf, Atmung und Elektrolythaushalt und greift bei Instabilitäten ein. Die Körperpflege (Waschen, Umbetten, Rasieren etc.) wird nur in Abwägung mit den Risiken für die Beatmung vorgenommen. Thromboseprophylaxe wird weiter betrieben. Augenpflege durch feuchtigkeitsspendende Salben und Kompressen wird in Hinblick auf eine Hornhautspende verstärkt. Hornhäute werden in Hornhautbänken gesammelt.

Die Organentnahme erfolgt in einem Operationssaal unter OP-Bedingungen. Anästhesisten sind wie bei einer normalen Operation eines Patienten unter Vollnarkose dafür verantwortlich, die vitalen Funktionen des Körpers aufrechtzuerhalten. Medikamente, Blut und Plasma müssen bei Bedarf zugeführt werden, um den Kreislauf zu stabilisieren.

Mit einem Schnitt vom Kehlkopf bis zum Schambein wird der Körper geöffnet. Dabei kommt es manchmal zu Blutdruck-, Herzfrequenz- und Adrenalinanstieg. Rötungen des Gesichts, Hautrötungen und Schwitzen sind beobachtet worden. Kritiker bemängeln, dass diese Symptome bei normalen Operationen als Schmerzindikatoren verstanden werden, bei Hirntoten aber nicht. Befürworter der Organspende sagen, dass die Reaktionen vom Nervensystem hervorgerufen werden, jedoch das Gehirn als Schmerzzentrale keinen Schmerz mehr spüren könne, da es ja tot sei.

Mit der Knochensäge wird das Brustbein aufgesägt. Die Bauchdecke wird durchtrennt und außen fixiert. Dann werden die Organe des Brust- und Bauchraumes für die Entnahme freigelegt und präpariert. Erst nach der Präparation kann die Brauchbarkeit der Organe eindeutig festgestellt werden.

Nach der Präparation der Organe verabreichen die Anästhesisten Medikamente, die die Blutgerinnung hemmen und die Gefäße weiten sollen, damit sich die Konservierungslösung besser verteilt.

Für eine optimale Konservierung werden die Organe vor und während ihrer Entnahme mit einer auf vier Grad Celsius gekühlten Flüssigkeit durchspült. Dabei treten Zuckungen des Körpers auf. Letztlich bewirkt der Kaliumgehalt der Kühlflüssigkeit den Herzstillstand. Die kritische Zeit ohne Durchblutung der Organe beginnt, jetzt muss alles schnell gehen.

Die künstliche Beatmung wird abgestellt. Angereiste Ärzteteams entnehmen schnellstmöglich die für sie bestimmten Organe und transportieren sie sofort zum Empfänger. Während der Entnahme werden Eis und kalte Flüssigkeit in die Körperhöhlen geschüttet.

Hat der Spender einer Gewebespende zugestimmt, werden die entsprechenden Körperteile (Augen-Hornhaut, Muskelgewebe, Haut, Sehnen, Knochen etc.) bereits parallel zur Organentnahme oder später in der Pathologie entnommen. Schließlich wird der Leichnam für eine Bestattung aufbereitet.

Die Organspende ist in Deutschland zweigeteilt: Die Transplantationszentralen nehmen die Entnahme vor, Eurotransplant regelt die Verteilung. Die wichtigsten Zahlen:

| Transplantationszentralen | | Länder in Eurotransplant |
|---|---|---|
| Deutschland | 50 | Österreich |
| Österreich | 6 | Belgien |
| Schweiz | 7 | Kroatien |
| | | Deutschland |
| Deutschland | 20,5 Spender pro Zentrum | Niederlande |
| Österreich | 32,2 Spender pro Zentrum | Slowenien |
| Schweiz | 13,7 Spender pro Zentrum | Schweiz: Swisstransplant |

Eine Nierentransplantation kostet im Durchschnitt zwischen 50 000 und 65 000 Euro.
Die anschließende Nachsorge liegt bei zirka 6000 bis 12 500 Euro pro Jahr.

| | | im Jahr 2012 | | |
|---|---|---|---|---|
| | | D | A | CH |
| | Multiorgan | 865 | 140 | 19 |
| Organspender im Jahr 2012 | Niere | 938 | 180 | 251 |
| | Herz | 319 | 61 | 35 |
| Deutschland 1046 | Leber | 899 | 126 | 6 |
| Österreich 193 | Lunge | 324 | 48 | 52 |
| Schweiz 96 | Bauchspeicheldrüse | 142 | 16 | 29 |

# Was steht auf dem Ausweis – und was nicht?

Eine Willenserklärung kann auch auf einem weißen Stück Papier festgehalten werden, man benötigt dazu keinen speziellen Vordruck. Der durch das deutsche Hoheitsabzeichen offiziell anmutende „Organspendeausweis" erweckt den Anschein von Transparenz. Doch bereits sein Name verschleiert.

**Müsste korrekt heißen:**
„Organ- und Gewebespende".

Organ- und Gewebespender müssen das 16. Lebensjahr vollendet haben.

Die BZgA gibt jährlich rund 2,5 Millionen Euro eigenes Budget für die Bewerbung des Ausweises aus. Dazu kommen Spenden und Sponsorings aus der Wirtschaft.

Mit Bundesadler nur von der BZgA. Jede andere Form ist zulässig. Mündliche Erklärung gegenüber Angehörigen reicht aus. Diese können ohne Ausweis bestimmen, Spende-Unwillige sollten das klären.

## Organspendeausweis

nach § 2 des Transplantationsgesetzes

Organspende

Name, Vorname                    Geburtsdatum

Straße                    PLZ, Wohnort

**BZgA** Bundeszentrale für gesundheitliche Aufklärung

**O**rganspende
schenkt Leben.

Antwort auf Ihre persönlichen Fragen erhalten Sie beim Infotelefon Organspende unter der gebührenfreien Rufnummer **0800 / 90 40 400.**

„Tod" und nicht „Hirntod", wohl weil Gewebespende nicht den „Hirntod" verlangt. Gewebe können bis zu drei Tage nach dem Herzstillstand entnommen werden.

Wer hier ankreuzt, gibt sämtliche Bestandteile seines Körpers zur Transplantation frei.

Organe und Gewebe werden stets gemeinsam genannt, obwohl in der Praxis zwei unterschiedliche Systeme damit betraut sind.

**Erklärung zur Organ- und Gewebespende**

Für den Fall, dass **nach meinem Tod** eine **Spende von Organen/Geweben zur Transplantation** in Frage kommt, erkläre ich:

◯ **JA,** ich gestatte, dass nach der ärztlichen Feststellung meines Todes meinem Körper Organe und Gewebe entnommen werden.

oder ◯ **JA,** ich gestatte dies, mit **Ausnahme folgender Organe/Gewebe:**

oder ◯ **JA,** ich gestatte dies, jedoch **nur für folgende Organe/Gewebe:**

oder ◯ **NEIN,** ich widerspreche einer Entnahme von Organen oder Geweben.

oder ◯ Über JA oder NEIN soll dann folgende **Person entscheiden:**

Name, Vorname                                             Telefon

Straße                                             PLZ, Wohnort

Platz für **Anmerkungen/Besondere Hinweise**

DATUM                                             UNTERSCHRIFT

Falls man sich mit diesem Ausweis zum Nicht-Spender erklärt, kann trotzdem Hirntoddiagnostik vorgenommen werden, um die Angehörigen umzustimmen.

Die bevollmächtigte Person sollte sich eingehend mit dem Thema beschäftigt haben.

Was ist was? Klarstellung fehlt:
Organe: Niere, Bauchspeicheldrüse, Leber, Herz, Dünndarm, Lungen, Magen
Gewebe: Alle Bestandteile des Körpers, wie Hornhäute der Augen, Muskeln, Zunge, Blut, Herzklappen, Blutgefäße, Knochen, Gelenke, Bänder, Sehnen, Haut

Fehlt:
- Ausschluss der Hirntoddiagnostik bei erklärten Nicht-Spendern
- Wunsch auf Narkose bei Organentnahme
- Recht der Hinterbliebenen auf Hirntodprotokoll, Entnahmeprotokoll, Krankenakte

# Der Tod
## und
## der
## Glaube

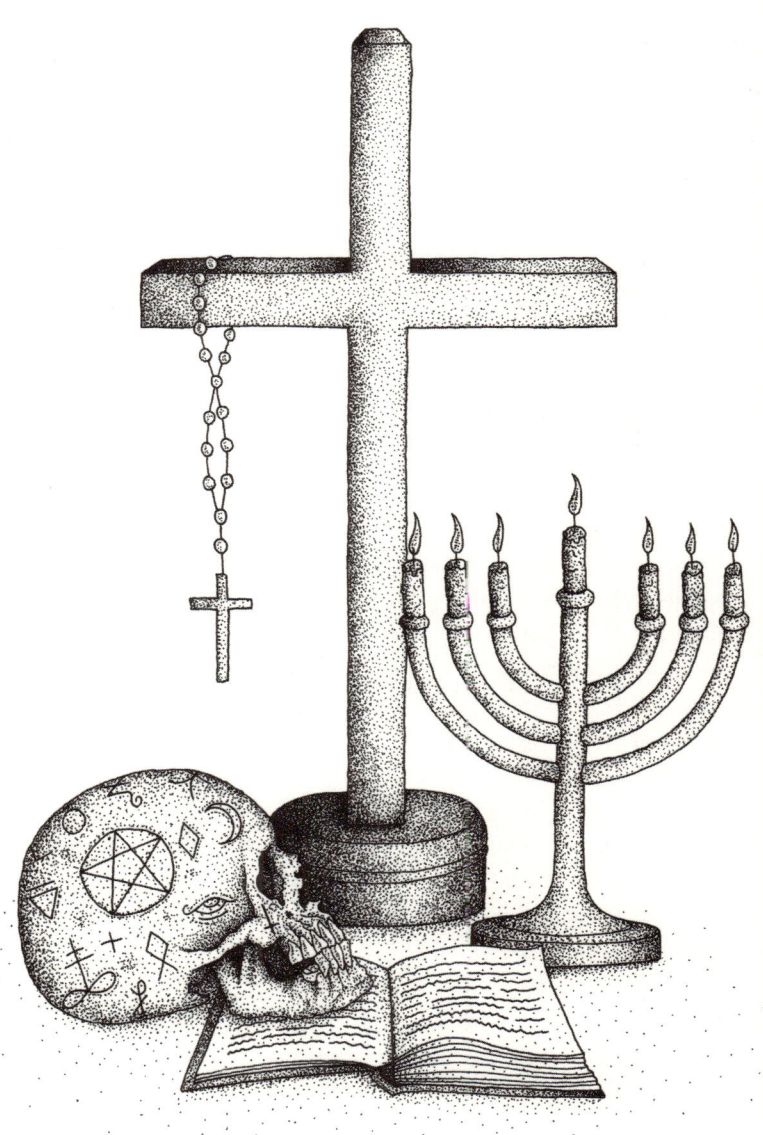

# Tod und Nachleben in den fünf Weltreligionen

Wozu erdenkt sich der Mensch das Nachleben? Weil er den eigenen Tod nicht akzeptieren kann? Wenn das zutrifft, funktioniert der Gedankentrick seit mindestens 6000 Jahren, von den Altägyptern bis zur heutigen Esoterik, die Kritiker nicht nur als Ersatzreligion bewerten: Wir teilen das Leben in einen körperlichen und einen geistigen Teil. Dass der Körper stirbt, ist eine unbestreitbare Erfahrung. Doch was mit dem Geist geschieht, lässt Raum für Spekulation. Diese gedankliche Aufsplittung des Lebens ist der Boden, auf dem die Religion gedeiht. Der Philosoph Ludwig Feuerbach (*1804; †1872) hat diesem Konstrukt so klar wie vor ihm niemand widersprochen. „Der Tod ist die ganze, die vollständige Auflösung deines ganzen und vollständigen Seins." Er folgert daraus: „Ohne Tod keine Religion." Doch auch 140 Jahre nach ihm wird die Welt von Religionen beherrscht, die ihren treuen Anhängern ein unendliches Leben im Jenseits verheißen – oder wie die christliche damit drohen. Der Wunsch nach Rettung vor dem großen und vermeintlich sinnfreien Nichts, das auf unsere Existenz folgt, scheint stärker als die reine Vernunft zu sein.

Doch was genau stellen die großen Glaubensrichtungen ihren Anhängern in Aussicht? Eine Zusammenfassung ist schon aufgrund der vielen unterschiedlichen Auslegungen, die sich in den Jahrtausenden ausgebildet haben, äußerst schwierig. Zudem lassen die Propheten, Exegeten und Prediger vieles von dem, was in ihrer Heilslehre dem Menschen nach dessen Tod blüht oder droht, im Unklaren bis Wolkigen. Nun, sie sind schließlich für das Glauben zuständig, nicht für das Wissen.

# Judentum

Als erste Religion, die nur einen einzigen Gott anbetet, ist das Judentum um 1400 v. Chr. entstanden. Sehr viele Völker rund um das Mittelmeer von Ägypten über Mesopotamien bis Griechenland und Rom hatten eine Vielzahl von Göttern, wobei auch immer einige als Götter des Todes fungierten. Der Religionsgründer Mose vereint alle Eigenschaften der Götter auf den einen. Vor ihm hat das auch der ägyptische Pharao Echnaton getan, indem er Aton, den Sonnengott, über alle anderen Götter gestellt hat. Ein direkter Einfluss von Aton auf den jüdischen Gott JHWH (sprich: Jahwe) ist jedoch nicht nachzuweisen. Und es scheint auch so, als hätten die Israeliten die hohe Bewertung des Jenseits von den Ägyptern nicht übernommen. Während die Bewohner des Landes am Nil alles dafür gaben, dass die Toten im Jenseits gut versorgt waren und ihren intakten Körper zur Verfügung hatten, trennen die Juden in Gedanken die Seele vom Körper. Nur die Seele tritt vor Gott, den Schöpfer, Bewahrer, Richter und Erlöser der Welt. Sich seinem Willen zu unterwerfen und ihm zu gefallen ist Lebenszweck des Gläubigen. Dies kann nur während des Lebens geschehen. Eine Buße oder Reinwaschung der Seele nach dem Tod ist nicht vorgesehen. Die Unterwelt (hebr.: *Scheol*) wird in der Tora, der heiligen Schrift, erwähnt, aber nicht näher erläutert. So ist auch das, was dort geschieht, Auslegungssache. Grundsätzlich gibt es ein Leben nach dem Tod, und es soll auch eines Tages eine neue Welt geben, in der die Gläubigen nah bei Gott leben. Um einheitliche Vorstellungen von diesem Jenseits zu entwickeln oder auch nur darüber zu streiten, was bei den vielen Glaubensrichtungen des Judentums zu erwarten wäre, ist der jüdische Glaube zu stark auf das Leben fokussiert. Das Jetzt ist wichtiger als das Nachleben. Nur auf dieser Welt kann sich ein Jude durch seine Taten bewähren und Belohnung in Form von Gottes Segen erhalten. Sympathischerweise darf dieser durchaus irdisch und sichtbar sein und wird dem Gläubigen nicht erst im Paradies zuteil.

# Christentum

Religionsgründer Jesus von Nazareth war als Jude dem Leben weitaus mehr verpflichtet als dem Nachleben. Von ihm sind keine selbst getroffenen Beschreibungen des Jenseits oder Anweisungen, wie man dorthin gelangt, überliefert. Dennoch spielen Tod und Jenseits im Christentum zentrale Rollen. Es sind die Umstände des Todes, der Auferstehung und Himmelfahrt Jesu, die diese <u>starke Jenseitsorientierung</u> in den christlichen Glauben einbringen. Paulus beschreibt Jesus als den Sieger über den letzten Feind des Menschen, den Tod. Der Tod kam als Folge der Erbsünde, also des Vergehens Adams, den Apfel vom Baum der Erkenntnis gekostet zu haben, über alle Menschen. Die Auferstehung und die damit einhergehende Erlösung des Menschen von Tod und Erbsünde sind zentrales Motiv des Glaubens. Der Mensch wird wie Jesus einst auferstehen, dabei aber nicht weiterleben, wie er ist, sondern radikal neu geschaffen werden. Er überwindet Zeit und Raum, um bis zur Unendlichkeit bei Gott zu wohnen – wenn er zu Lebzeiten nach den Gesetzen Gottes handelt und keine Todsünden begeht. Sonst wartet auf ihn die ewige Verdammnis in der Hölle. Wer sich so genannter lässlicher Sünden schuldig gemacht hat, kann durch die Läuterung im Fegefeuer in die vollendete Liebe Gottes aufgenommen werden, die der Himmel bedeutet. Die Entscheidung obliegt dem Jüngsten Gericht, das mit Gott und Jesus besetzt ist. In der Idee des Fegefeuers liegt ein großer Unterschied zwischen den beiden großen Glaubensrichtungen des Christentums, dem Katholizismus und dem Protestantismus. Letzterer lehnt die Bewährungsstation ab, da nach Ansicht der reformierten Christen der Glaube allein den Menschen in den Himmel führe – oder der Unglaube in die Hölle. Für die Sünden der Menschen habe bereits Jesus am Kreuz gebüßt. In der katholischen Auslegung dagegen haben gute und schlechte Taten einen Wert. Das Jüngste Gericht rechnet sie gegeneinander auf. Seinen Überhang an schlechten Taten muss der Sünder im Fegefeuer bezahlen.

# Islam

Noch stärker als das Christentum fokussiert der Islam, der im 7. Jahrhundert n. Chr. vom Propheten Mohammed gegründet worden ist, auf das Leben nach dem Tod. Dieser bedeutet nicht das Ende, sondern den eigentlichen Beginn der Existenz des Gläubigen beim einzigen Schöpfer der Erde, dem Gott Allah. Was nach dem Tod geschieht, ist im Koran – im Gegensatz zu den heiligen Schriften der beiden anderen abrahamitischen Religionen – sehr genau beschrieben: Zunächst trennt der Todesengel Izra'il die Seele vom Körper und bringt sie umgehend zu einem ersten Gericht. Allah entscheidet sofort, ob das Leben des Gestorbenen ein gottgefälliges war. Bei Negativbescheid des Zwischengerichts kommt die Seele an den Versammlungsort der Verdammten. Entscheidet Gott positiv, werden dem Menschen alle Sünden vergeben. Die Seele gelangt zurück in den Körper und wartet dort auf den Tag des Jüngsten Gerichts. Ist dieser Zeitpunkt gekommen, erweckt Gott die Seelen mit neuen Körpern wieder zum Leben. Nun findet auch die Hauptverhandlung über die Menschen statt, wobei auch wieder gute und böse Taten gegeneinander abgewogen werden. Es gibt, wie in einem irdischen Gericht, Zeugen und Ankläger. Dabei weist der Koran dem Propheten Jesus aus Nazareth die Rolle des Anklägers für Christen und Juden zu. Der alleinige Richter und auch Verteidiger der Sünder ist jedoch Allah. Er entscheidet, wer in die Hölle, die im Koran in schlimmsten Farben ausgemalt wird, einfährt und wer das Paradies genießen darf. Nach der Verhandlung führt ein Engel die Gläubigen über eine Brücke, die schmaler als ein Haar und schärfer als ein Schwert ist. Wer hinunterfällt, landet in den Flammen der Hölle. Ungläubige, also alle Menschen, die nicht Muslime sind, können diese nie mehr verlassen; nur gläubige Muslime haben die Chance, nach Absitzen ihrer Strafe in der Hölle doch noch in das Paradies einzuziehen. Dieses Paradies ist durch die Nähe zu Gott, durch Glück, Glückseligkeit und himmlischen Frieden gekennzeichnet.

# Hinduismus

Der Hinduismus kennt weder zentrale Schriften noch ein Oberhaupt. Das Wort beschreibt keine klar abgrenzbare und eng umrissene Religion, sondern ist ein Oberbegriff für die vielen Glaubensrichtungen, die auf dem indischen Subkontinent von den Engländern vorgefunden wurden. Sie prägten als Kolonialherren im 19. Jahrhundert die Bezeichnung für alle Gläubigen Indiens, die nicht Muslime, Christen, Juden oder Buddhisten waren. Genauso wenig, wie es den einen hinduistischen Gott gibt – es existieren monotheistische neben polytheistischen Systemen, Götter werden personalisiert oder sind unpersönliche Objekte wie der Fluss Ganges –, gibt es eine einheitliche Vorstellung davon, was mit dem Menschen nach dem Tod geschieht. Der gemeinsame Nenner der meisten (aber nicht aller) hinduistischen Weltanschauungen ist, dass Leben und Vergehen sich in einem ewigen Kreislauf abwechseln. Dies gilt für Menschen genauso wie für Götter und Tiere. Während des Lebens sammelt man durch seine Taten schlechtes und gutes Karma. Dieses beeinflusst die Art der Wiedergeburt und ob man schließlich die Erlösung, die *Moksha*, erlangt. Das wiedergeborene Medium ist der *Atman*, der ewige Kern der Persönlichkeit. Ein Vergleich mit der Seele der abrahamitischen Religionen fällt auch deshalb schwer, weil die Religionsrichtungen sich nicht einig sind, wie der *Atman* beschaffen ist. Die Grundidee der Trennung von Körper und Geist wohnt dem Gedankenkonstrukt wie in anderen Religionen inne. Der *Atman*, den man auch mit dem Selbst übersetzen kann, stirbt nie, er wandert von Leben zu Leben. Diese Idee wird mit der Bestattungszeremonie veranschaulicht. Im Idealfall verbrennen Hindus ihre Toten und verstreuen die Asche im heiligen Fluss Ganges. Durch das Forttragen der Asche im Wasser wird die nun beginnende Fortsetzung der Reise symbolisiert. Diese dauert unter Umständen lang. Ein hinduistischer Weltenzyklus erstreckt sich über den Zeitraum von 311 040 Milliarden Menschenjahren.

# Buddhismus

Zu den Lebensdaten des Religionsgründers Siddhartha Gautama, des ersten Buddha, gibt es unterschiedliche Ansichten. Man kann davon ausgehen, dass die historische Person um 400 v. Chr. in Indien gelebt hat. Der junge Adlige war trotz (oder wegen?) seines Reichtums unausgefüllt und entdeckte auf einer Wanderung, dass Wohlstand keine Erlösung vom Leid des Menschen, von Alter, Krankheit, Tod und Schmerzen bieten kann, da diese Zustände eins mit dem Leben sind – im Gegensatz zu den vergänglichen Dingen. Er lebte in strenger Schmerz- und Hungeraskese, um dem *Atman*, dem hinduistischen inneren Selbst, nahe zu kommen. Diese Versuche brach er nach mehreren Jahren ab und stellte die Existenz eines solchen Persönlichkeitskerns infrage. Diese Erkenntnis und seine Schlussfolgerung, dass der Schlüssel in einem Mittelweg zwischen Askese und Hedonismus liegt, wird später als die Erleuchtung Siddhartha Gautamas bezeichnet. Gautama geht als Erleuchteter bereits zu diesem Zeitpunkt ins Nirvana ein – und erst 45 Jahre später, bei seinem Tod, in das endgültige Nirvana, das Parinirvana. Das Nirvana ist also nicht das Nichts, wie im Westen oft angenommen, sondern die höchste Form der Erkenntnis, die der Gläubige durch Meditation und Achtsamkeit erlangen kann. Auch dem hinduistischen Konzept der fortwährenden Wiedergeburt mit Wanderung einer immer gleichen Seele (dem *Atman*) widersprach Siddhartha Gautama. Da er an keine Konstante glaubte, sondern beobachtete, dass alles auf der Erde einer ständigen Veränderung unterworfen ist, könne es auch keine sich selbst gleiche Seele, die in unterschiedlichen Körpern zu Hause ist, geben. Buddhisten kennen eher ein Nicht-Selbst, das sich ebenfalls ständig durch Erfahrungen und Wahrnehmungen wandelt. Die Welt, die wir erleben, ist Fiktion. Die sterbende Daseinsform löst sich zwar beim Tod auf und wird bei einer Geburt wieder neu zusammengesetzt, aber offen bleibt, ob das neue Geschöpf dem gestorbenen gleicht oder ob es verschieden ist.

Die sieben Todsünden der
katholischen Theologie

1

# Hochmut

2

# Habgier

3

# Genusssucht

4

# Zorn

5

# Maßlosigkeit

6

# Missgunst

7

# Faulheit

Die sieben Todsünden der modernen Welt
laut Mahatma Ganchi

1

# Reichtum ohne Arbeit

2

# Genuss ohne Gewissen

3

# Wissen ohne Charakter

4

# Geschäft ohne Moral

5

# Wissenschaft ohne Menschlichkeit

6

# Religion ohne Opferbereitschaft

7

# Politik ohne Prinzipien

# Wir glauben nur, was wir sehen

Der Mensch gibt dem Unverstehbaren gerne seine eigene Gestalt, um es zu begreifen, damit umzugehen und besser mit ihm verhandeln zu können. Besonders unfassbar für uns ist die Vorstellung von der eigenen Nicht-Existenz. Daher zeichnen wir vom Tod, der uns einst alles Menschliche nehmen wird, in unserer Fantasie noch genauere Bilder als von Göttern. Wir bezeichnen ihn gar als Bruder, als Gevatter, also Paten, wir reduzieren ihn auf unser eigenes Knochengerüst oder wir verschaffen ihm das, was uns nicht vergönnt sein wird: ein Leben als Wiedergänger.

**Sensenmann**

Die Vorstellung, der Tod mäht die Menschen ab wie ein erntender Bauer seine
Getreidehalme, entstammt dem Neuen Testament. Im Mittelalter wird sie
verbildlicht; zunächst durch das sensenhaltende Skelett, das seine Blöße mit
Resten des Leichentuchs verhüllt. So springt der Schnitter jahrhundertelang
durch die Totentänze. Aus dem Tuch wird der schwarze Umhang, dessen Ka-
puze den Blick auf das Gesicht meist komplett verwehrt.

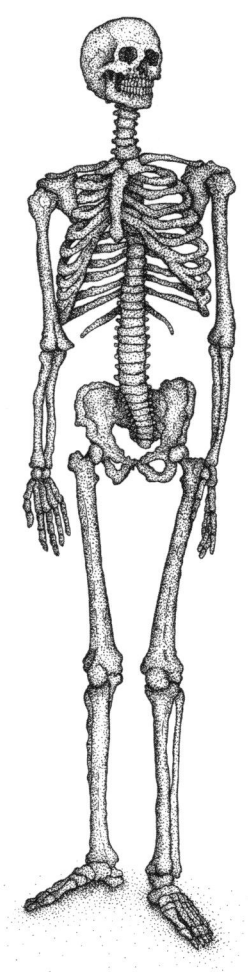

## Skelett

Die Knochen des Menschen zersetzen sich sehr viel langsamer als das sie umgebende Gewebe. Das Skelett ist also noch da, wenn der restliche Mensch schon längst nicht mehr existiert. Das macht es zu einer idealen Allegorie für den Tod. Auf den ältesten erhaltenen Darstellungen aus dem frühen Mittelalter hängen dem Knochenmann noch Reste von Fleisch und Haut an Armen und Beinen. Nicht selten tummeln sich Gewürm und Schlangen in ihm.

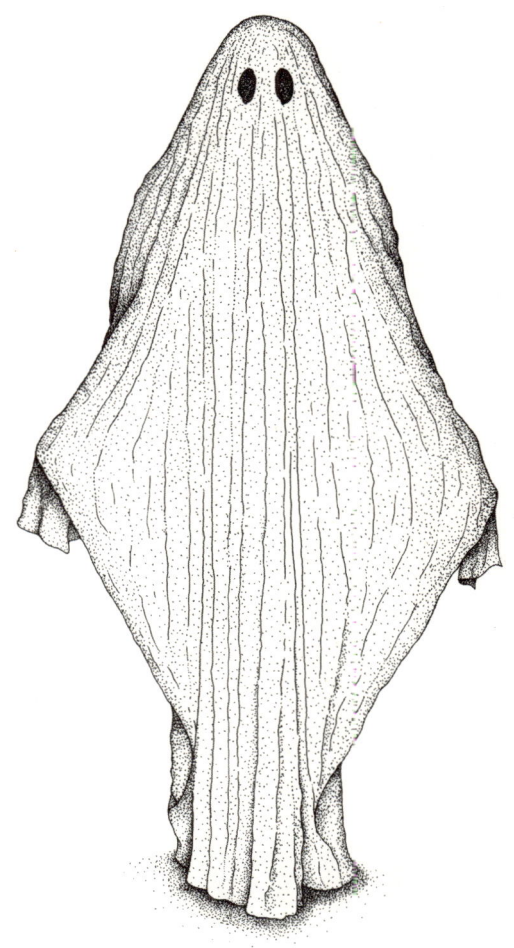

Geist

Das Leichentuch war lange Zeit das einzige und letzte Bekleidungsstück, mit dem ein Mensch bestattet wurde. Dieses Tuch trägt der als Geist oder Gespenst wiederkehrende Mensch. Ein Bild, das auch in Geschichten über Wiedergänger auftaucht, die nachts in einen weißen Schein gehüllt spuken. Als saubere, aber ausreichend unheimliche Darstellung zog der Weißkittel in die Kinderliteratur ein, bevor er vom Knochenmann verdrängt wurde.

## Vampir

Der Aberglaube an blutsaugende Untote entstammt dem osteuropäischen Volksglauben und er existiert dort bis heute. Die Ähnlichkeit seines Bisses mit einem Kuss verlieh seinem Wirken schon früh eine sexuelle Konnotation. In jüngster Zeit erlebte der meist elegant gekleidete Gentleman eine unerwartete Renaissance durch die Vampirgeschichten, die junge Mädchen in Romanen und Filmen ins Träumen geraten lassen.

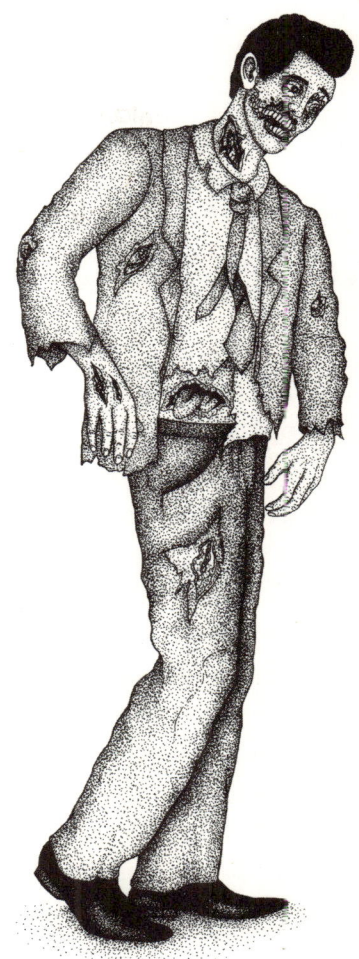

Zombie

Hollywood hat den modernen Wiedergänger nicht erfunden, sondern dem kreolischen Volksglauben entliehen. Auf Haiti hat der Totengeist Zombie im Voodoo Tradition. Priester und Hexen können nach dem Voodoo-Glauben Menschen als Scheintote zu Arbeitssklaven machen. Dieser Idee folgt der Film-Zombie, der uns als willenlos umhertaumelnder Träger von Mittelklasse-anzügen und amerikanischer Freizeitkleidung begegnet.

## Durch die Schlange zur Göttin werden

Dass ihr Reich von den Römern erobert worden war, konnte die Ptolemäerkönigin Kleopatra VII. (*69 v. Chr.; †39 v. Chr.) nicht hinnehmen. Zudem hatte sich ihr Geliebter Marcus Antonius in sein Schwert gestürzt, nachdem ihm von ihrem angeblichen Selbstmord berichtet worden war. Mit gebrochenem Herzen brachte sich die letzte Pharaonin daraufhin tatsächlich um. Der Legende nach wählte sie den Kobrabiss als schmerzfreies Mittel. Alle Darstellungen, vom hier gezeigten Gemälde von Giovanni Andrea de' Ferrari aus dem 17. Jahrhundert bis zur Verfilmung mit Elizabeth Taylor von 1963, wiederholen diese Version. Der Historiker Christoph Schäfer und der Toxikologe Dietrich Mebs widersprechen: Ein Kobrabiss sei alles andere als angenehm. Auch sei gar nicht sicher, ob genug Gift in den Kreislauf des Opfers gepumpt werde. Wahrscheinlich habe die kluge Herrscherin ein seit Generationen erprobtes Pflanzengift genommen. Der Tod durch die heilige Schlange sei eine Inszenierung gewesen, um Kleopatra als göttlich erscheinen zu lassen.

# Mitgift für die Unendlichkeit

Seinen Toten Brauchbares mit auf den Weg in das Jenseits zu geben gehört zu den ältesten Kulthandlungen des Menschen. Dahinter stecken unterschiedliche Beweggründe. Zum einen wird ein toter Mensch zusammen mit Gegenständen bestattet, die einfach zu ihm gehören. Mit persönlichen Dingen wie der zu Lebzeiten getragenen Kleidung, Waffen, Schmuck oder anderen Ausrüstungsgegenständen wird dem Toten ein Stück seines Lebens mit ins Grab gegeben. Die bewusste Entscheidung der Hinterbliebenen, welche Gegenstände das sind, gehört zu deren Trauerarbeit, mit der sie den Verlust verarbeiten. Diese Grabbeigaben aus dem natürlichen Umfeld des Gestorbenen werden auch als „unechte Beigaben" bezeichnet.

„Echte Grabbeigaben" dagegen sind Gegenstände, die speziell zu dem Zweck angefertigt wurden, unter die Erde oder in das Feuer zu kommen. Es gibt seit Tausenden von Jahren speziellen Totenschmuck oder Totenkränze aus Edelmetall. Diese Gaben sind im Wesentlichen als Opfergaben der Lebenden anzusehen, die nicht nur ihre besondere Wertschätzung dem Toten gegenüber ausdrücken, sondern auch als Geschenke Götter und Geister gnädig stimmen sollen. In vielen Fällen dienen auch die echten Grabbeigaben der Versorgung des Toten im Jenseits mit Nahrungsmitteln, Hausrat, geldwerten Wertgegenständen bis hin zu einer veritablen Armee aus tönernen Kriegern inklusive Pferden und Wagen. Alle Arten der Grabbeigaben lassen Rückschlüsse auf die Kulturen zu, denen sie entstammen. Oft sind sie für Archäologen die einzigen, wenn auch sehr beredten Zeugnisse untergegangener Gesellschaften.

um 4000 v. Chr.

Fundort:
Ägypten

Katze

Die ägyptische Katzengöttin Bastet, Tochter des Sonnengottes Re, durchlebt wie ihre irdischen Pendants in der Mythologie eine Domestizierung von der Löwin zur Hauskatze. Bastet ist für Fruchtbarkeit und Liebe zuständig und darf in keiner Grabkammer fehlen. Katzen werden im alten Ägypten so stark verehrt, dass sie nicht nur als Grabbeigabe über den Toten wachen; Katzen wurden auch mumifiziert und als Opfer bestattet.

um 2500 v. Chr.

Fundort:
Griechenland

Wein

Der vergorene Rebensaft spielte in den Kulturen der Ägypter, Griechen und später der Römer eine große Rolle. Nicht nur im sozialen Leben, sondern auch in der Mystik als Getränk der Götter. Im Christentum ist diese Bedeutung bis heute erhalten, wo der Wein das Blut des Gottessohns Jesus symbolisiert – und vom Priester getrunken wird. Kein Wunder, dass Wein als Grabbeigabe seit Jahrtausenden unverzichtbar ist.

um 1500 v. Chr.

Fundort:
Ägypten

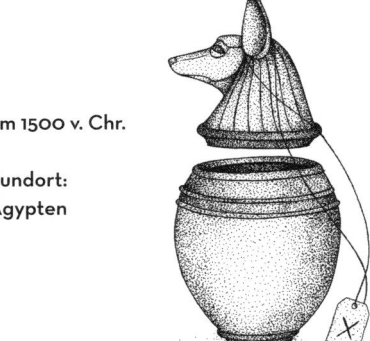

Kanope

Die bei der Mumifizierung entnommenen Eingeweide wurden in Altägypten in gesonderten Gefäßen, den Kanopen, neben dem Sarkophag bestattet. Die Deckel tragen die Köpfe der Gottheiten, die dem jeweiligen Organ zugeordnet sind. Ein Satz Kanopen besteht aus vier Behältern für die Organe Magen (Gott Duamutif mit Hundekopf), Gedärme (Kebehsunuef/Falkenkopf), Lunge (Hapi/Pavian) und Leber (Amset/Mensch).

um 400 v. Chr.

Fundort:
heutiges Bulgarien

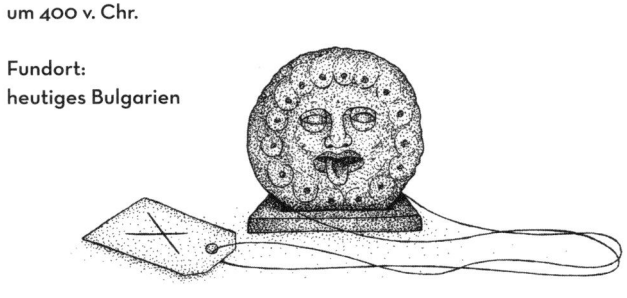

Münze

In der griechischen Mythologie brachte der Fährmann Charon den Toten über den Fluss Styx hinüber ins Totenreich. Als kleine Gegenleistung erhielt er den Charonspfennig, eine Münze, die dem Toten auf die Zunge gelegt wurde. Diese Münze war ein Obolus, dessen Wert einer sechstel Drachme entsprach. Das lateinische Wort Obolus bezeichnet noch heute im Deutschen eine geringe Summe, die man zu einer Gemeinschaftssache beiträgt.

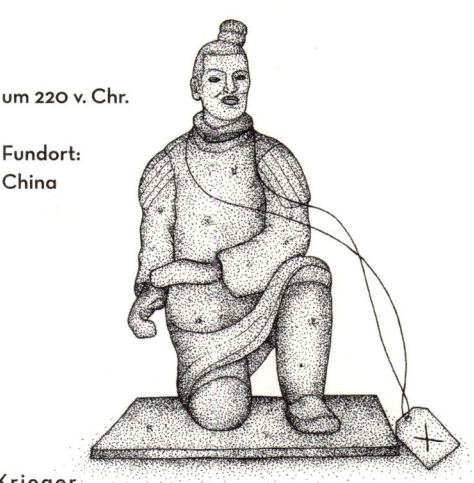

um 220 v. Chr.

Fundort:
China

Terrakotta-Krieger

Der chinesische Kaiser Qin Shihuangdi einte die verfeindeten Reiche und gründete die Qin-Dynastie. Er war Reformer und Despot zugleich. Unter seiner Regentschaft entstanden Poststationen, er ließ Straßen, Kanäle und die Große Mauer bauen. Bei dieser Lebensleistung wundert es nicht, dass sich Kaiser Shihuangdi das größte Grabmal aller Zeiten schaffen ließ. Auf über 56 Quadratkilometern fand man über 7000 lebensgroße Kämpfer aus Ton.

um 2010 n. Chr.

Fundort:
USA

Smartphone

Angeblich aus Angst verhext statt tot zu sein und lebendig bestattet zu werden, ließen sich zunächst in Südafrika Menschen mit ihren Mobiltelefonen begraben, manche sollen sogar Ersatzakkus gefordert haben, so die BBC. Auch im weniger vom Geisterglauben durchsetzten Amerika würden immer mehr Hinterbliebene in den Sarg ein Smartphone legen. Viele Tote konnten sich zu Lebzeiten nicht davon trennen – warum sollten sie es im Tode tun?

# Sehr verehrte Überbleibsel

In der Antike wurden Leichen noch vollständig beseitigt. Sie galten als unrein. Warum verehren ausgerechnet die Religionen, die ihren Gläubigen ein ewiges Leben der Seele verheißen, die Überreste Verstorbener oder deren Nachlass? Muslime beten Gewänder ihres Religionsgründers Mohammed an, Buddhisten einen Zahn von Siddhartha Gautama. Die meisten Reliquien und den größten Kult darum gibt es in der katholischen Kirche. Die Souvenirjagd begann laut Apostelgeschichte in den ersten Tagen der Religion: Paulus wurde mit Tüchern berührt, die die Gläubigen mit sich trugen. Die Urkirche begann damit, Kirchen direkt auf den Gräbern ihrer Märtyrer zu errichten und inkorporierte somit den Leichnam in ihre Mauern. Heute gibt es keine katholische Kirche, die nicht eine mehr oder weniger berühmte Reliquie aufbewahrt. Kritiker behaupten, es ließe sich aus den Splittern der weltweit verstreuten angeblichen Überreste des Jesuskreuzes ein ganzer Wald aufstellen. Drei Kategorien von Reliquien kennt die katholische Kirche:

Reliquien erster Klasse: Mumifizierte Körperteile von Heiligen, auch Fingernägel, Haare und Asche.

Reliquien zweiter Klasse: Berührungsreliquien. Besonders beliebt sind Folterwerkzeuge, mit denen Märtyrer zu Tode gequält wurden, wie Zangen, Nägel, Brenneisen.

Reliquien dritter Klasse: Gegenstände, die Reliquien erster oder zweiter Klasse berührt haben.

## Die heilige Vorhaut

Ein Körper, der in den Himmel auffährt, hinterlässt keine Teile, die sich als Reliquien anbeten lassen. Außer die Körperteile sind vor der Himmelfahrt vom Körper getrennt worden. Dies trifft zu auf Milchzähne, abgeschnittene Haare und bei Jungen, die nach der jüdischen Tradition beschnitten wurden, auf die Vorhaut. Nachdem Jesus von Nazareth Kind jüdischer Eltern war, wurde auch er einer Zirkumzision unterzogen: „Und als acht Tage um waren und man das Kind beschneiden musste, gab man ihm den Namen Jesus ...“ (Lukas, 2,22). Angeblich hat Karl der Große später diese Vorhaut von einem Engel erhalten, um sie im Jahr 800 Papst Leo III. zu Weihnachten schenken zu können. Im Mittelalter gab es schließlich so viele angebliche „Sancta Praeputia Domini“, dass sich Bischöfe vor allem in Frankreich, dem Blüteland der christlichen Vorhautverehrung, den bizarren Streit lieferten, in welchem Dom denn nun die älteste Vorhaut des Herrn gelagert sei. Die meisten Häutchen wurden im Laufe der Reformation, des Dreißigjährigen Kriegs und der Säkularisierung vernichtet oder sie sind in den unzugänglichen vatikanischen Archiven verschwunden.

Ein weiteres Zeugnis aus der Kindheit des Heilands wird bis heute im Dom zu Aachen angebetet. Es ist die „Heilige Windel“, bei der sich trefflich streiten lässt, ob es sich um eine Mischform aus Körper- und Berührungsreliquie handelt.

## Das Turiner Grabtuch

Eindeutig als Fälschung aus dem 14. Jahrhundert entlarvten drei unabhängig voneinander vorgenommene Radiokarbonuntersuchungen im Jahr 1988 das angebliche Grabtuch Jesu, das in einer Seitenkapelle des Turiner Doms aufbewahrt wird. Das Tuch zeigt die Vorder- und Rückansicht eines Mannes, die wahrscheinlich mithilfe einer „Camera obscura“, eines mittelalterlichen Vorläufers des Fotoapparats, auf das Tuch gebracht und unter Verwendung von chemischen Stoffen, die ebenfalls in der Fotochemie bekannt sind, fixiert wurden. Das Turiner Grabtuch könnte also durchaus eine Sensation sein: als erster Fotoabzug der Weltgeschichte.

## Der heilige Rock

„Was thät allein die neue Bescheißerei zu Trier, mit Christus Rock? Was hat hie der Teufel großen Jahrmarkt gehalten in aller Welt, und so unzählige falsche Wunderzeichen verkauft?", schimpfte Martin Luther über das angebliche letzte Kleidungsstück des Heilands. Obwohl die evangelische Kirche dem Reliquienwesen also ablehnend gegenübersteht, veranstalteten 2012 der katholische Bischof Hermann Josef Spital gemeinsam mit dem Präses der evangelischen Kirche im Rheinland, Peter Baier, eine Wallfahrt zu dem im Trierer Dom aufbewahrten „Heiligen Rock", angeblich ein Untergewand von Jesus, das nach der Kreuzigung an einen römischen Soldaten verlost worden sein soll. Vom 13. April bis 13. Mai 2012 fuhren 550 000 Pilger beider Glaubensbekenntnisse nach Trier, um den 500. Jahrestag der ersten „Zeigung" des Rocks zu feiern. Wann die göttliche Unterwäsche das nächste Mal öffentlich zu sehen sein wird, ist nicht bekannt. Kenner tippen auf das Jahr 2033, wenn sich die Kreuzigung des angeblich rechtmäßigen Hemdchenbesitzers zum 2000. Mal jährt.

## Die Knochen des Thomas von Aquin

Dass der Gelehrte und Kirchenvater Thomas von Aquin auf vielfältige Weise die Philosophie der Kirche beeinflussen und dadurch berühmt werden würde, müssen seine Anhänger bereits zum Zeitpunkt seines Ablebens im Jahr 1274 an der Vielzahl und Bedeutung seiner theologischen Schriften erkannt haben. Der Dominikanermönch wurde in Rotwein gekocht, um sein Fleisch von den Knochen zu trennen; sie sind rot gefärbt.

# Der Tod ist multikulti

Während an die vielen 10 000 osmanischen Gefallenen der Schlacht um Wien (1683) keine Gedenktafel, geschweige denn ein Grab erinnert, wurde im Ersten Weltkrieg vom deutschen Kaiser aus politischem Kalkül heraus auf die würdevolle Bestattung islamischer Kriegsteilnehmer geachtet. Im Lager *Halbmond* in Wünsdorf-Zossen bei Berlin waren 30 000 muslimische Soldaten der deutschen Kriegsgegner interniert: Araber, Westafrikaner, Inder, die in französischer oder englischer Uniform in Gefangenschaft geraten waren. Ganz in der Nähe, in Zehrensdorf im Kreis Teltow, wurde am 1. August 1916 ein Friedhof für Kriegsgefangene eröffnet. Hier wurden auch die Verstorbenen des Gefangenenlagers *Halbmond* begraben. Der Friedhof entwickelte sich zur größten muslimischen Grabstätte außerhalb islamischer Länder. Denn in Zehrensdorf durften Beisetzungen nach islamischen Vorschriften und Riten vollzogen werden. Die Deutschen waren darauf bedacht, die Gefangenen aus den Kolonien für sich einzunehmen. Später, nach Kriegsende und Rückkehr in ihre Heimat, sollten sie prodeutsch und gegen ihre bisherigen Kolonialherren eingestellt sein. Bereits die allererste islamische Bestattung in Deutschland geschah in preußischen Boden. König Friedrich Wilhelm III. stellte 1798 für die Beerdigung des osmanischen Gesandten Aziz Efendi ein Grundstück in Tempelhof zur Verfügung, auf dem eine gemauerte Gruft errichtet wurde. Dieses erste muslimische Grab in Deutschland entwickelte sich nach mehreren Umzügen und Erweiterungen zum Türkischen Friedhof Berlin am Columbiadamm im Stadtteil Neukölln.

## Reiseandenken aus luftiger Höhe

Eine seltene Bestattungsweise ist die in hängenden Särgen. Sie kommt vor allem in Asien vor. In manchen Regionen Chinas, Indonesiens und der Philippinen werden Särge an Klippen gehängt, wo sie von aus der Wand ragenden Balken oder Metallstiften gehalten oder auf Felsvorsprüngen abgelegt werden. Teilweise sind die Klippen bis 120 Meter hoch, wie die Grabstätten des Volkes der Bo im südwestlichen China. Forscher rätseln bis heute, wie die Särge in schwindelerregende Höhen gelangt sind. Entweder durch Herablassen von oben, Verwenden langer Stangen von unten oder sogar dem Aufbau von Erdwällen und Rampen. Während diese Bestattungsart seit dem ungeklärten Verschwinden der Bo in China nicht mehr praktiziert wird, lebt sie in Sagada auf der philippinischen Hauptinsel Luzon weiter. Dort musste von den lokalen Behörden ein nächtliches Ausgehverbot verhängt werden, nachdem Touristen immer wieder nachts die Särge geöffnet hatten, um Knochen als Souvenirs mitzunehmen.

# Von Katzen, Eulen und weißen Frauen

Purer Aberglaube? Bis heute glaubt man aus der Tier- oder Pflanzenschau das Ableben eines anderen herauslesen zu können. Todesboten wie Kater Oscar werden sogar Medienstars.

**Katze**

**Schmetterling**

Nicht nur schwarzen Katzen wird nachgesagt, den Tod eines Menschen anzukündigen. Der gescheckte Kater Oscar aus dem Pflegeheim Steere House in den USA besucht Heimbewohner, die kurz darauf sterben. Dies machte sein Herrchen Dr. David Dosa zum Bestsellerautor.

Der Trauermantel (Nymphealis antiopa) ist in der Lage, bis 2000 Meter hoch zu fliegen. Daher rührt die Legende, nach dem Tod des Religionsgründers Siddhartha Gautama sei ein solcher Falter aus seinem Mund gekrochen und habe die Seele des ersten Buddha in den Himmel getragen.

190

## Eulenvogel

Steinkäuze (Athene noctua) kommen zu ihrem Ruf als Todesboten wohl über ihr bevorzugtes Habitat in alten Kirchengemäuern und Nischen in Friedhofsmauern. Ihr typischer Schrei „guuuig" kann von fantasiebegabten Deutschsprechern angeblich auch als „Komm mit!" verstanden werden.

## Hauswurz

7000 Sorten des Hauswurz (Sempervivum) kennt der Gärtner. Der Dach-Hauswurz schützt angeblich vor Blitzeinschlag und Feuer und zeigt mit der Blütenfarbe an, ob freudige Ereignisse (rot) oder der Tod (weiß) ins Haus stehen. Abergläubische Hausbesitzer lassen ihn daher gar nicht erst erblühen.

## Hund

Der Hund kennt sich mit Toten aus. Als Höllenhund wacht er bereits in der griechischen Mythologie in Form des Kerberos über das Totenreich. Einige Helden entkamen ihm. Königstochter Psyche bestach ihn mit Hasch-Hundekuchen, um in die Unterwelt hinein- und wieder hinauszugelangen.

## Weiße Frau

Die Weiße Frau scheint eine keltische Besonderheit zu sein. Sie tritt in Irland als Banshee vor den Fenstern der Landgüter auf und kündigt den Tod eines Familienmitglieds an. Jede irische Familie soll ihre eigene Banshee besitzen. Die Gebrüder Grimm beschrieben die „Banshi von Bunworth".

# Knöcherne
# Inneneinrichtung

Knochen bestehen zu über 40 Prozent aus anorganischem Material, also Salzen und Mineralen, die sich langsam zersetzen. Sie bleiben der Nachwelt lange erhalten – wie lange, ist abhängig von der Lagerung. Wahre Meister der Skelettbehandlung und -ausstellung sind die Mönche des Kapuzinerordens. Fast überall, wo berühmte Ossuarien, also Beinhäuser (lat.: *os* = der Knochen), oder Katakomben in den Reiseführern stehen, besteht ein enger Zusammenhang mit den Bettelmönchen. Sie haben menschliche Knochen sogar als Baumaterial für die Ausschmückung von Grüften und Kapellen verwendet.

## In Rom

Selbst der Marquis de Sade war davon nachhaltig beeindruckt: Die Kapuzinerkirche Santa Maria della Concezione dei Cappuccini in Rom müssen Freunde des Makabren unbedingt gesehen haben. Die Krypta (griech.: *die Verborgene*), der für Heiligengräber vorgesehene Raum unter der Kirche, wurde mit den Knochen von 4000 Mönchen ausgeschmückt. Vom Altar bis zum Bilderrahmen und Kerzenhalter bestehen fast sämtliche Gegenstände der Inneneinrichtung aus den Gebeinen der Kapuzinerbrüder, die zwischen 1528 und 1870 im Ossuarium eingelagert wurden. Die Krypta umfasst fünf kleine Kapellen, die mit Hunderten von Schädeln ausgeschmückt sind. Durch Beleuchtungseffekte verstanden es die Erbauer, eine besonders mystische und makabre Stimmung zu erzeugen. Die Gründung wie auch die Erstausstattung der Krypta wurde auf kurzem Dienstweg geregelt. Papst Urban VIII. (*1568; †1644), der für seine Kunstbegeisterung wie für seinen Hang zum Nepotismus bekannt war, beauftragte beim Kardinal Antonio Barberini den Bau der Kirche Santa Maria della Concezione – Barberini war Kapuziner und der Bruder des Papstes. Dank der guten Kontakte zum katholischen Oberhaupt war es kein Problem für ihn, seinen Kunsthandwerkern ausreichend Material zur Verfügung zu stellen: Er ließ einfach Tausende von Skeletten toter Kapuzinerbrüder exhumieren und nach Rom bringen.

## Auf Sizilien

In Palermo auf Sizilien ziehen die Katakomben der Kapuziner (ital.: *Le Catacombe dei Cappuccini*) die Aufmerksamkeit von Historikern, Forensikern und so manchem TV-Team auf sich. Mehr als 2000 Mumien liegen in den Gängen unter dem Kloster. Wobei „liegen" nicht stimmt. Die meisten von ihnen stehen an den Wänden oder in Nischen. Nachdem die Mönche im 16. Jahrhundert zufällig entdeckt hatten, dass ihre toten Mitbrüder in ihrer Gruft nicht verwesen, wollten immer mehr reiche Einwohner von Palermo ebenfalls in diesen Gewölben bestattet werden. Die Familien kamen einmal im Jahr, um ihren Toten neue Kleider anzuziehen. Die tragen sie bis heute. Die Methode der Mumifizierung, die die süditalienischen Brüder aufgrund der großen Nachfrage professionalisierten, ist weltweit einmalig: Der vulkanische Tuffstein, in den die Katakomben gehauen sind, verschließt frische Leichen luftdicht, saugt aber die Leichenflüssigkeit auf. Die Toten verdorrten innerhalb eines knappen Jahres. Danach wurden die getrockneten Körper mit Essig und einer weiteren Trocknung unter der heißen sizilianischen Sonne haltbar gemacht und – frisch eingekleidet – wieder aufgestellt. Die berühmteste Tote (die allerdings erst Anfang des 20. Jahrhunderts mit Formaldehyd behandelt wurde) ist die zu ihren Todeszeitpunkt zweijährige Rosalia Lombardo – auch bekannt als die „schönste Mumie der Welt" *(siehe S. 88–89)*.

## In Wien

Kapuzinermönche sind auch Kümmerer und Namensgeber der Gruft des habsburgischen Kaiserhauses in Wien. Die Kapuziner- oder auch Kaisergruft befindet sich am Neuen Markt unter der Kapuzinerkirche. Seit 1633 wurde die Gruft acht Mal erweitert, was für den dynastischen Erfolg des Herrschergeschlechts spricht. Die letzte Erweiterung leitete Anfang der 1960er Jahre der österreichische Architekt Karl Schwanzer, der auch den berühmten „Vierzylinder", die Hauptverwaltung der Firma BMW AG in München, entwarf. Die letzte Bestattung in der Kapuzinergruft war im Jahr 2011 die von Otto von Habsburg, Sohn des letzten Kaisers von Österreich. Dieser wiederum liegt dort begraben, wo er nach seiner Absetzung ein kurzes Exil gefunden hatte: Karl I. kam am 19. November 1921 auf der Insel Madeira an. Am 1. April 1922 starb er dort im Alter von 35 Jahren an einer Erkältung. Aus Geldmangel hatte die Familie den Arzt zu spät geholt. In der Wiener Kapuzinergruft ist für Karl bis heute ein Sarkophag neben dem seiner Gemahlin Zita reserviert. Sie überlebte Karl um 67 Jahre und starb 1989 im gesegneten Alter von 103 Jahren. In der Kapuzinergruft befinden sich derzeit – purer Zufall – 103 Sarkophage.

## In Lima

Im peruanischen Lima befindet sich im Kloster der Franziskaner, des Stammordens der Kapuziner, ein Ossuarium, das seinesgleichen sucht. Das Convento de San Francisco ist das größte Franziskanerkloster Südamerikas. Die Katakomben der Kirche waren einst Limas erster Friedhof, der seit der Gründung des Klosters im frühen 17. Jahrhundert bis 1808 in Betrieb war. 70 000 Menschen wurden hier bestattet, nicht nur Mönche, sondern auch ganz normale Bewohner der Ciudad de los Reyes, (dt.: *Königsstadt*) wie ihr Gründer, der spanische Conquistador Francisco Pizarro, die Andenstadt nannte. Sie wuchs in den letzten Jahrhunderten auf heute über sieben Millionen Einwohner an. Der damit verbundene Platzmangel betraf auch die Friedhöfe. Die Gräber im Kloster wurden in immer kürzeren Zeitabschnitten neu belegt; die Knochen, sortiert und geometrisch angeordnet, liegen in Höhlen und Gängen unter dem Gebäude.

## In Prag

Das Ossuarium in Sedlec im Osten von Prag scheint sehr stark von der Kapuzinergruft in Rom beeinflusst. Unter der Allerheiligenkirche des Sedlecer Friedhofs lagern Knochen von rund 40 000 Menschen. Die Begräbnisstätte wurde im 13. Jahrhundert sehr populär, nachdem angeblich Erde vom Kalvarienberg in Jerusalem dort ausgebracht worden war. Der Friedhof galt fortan als heilige Erde. Pest und Kriege steigerten die Platznot. Als der Friedhof im 16. Jahrhundert an seine Grenzen stieß, sammelte man die exhumierten Knochen im Kellergewölbe der Kirche. Der Fürst von Schwarzenberg kaufte die berühmte Kirche im 19. Jahrhundert. In seinem Auftrag schmückte der tschechische Holzschnitzer und Schreiner František Rint im Jahr 1870 das Kirchengebäude mit dem Material von 10 000 Skeletten ähnlich kunstfertig aus, wie es die Kapuziner in Rom vorgemacht hatten. Das Wappen derer von Schwarzenberg, ein riesiger achtarmiger Lüster und zwei Kelche in Menschengröße wurden vollständig aus Knochen gebaut. Wohl eher für den Privatgebrauch ließ der Fürst einen Tisch anfertigen, dessen Beine aus den Geweihen von Damhirschen bestehen. An jeder Ecke zieren das Möbel Totenköpfe. Das Stück wurde auf der Messe Art Cologne 2010 von einem Kunsthändler aus Rheinland-Pfalz für 48 000 Euro angeboten.

Eine Bilderschau de-
berühmtesten Knochen-  ⟶
sammlungen der Welt

Palermo, Sizilien, Italien

In Palermo werden die mumifizierten Skelette regelmäßig neu eingekleidet. Besonders für höchste kirchliche Würdenträger wie purpurtragende Kardinäle verlängert sich dadurch ihre Sonderstellung unter den Gläubigen.

Sedlec, Tschechien

Unter den Mitgliedern der adligen Familie Schwarzenberg, die sich ihr Wappen aus Knochen bauen ließ, finden sich bis heute bedeutende Persönlichkeiten, wie der ehemalige tschechische Außenminister Karel Schwarzenberg.

Palermo, Sizilien, Italien

Wie in den frühen Totentanz-Darstellungen scheinen die Skelette einen Reigen der Gleichheit zu bilden. Bis 1837 war die Bestattung in Tüchern erlaubt, dann mussten Särge verwendet werden. 1881 war auch damit Schluss.

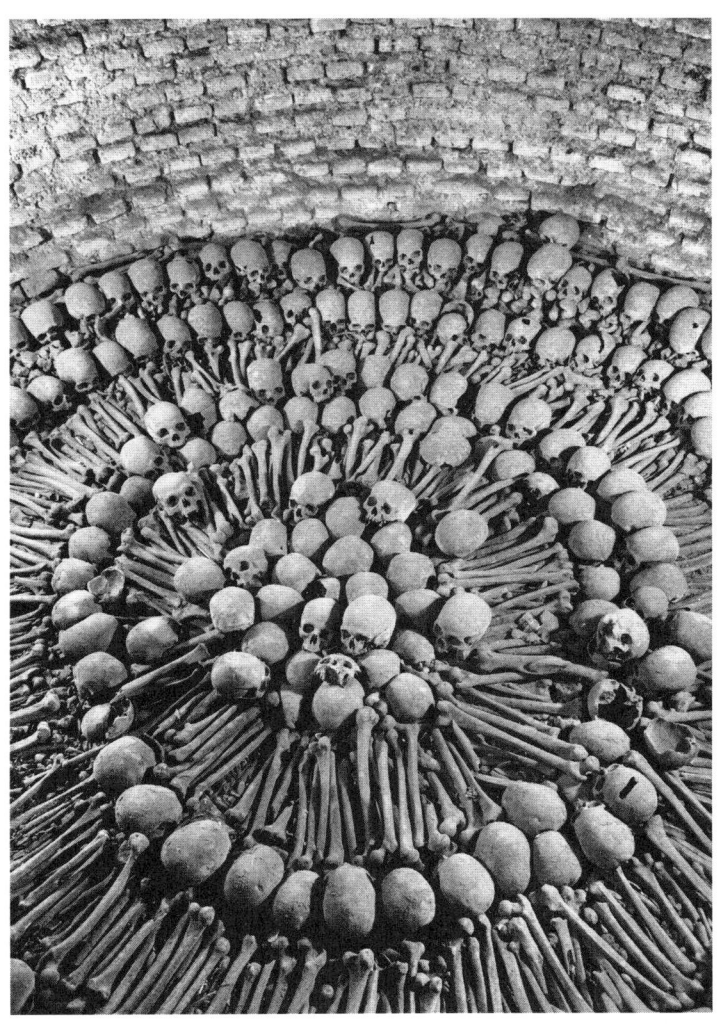

Lima, Peru

Die Knochen von zehntausenden Peruanern und Nachkommen der spanischen Eroberer liegen sorgsam geordnet in den Katakomben des Franziskanerklosters der Andenstadt vereint.

Rom, Italien

Für die Erstausstattung der Kapuzinerkrypta reichten die Knochen der in
Rom verstorbenen Mönche nicht aus. Bauherr Kardinal Antonio Barberini ließ
Skelette aus anderen italienischen Kapuzinerfriedhöfen ausgraben.

# Wenn der Tod sagt: Vergiss mein nicht!

Eine Dienstleistung, die manchem Topmanager oder zwanzigjährigem Fußballmillionär ihre jeweilige Organisation leider zu erbringen vergisst, wurde römischen Feldherren zuteil. Während des ihm zustehenden Triumphzuges durch die Stadt stand ein Sklave hinter dem siegestrunkenen General auf dem Wagen, der ihm andauernd ins Ohr flüsterte: „Memento moriendum esse!" – „Bedenke, dass du sterben musst!" Die Triumphatoren sollten damit nicht an den Tod erinnert werden, dessen sie als Krieger durchaus gewahr waren, sondern daran, dass sie Sterbliche, also Menschen, und keine Götter waren.

## Einsatz gegen Lotterleben

Ganze 800 Jahre später griffen die Mönche in den christlichen Klöstern auf den Spruch zurück, um Lotter- und Lasterleben, die sich in die Kirche eingeschlichen hatten, zu vertreiben. Sie verkürzten ihn zu „Memento Mori" – und erinnerten damit an die Nichtigkeit (lat.: *vanitas*) des irdischen Lebens. Dieses Motto begleitete eine Reformbewegung des Glaubens, die von Askese und Mystik geprägt wird.

## Der Tod in der Kunst

Vom Gebrauch in der Kirche aus verbreitet sich das Memento-Mori-Motiv durch die gesamte Kunst des zweiten Jahrtausends. Der Tod grüßt die Lebenden nicht mehr nur in Form von Skeletten und Schädeln im Beinhaus, sondern er wird auf der Bühne dargestellt (Hugo von Hofmannsthals *Jedermann*, 1911), bestimmt die Handlungen in der Literatur (Dantes *Göttliche Komödie*), in der Malerei setzen ihn Vanitas-Bilder in Szene.

## Einzug ins Kinderzimmer

Zwischen dem 17. und 19. Jahrhundert kommen Memento-Mori-Objekte des Kunsthandwerks als ständige Begleiter groß in Mode. Der gute Tod ist derjenige, der einen nicht unvorbereitet trifft. Und daher ist es angeraten, sich ständig an ihn zu erinnern. Broschen, Ringe, Armreifen, Uhrendeckel, Rosenkränze werden mit Symbolen und Attributen des Todes verziert. Fliegende Händler vertreiben gedruckte Darstellungen, Manufakturen spezialisieren sich auf die Herstellung von Betrachtungssärglein. Skelette und Totenschädel erfahren eine Verbreitung in die letzten Winkel. Auch vor Karten- und Kinderspielen machten die Todesdarstellungen nicht Halt.

## Accessoire und PC-Spiel

In der Postmoderne scheinen Memento-Mori-Darstellungen ihre ursprüngliche Bedeutung verloren zu haben. Je mehr der Tod aus der Familie und damit der Mitte der Gesellschaft in das Krankenhaus und das Hospiz verbannt wird, desto mehr Strampelanzüge und T-Shirts mit Totenkopfabbildungen verkaufen die Textilketten. Oder steckt hinter dem Erwerb dieser Motive unbewusst der Memento-Mori-Gedanke? Gewöhnen wir uns durch den Skull auf dem Kinderfahrrad an den Tod? Ist das krimidurchsetzte TV-Programm ein flimmerndes Memento Mori? Zumindest in der virtuellen Realität kann man sich so genau mit Tod und Teufel beschäftigen wie noch nie: Die Computerspielefirma Electronic Arts verkauft mit *Dante's Inferno* eine auf dem PC erfahrbare Hölle, und der deutsche Wettbewerber DTP Entertainment schickt seine Kunden in ein Krimi-Abenteuer rund um einen Todesengel. Titel: *Memento Mori.*

# Der Tod
## und
## das
## Geschäft

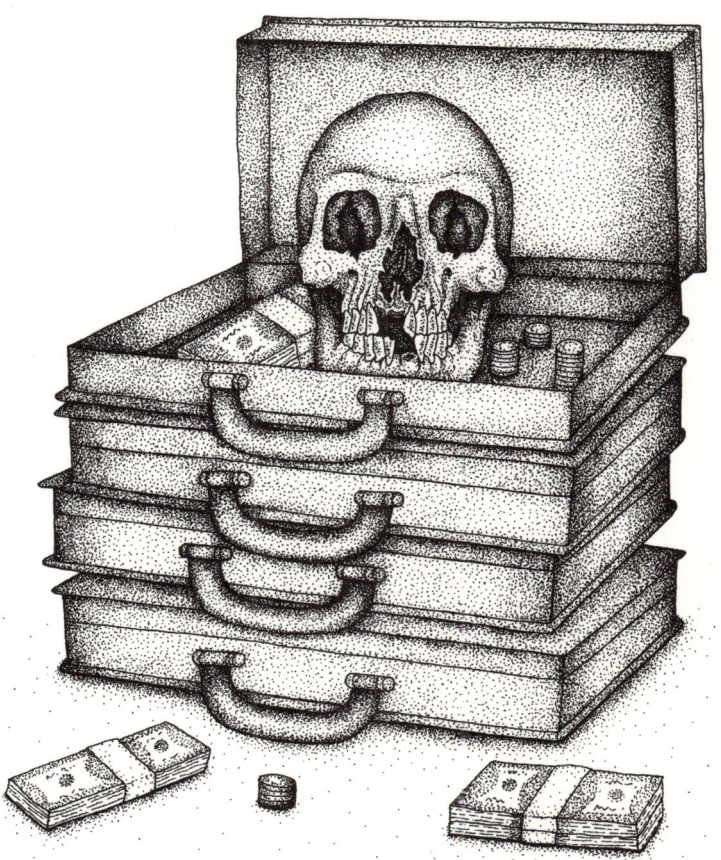

# Das Beste für den Schluss aufheben

Staub zu Staub – so einfach war das früher. Tote gehörten unter die Erde. Für strenggläubige Katholiken und orthodoxe Christen kommt nach wie vor nur eine traditionelle Erdbestattung infrage. Die katholische Kirche musste jedoch unter dem Druck ihrer Gläubigen 1963 die Totenverbrennung gestatten, die protestantische bereits in den 1920er Jahren. Bei Muslimen und Juden ist sie nach wie vor eine schwere Sünde und daher undenkbar. Bei von der EU erfragten Quoten an Atheisten, Agnostikern und Esoterikern von zusammen 53 Prozent in Deutschland (Österreich: 46 Prozent; Schweiz: 52 Prozent, lt. EU-Barometer 2005) nimmt es nicht wunder, dass die Traditionen der klassischen Sepulkralkultur schon längst nur noch eine Minderheit der Bestattungen prägen. Für alle, die nicht an einen Gott glauben, ist nur eines sicher: Unsere sterblichen Überreste werden wieder in den ewigen Kreislauf der Materie eingehen. Manche tun dies in besonderer Form. Findige Unternehmen bieten Individualisten immer mehr Möglichkeiten an, den Übergang von der Welt der Lebenden in die der Toten mit einigem Bohei oder sang- und klanglos zu gestalten. Erlaubt ist, was gefällt – das gilt auch auf dem Friedhof.

## 1.
## Diamonds Are a Girl's Best Friend

Hoher Druck (50 bis 60 000 bar) plus hohe Temperaturen (1800 bis 2000 Grad) verwandeln amorphen Kohlenstoff (Kohlenstoff ohne geordnete Strukturen) in reine Diamanten.

Entsprechend kann man auch aus der Asche Verstorbener (also aus amorphem Kohlenstoff) die seltenen Steine synthetisieren. Allerdings sollte eine spezielle Kremationstechnik bei der so genannten echten Diamantbestattung angewendet werden. Bei den extrem hohen Temperaturen, die üblicherweise bei der Leichenverbrennung erzeugt werden *(siehe S. 221)*, wird sämtlicher Kohlenstoff in Kohlendioxid umgewandelt; amorpher Kohlenstoff liegt dann nicht mehr vor. Die Kosten für die Herstellung eines Diamanten aus Asche richten sich nach der Größe des nach mehreren Wochen synthetisierten Edelsteins. Sie starten bei rund 5000 Euro (0,4 Karat) und können leicht 12 000 Euro (ein Karat) überschreiten. Neben der echten Diamantbestattung, die in Deutschland aufgrund des Friedhofszwangs nicht vorgenommen werden kann (das benachbarte Ausland hilft gerne, fragen Sie Ihren Bestatter), gibt es den Erinnerungsdiamanten, der auch den strengen deutschen Bestattungsvorschriften widersteht. Er wird aus Haaren synthetisiert und kann daher auch zwischen noch lebenden Liebenden ausgetauscht werden. Der immer größer werdenden Zielgruppe der Esoteriker reicht vielleicht auch die so genannte Edelsteinbestattung. Hier wird nach der Kremation ein Edelstein neben die Asche gelegt, um ihn mit der Aura des Toten zu „energetisieren".

## 2.
## We Are Stardust

Das amerikanische Unternehmen *Celestis* fliegt Asche von Verstorbenen ins Weltall. Zusammen mit Raumflugkörpern wie Satelliten oder Landefähren verlassen lippenstiftgroße aschegefüllte Metallkapseln unseren Planeten. Celestis vermeldet sechs erfolgreiche Missionen seit der Firmengründung 1994. Bis zu 200 Aschekapseln pro Trägerrakete sind jeweils in den Himmel geschossen worden. Vier Angebote macht das interstellare Bestattungsunternehmen: Verglühen in der Atmosphäre (ab 995 Dollar), Erdumkreisung mit einem Satelliten (ab 4995 Dollar), Landung auf dem Mond mit der nächsten verfügbaren Landefähre (ab 12 000 Dollar) und ewige Sternenreise mit dem kommenden Voyager-Projekt (ab 12 500 Dollar). Die Grundpreise verstehen sich pro 1 Gramm Asche, Zuladungen bis zu 7 Gramm und Doppelkapseln bis 14 Gramm sind gegen Aufpreis möglich. Mit der ersten Mission am 21. April 1997 wurden 24 Aschekapseln, darunter die des LSD-Pioniers Timothy Leary und des Erfinders der Star-Trek-Serie, Gene Roddenberry, von Gran Canaria aus in einem Satelliten per Pegasus-Rakete auf eine Erdumlaufbahn gebracht. Ein günstigeres, wenn auch weniger glamouröses Angebot macht www.himmelsbestattung.ch aus der Schweiz den Weltraum-Fans: Ab 1200 Euro („Light-Paket") kann man seine Asche per Wetterballon in die Stratosphäre heben und in 30 Kilometern Höhe verstreuen lassen.

## 3.
## Nowhere Man

Manch einer will – oder soll – mit dem Tod einfach verschwinden. Die anonyme Bestattung liegt in Gesellschaften im Trend, die Tod und Trauer verdrängen. Auseinanderfallende und räumlich getrennte Familien sowie Vergreisung und Verarmung verstärken den Trend, denn ohne Grabstein keine Grabpflege und keine Nachfolgekosten. Diese unpersönlichste und billigste Art der Beisetzung kann auf einem regulären Friedhof vorgenommen werden. Dort gibt es anonyme Erd- und Feuerbestattungen. Sarg oder Urne werden in einem Gemeinschaftsfeld unter dem Rasen begraben. In Deutschland lassen immer mehr Menschen ihre Asche auch in so genannten Friedwäldern anonym bestatten und „überlassen die Pflege des Grabes der Natur und belasten die Angehörigen nicht", wie es auf der Webseite eines Anbieters heißt. Genau an diesem Punkt setzt die Kritik von Kirchen, Trauerbegleitern und Bestattern an der namenlosen Beerdigung ein. Hinterbliebene bräuchten nun einmal einen Ort, an dem sie ihre Trauer bewältigen könnten.

# Mehr Auswahl dank der liberalen Nachbarn

Die Bestattung von Asche in der Natur ist in Deutschland nicht gestattet, aber aufgrund der Schweizer Gesetze konnte sich die Firma „Oase der Ewigkeit" im Berner Oberland darauf spezialisieren. Sie bietet Naturbestattungen nicht nur in der Eidgenossenschaft, sondern auch in Deutschland, Dänemark und Spanien an. Schweizer Präzision bestimmt die Preisliste:

### Schweiz

| | |
|---|---|
| Bestattung am Waldrand | 324 € |
| Asche in den Wind verstreuen | 324 € |
| Bergbachbestattung | 324 € |
| Gemeinschaftsbaum-Bestattung | 633 € |
| Gemeinschaftsfelsen-Bestattung | 633 € |
| bei Teilnahme der Angehörigen | zzgl. 108 € |
| Luftbestattung aus dem Heißluftballon – ohne Angehörige | 580 € |
| bei Teilnahme eines Angehörigen | 1150 € |
| bei Teilnahme von 2-3 Angehörigen | 1800 € |

Familienbaum – die Asche wird am eigenen Familienbaum bestattet. Jeweils mit Namensschild (beinhaltet 2 bezahlte Grabplätze) .......... 1598 €
Jeder weitere Grabplatz an diesem Familienbaum kostet .......... 633 €

Familienfelsen – auf Anfrage
inkl. späterer kostenloser Familienbestattung .......... 1080 bis 5400 €

### Deutschland / Begräbniswald Niederweiler

| | |
|---|---|
| Bestattungsform 1: zwischen den Bäumen – ohne Angehörige | 114 € |
| Mit Teilnahme der Angehörigen | 365 € |
| Bestattungsform 2: am Gemeinschaftsbaum mit Namensplakette | 473 € |
| Bestattungsform 3: am Familienbaum incl. 2 bezahlter Grabplätze | 1665 € |
| Jeder weitere Grabplatz an diesem Familienbaum kostet | 473 € |

# Es muss nicht immer Eiche sein

Der Sarkophag der Griechen bestand aus einer speziellen Steinsorte, die die Leichname innerhalb kurzer Zeit verwesen ließ. Das Wort Sarkophag leitet sich also vom griechischen Wort für „Fleischfresser" ab. Der im Deutschen daraus verkürzte „Sarg" hat eine ähnliche Funktion: Er soll einen Leichnam nicht von der Selbstzersetzung abhalten – beziehungsweise soll er die Verbrennung bei der Feuerbestattung befördern. In Deutschland ist ausschließlich Holz als Baumaterial für Särge erlaubt, andere Werkstoffe bedürfen der behördlichen Genehmigung. Darüber hinaus ist ein Sarg so gestaltet, dass er den Toten während der Trauerfeierlichkeiten geschmackvoll verhüllt. Neben den praktischen Aspekten war der Sarg auch immer ein Statussymbol. Im Mittelalter konnten sich arme Menschen keine eigene Holzkiste leisten. Ihre Leichname fielen aus dem Boden des Klappsarges ins Massengrab. Dagegen wurden Adlige und Kirchenmänner in teuren Steinsärgen bestattet, deren Deckel nach den Abbildern der in ihnen Liegenden gestaltet war. Reiche ließen sich in Kupfer- und Zinnsärgen beerdigen oder ihre Holzsärge mit Metallen ausschlagen. Im Barock wird auch aus dem Erdmöbel ein prunkvolles Gesamtkunstwerk – für den, der es sich leisten kann. Auch wenn das Angebot, das das durchschnittliche Bestattungsunternehmen heute in Deutschland anbietet, eher bieder und im wahrsten Sinne des Wortes traurig ist: Viele Gestalter machen sich Gedanken, wie der Sarg der Persönlichkeit des Bestatteten entsprechend aussehen kann. Dabei kommen teilweise ungewöhnliche Materialien zum Einsatz, die die deutschen Friedhofsordnungen leider untersagen.

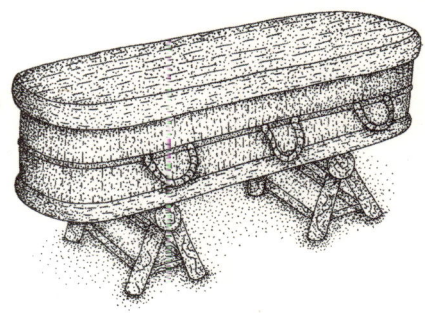

## Korbsarg

Im Gartenland England gibt es einen Trend zu Naturbestattungen. Anders als bei Wald- oder Baumbestattungen in Deutschland, Österreich und der Schweiz, die eine vorige Kremierung des Leichnams bedingen, können auf der Insel auch Erdgräber in dafür ausgewiesenen Wäldern und abgelegenen Wiesenflächen angelegt werden. Die Särge für diese „Grünen Bestattungen" werden aus Bambus-, Weiden- und Pandanusfasern geflochten.

## Crazy Coffin

Die Zimmerei von Kane Kwei aus Teshie an der ghanaischen Atlantikküste gilt als Heimstadt der afrikanischen Sargkunst. Sie fertigt „Crazy Coffins" seit den 1950er Jahren. Mittlerweile wird sie von einem Enkel Kweis betrieben. Herrschten zu Beginn Tiernachbildungen für die einheimische Ga-Bevölkerung, ein Volk von Fischern, vor, werden heute konsumistische Modelle wie Kameras, Automobile, Flugzeuge und Mobiltelefone gefertigt.

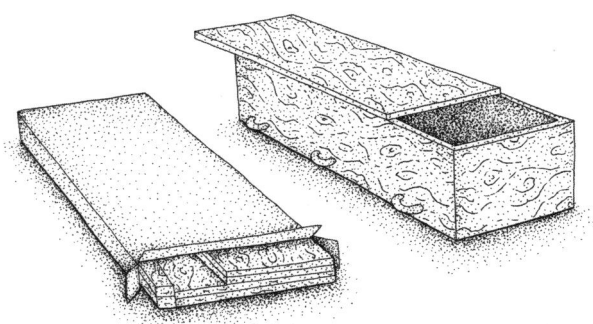

## Do-it-yourself-Sarg

Bausätze für Särge gibt es in den USA, wo sich ein einfallsreicher Tischler einen riesigen Markt per Internet erschlossen hat. Auch hierzulande kann man sich eine Selbstzusammensteckkiste per Post nach Hause schicken lassen. Allerdings nur für Hamster, Meerschweinchen, Vogel und Katze. Ein Student des Graphik-Designs erfand für die amüsierte Internetgemeinde eine Sarg-Aufbauanleitung im IKEA-Stil. Der Name seines Fantasie-Modells: TÖD.

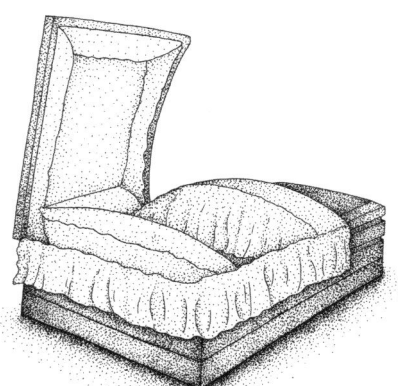

## XXL-Sarg

Immer weniger Deutsche passen mit überbreiten Särgen, die sie aufgrund ihrer Leibesfülle benötigen, in Krematorien. Die meisten Anlagen wurden in den 1950er bis 1970er Jahren erbaut, in denen die Menschen noch wesentlich schlanker starben. Die Ofenöffnungen sind nur 80 bis 90 Zentimeter breit und müssen umgerüstet werden. In den USA, dem Land der unbegrenzten Kalorienzufuhr, gibt es bereits Särge, die an Kingsize-Doppelbetten erinnern.

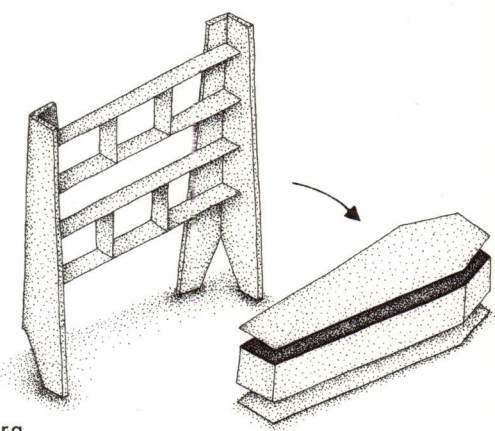

## Zwei-Wege-Sarg

Ein Regal, das ein Leben lang hält, verspricht der Londoner Möbelgestalter
William Warren. Seine „Shelves For Life" haben sogar ein zweites Leben als
Sarg. Die Wandmöbel werden nach dem Tod des Eigentümers zu Erdmöbeln.
Damit den Nachfahren diese Transformation auch gelingt, trägt jedes Regal
eine Messingplatte mit genauer Umbauanleitung. Auf ihrer Rückseite können
die Lebensdaten des Besitzers eingraviert werden, sobald sie feststehen.

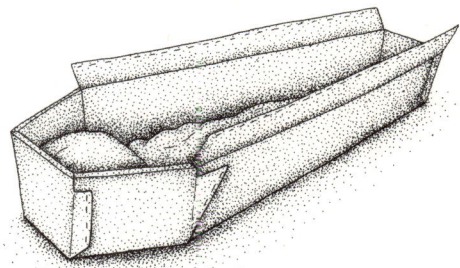

## Papp-Sarg

Mindestens so stabil wie Holzsärge, hygienisch unproblematisch und wesentlich ökologischer als Billigsärge aus Osteuropa sollen hochwertig hergestell-
te Pappsärge aus der Schweiz sein. In Deutschland werden sie jedoch in den
meisten Friedhöfen und Krematorien nicht zugelassen, obwohl der TÜV die
Produktversprechen der „Peace Box"-Hersteller bestätigt. Im liberalen England bieten Pappsarghersteller Individualisierung durch Digitaldruck an.

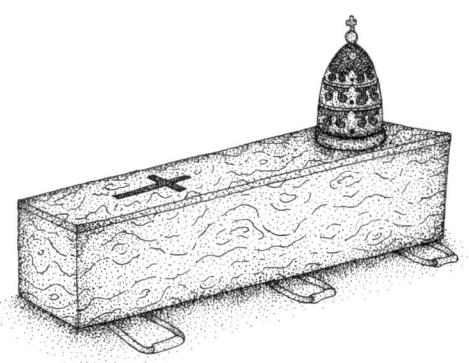

**Papst-Sarg**

Als Johannes Paul II. besuchte Karol Wojtyła (\*1920; †2005) auf 104 Reisen 127 Länder. Er erwarb sich durch diese Nähe zu den Gläubigen nicht nur unter Katholiken eine ungeheure Popularität. Sie zeigte sich auch, als nach seinem Tod innerhalb von 24 Stunden eine Viertelmillion Menschen zu seinem Sarg pilgerte. Nachbauten des schlicht gehaltenen Zypressen-Sarges werden als „Papst-Sarg" ab 2500 Euro angeboten – in Fichte oder Tanne.

**Designer-Sarg**

Seitdem nicht mehr Gegenstände gestaltet, sondern Produkte designt werden, haben Designer vor keinem Ding Halt gemacht. Designer-Lampen, Designer-Sofas, Designer-Häuser begleiten den Menschen durch sein Leben. Da ist nur konsequent, dass er sich im Designer-Sarg bestatten lassen soll. Der Entwurf des deutschen Designers Lutz „Luigi" Colani aus dem Jahr 2000 verkaufte sich schlecht – was am Preis von 18 000 Mark gelegen haben könnte.

# Per Taschenrechner zur idealen Liegetiefe

Ginge es nach einer berühmten US-amerikanischen Fernsehserie, so würden Tote 1,83 Meter tief unter der Erde bestattet. So viel sind „Six Feet Under" im metrischen Maßsystem. In Deutschland gibt es keine gesetzlich vorgeschriebene Mindestbestattungstiefe. Denn die Bestattungsgesetze sind Ländersache. Und auch auf Ebene eines Bundeslandes machte eine einheitlich vorgegebene Grablochansage keinen Sinn, da die Bodenbeschaffenheit der Friedhöfe den Ausschlag gibt, wie tief der Bagger gräbt. Selbst innerhalb eines einzelnen Friedhofs kann es Ecken geben, in denen die Totengräber aus Erfahrung tiefere Löcher machen als in anderen. Die lokalen Friedhofssatzungen legen die Unter- und Obergrenzen der Bodentiefe fest, auf der ein Sarg zum Ruhen kommen darf. Dabei gibt es alle denkbaren Anweisungen, die vom Friedhofspersonal bisweilen ein profundes Verständnis der Algebra verlangen. So schreibt die Evangelisch-Lutherische Kirchengemeinde Bieswang vor: „Bei Erdbestattungen werden die Gräber verschieden tief angelegt. Dabei sind folgende Maße einzuhalten: a) für Kinder unter zwei Jahren 80 cm, b) für Kinder von zwei bis sieben Jahren 110 cm, c) für Kinder von sieben bis zwölf Jahren 130 cm, d) für Personen über zwölf Jahren 180 cm, e) Doppeltiefgräber werden so tief angelegt, dass der Normaltiefe nach Buchstabe d) noch die Tiefe einer Sarglage und eine Bodenschicht von 30 cm zugemessen werden. Dabei hat die Grabtiefe mindestens 240 cm zu betragen." Andere Friedhofsverordnungen geben an, wie viel Erde mindestens auf den Sarg gehäuft werden muss. Die amerikanischen „Six Feet" sind überall eine deutsche Mindestanforderung.

# Gemeinsam liegt sich's besser

Marktforscher wissen, dass sich Menschen in postmodernen Industriegesellschaften nicht mehr in die klassischen Schubladen wie Alter, Geschlecht und Beruf einordnen lassen. Folgerichtig spricht man im Marketing nicht mehr von Ziel-, sondern höchstens von Stilgruppen. Man arbeitet mit so genannten sozidemographischen Milieus, um die unterschiedlichen Einstellungen und Lebensgefühle zu definieren, die gleichzeitig in einer Gesellschaft nebeneinander existieren. Viele Menschen wandern in ihrem Verhalten zwischen diesen Milieus hin und her, sind beispielsweise zwischen Montag und Freitag konservativer Angestellter, am Wochenende dynamischer Endlosjugendlicher. Überall muss der postmoderne Mensch die richtigen Codes kennen und verwenden, um seine Gruppenzugehörigkeit glaubwürdig auszudrücken. Diese Entwicklung zur Gruppe in der Gruppe macht auch vor dem Friedhof nicht Halt. Wer im Leben die gleichen Interessen teilt, möchte diese Zusammengehörigkeit auch im Tod ausdrücken. Und auch ein weiterer Trend hält auf dem Friedhof Einzug: die Teilung und gemeinsame Nutzung wertvoller Ressourcen.

## 1.
## Vereint statt vereinsamt

Wer denkt, dass Friedhofsgärtner ein sorgenfreies Leben führen und die Lage gegenüber des Friedhofs das einzige Marketinginstrument ist, das sie zur Auftragsgewinnung benötigen, irrt. Bei der immer öfter angewandten Kremation und den oft nachfolgenden anonymen Bestattungsformen (zum Beispiel der Wald- oder Baumbestattung) beziehungsweise der Aufbewahrung der Urne in einem Kolumbarium (auch: Urnennische) entsteht kein Pflegeaufwand wie für ein großes Familiengrab, den Klassiker vergangener Zeiten. Daher haben sich die findigen Grünspezialisten den Memoriam-Garten einfallen lassen. Ein solcher Garten wird vom Landschaftsarchitekten als Teil eines Friedhofs individuell geplant. Später werden hier Urnen nicht-anonym bestattet und die Pflegekosten auf mehrere Parteien, also Hinterbliebene und Sterbegeldversicherungen, umgelegt. So entsteht kostengünstig ein äußerst ansehnlicher Ort des Gedenkens, den vor allem Gruppen wie Seniorenwohngemeinschaften, Turnvereinsmitglieder oder Schicksalsgemeinschaften wie AIDS-Kranke von Friedhofsgärtnern, Steinmetzen, Kunstschmieden und anderen Spezialisten landschaftsarchitektonisch wertvoll planen und pflegen lassen können.

## 2.
## Tiefergelegte Fankurve

Eine besonders sportliche Variante des Gemeinschaftsgrabes gibt es in Deutschland seit 2008: In diesem Jahr eröffnete auf dem Hauptfriedhof Altona das HSV-Grabfeld. Anhänger des Hamburger Sportvereins können sich dort stilecht in einer blau-weiß geschmückten Arena in unmittelbarer Nähe des echten Stadions beerdigen lassen. Aufgrund des Friedhofszwanges ist in Deutschland – anders als in Holland und England – die Ausstreuung der Asche über dem Spielfeld der Lieblingskicker nicht möglich. Gekennzeichnet durch ein großes Fußballtor (HSV-Fans: „Himmelspforte", St.-Pauli-Fans: „Tor zur Hölle") können Gräber in unterschiedlichen Lagen erworben werden. „Wir haben VIP-Plätze und Stehtribüne", sagt der Friedhofsgärtner Lars Rehder, der sich den ewigen Rasen einfallen ließ. Die Idee griff der – ebenfalls blau-weiße – Verein FC Schalke 04 im Jahr 2012 auf. Schalke-Fans, deren Verbundenheit mit dem Revierclub nicht mit dem Tod endet, können im Gemeinschaftsgrabfeld auf dem Friedhof Beckhausen-Sutum eine Dauerkarte für einen Liegeplatz lösen. Schwerer als die Clubs und die Fans tun sich die Sponsoren der Clubs. Anders als die großen Spielfelder wurden weder die HSV-Liegefläche noch das Schalke-Gräberfeld mit Logos bepflastert.

## 3.
## Grab-Sharing

Was auf der Straße mit Car-Sharing und Car-Pooling Schule macht, gibt es auch auf Friedhöfen. Man teilt teure Anschaffungen mit anderen Nutzern. Allerdings kann ein Grab nicht zwischen Toten geteilt werden, die in kurzem zeitlichen Abstand bestattet werden. Beim Grab-Sharing nutzt man das Grab von Personen, die vor vielen Jahrzehnten oder gar Jahrhunderten gestorben sind. Und was für Gräber das sind: Anstatt sich mit dem Durchschnittsreihengrab zufriedenzugeben, nutzt man die prächtige Grabstätte eines Prominenten aus längst vergangenen Zeiten – und das auch noch kostenlos, wenn man zu Lebzeiten eine Patenschaft für die Grabstätte übernimmt, sie restauriert und pflegt. Die Finanzmisere der deutschen Kommunen ermöglicht dies: Großen Städten fehlt oft das Geld für die Pflege von Gräbern historisch bedeutender Bürger. Der Denkmalschutz zwingt zu einer Aufrechterhaltung der Grabstelle, auch wenn es längst keine Hinterbliebenen mehr gibt, die Gebühren bezahlen. Also verfallen Mausoleen und Marmorgrabmäler von Unternehmern, Dirigenten und Forschern vergangener Jahrhunderte. Die Grabpaten sparen sich und ihrer Kommune viel Geld. Und so manch einer findet ein neues Hobby. Dieter Georg betreut auf dem Frankfurter Hauptfriedhof mittlerweile neun Gräber. Er entdeckte dabei die Ruhestätte von Philipp von Fabricius (*1839; †1911), Vorbild des Zappelphilipp im „Struwwelpeter". In welchem „seiner" Gräber er bestatten wird, hat Grabpate Dieter Georg noch nicht entschieden.

# Der Tod als Wirtschaftsfaktor

Gesamtmarkt Deutschland

## 16 Milliarden Euro

davon

Gärtner (Blumen, Kränze) 3,8 Milliarden Euro
Gärtner (Grabpflege) 2,6 Milliarden Euro
Friedhofsträger 3,2 Milliarden Euro
Steinmetze 2,6 Milliarden Euro
Bestatter 2,4 Milliarden Euro

Mit

## 6,4 Milliarden Euro

sind Friedhofsgärtner die Spitzenverdiener
der Branche, die auf

## 33 000 Friedhöfe
## 30 Millionen Gräber
## 840 000 Tote
## pro Jahr

in Deutschland bauen können.

# Was geschieht im Krematorium?

Die Verbrennung von Toten gibt es seit der Jungsteinzeit. In der Antike war die Kremierung und Aufbewahrung der Asche in Urnen weit verbreitet. Nach Abholzung der Wälder rund um das Mittelmeer war sie nur noch für Reiche bezahlbar. Die Erdbestattung löste die Feuerbestattung im Christentum schließlich vollkommen ab. Erst im 20. Jahrhundert kam sie wieder in Mode. Heute werden in Europa je nach Land bis zu 80 Prozent der Toten eingeäschert. Wieder hat die Trendumkehr finanzielle Gründe: Eine Feuerbestattung kostet rund die Hälfte einer Erdbestattung.

### Der Ofen

Der Hightech-Ofen hat den Scheiterhaufen abgelöst, der in anderen Kulturen wie dem Hinduismus noch gebräuchlich ist. Im modernen Krematorium wird die Luft auf rund 900 Grad vorgeheizt, dann wird der Sarg automatisch eingebracht. Ein Computer steuert Hitze und Sauerstoffzufuhr, damit der Sarg aus ungeschraubtem Fichtenholz zusammen mit der Leiche optimal verbrennt. Bis zu 1200 Grad werden erreicht. Die Kremation dauert 90 Minuten.

### Die Sicherheit

Damit die richtige Asche in der richtigen Urne landet, bekommt jeder Leichnam vor der Verbrennung einen Schamottstein mit einer eindeutigen Nummer in den Sarg gelegt. Die Marke ist feuerbeständig und landet zusammen mit den Verbrennungsresten in der Aschenlade unter dem Ofen. Dass der Sarg auch tatsächlich verbrannt und keinesfalls wiederverwendet wird, dafür verbürgen sich die Krematorien und Bestatter in Deutschland.

### Die Asche

Die Verbrennungsrückstände enthalten alle Fremdkörper, die dem Körper zu Lebzeiten implantiert wurden. Also künstliche Hüftgelenke, Schrauben, Zahnfüllungen und Nägel von operierten Knochenbrüchen. Herzschrittmacher müssen wegen Explosionsgefahr der Batterien vor der Kremierung entfernt werden. Wem die Metalle gehören, ist rechtlich umstritten. Eigentum an Toten gibt es nicht. Erlöse aus Zahngoldverkauf landen oft im Gemeindesäckel.

### Die Knochenmühle

Bei den hohen Temperaturen im Kremationsofen mineralisieren Gewebe und Knochen. Es bleiben höchstens große Knochen wie Oberschenkel oder Schädel am Stück erhalten. Auch Zähne zerfallen nicht bereits im Feuer zu Asche. Die Überreste des Leichnams und des Sarges werden deshalb in einer Knochenmühle zu feiner Asche zermahlen. Diese kommt in eine Aschekapsel, die die gleiche Nummer wie die Identifikationsmarke aus Schamott trägt.

### Die Urne

Die Aschenkapsel mit dem Identifizierungsstein und der gemahlenen Asche wird in eine Schmuckurne gesteckt. Diese muss aus einem Material gefertigt sein, das sich innerhalb der üblichen Ruhezeiten auf dem Friedhof zersetzt. In Deutschland gilt auch für Asche Friedhofszwang. Ausstreuung oder private Aufbewahrung der Asche sind offiziell nicht erlaubt, über den Umweg Schweiz oder Niederlande jedoch möglich.

# Deutschlands erfolgreichster Bestatter

Viele scheinbar familiengeführte Bestatter auf dem Lande sind in Wirklichkeit Teil eines Konzerns: Die rund 230 Filialen der Ahorn AG in Deutschland behielten in den meisten Fällen ihre über Jahrzehnte eingeführten Markennamen, nachdem sie von den Berlinern gekauft wurden, um die lokale Bekanntheit nicht aufzugeben. Die Ahorn AG ging 1998 aus einer Fusion der Münchner Unternehmensgruppe Ahorn und der Berliner Grieneisen-Gruppe hervor. Sie gehört der IDEAL Versicherung AG. Dieser Konzern bietet als einziges Versicherungsunternehmen Policen ausschließlich für Senioren an.

## Berliner Promi-Bestatter

Der älteste Unternehmensteil der Ahorn AG ist Grieneisen in Berlin. Gegründet 1830 als Sargschreinerei, entwickelte sich Grieneisen zum regelrechten Promi-Bestatter (Kaiser, Könige, UFA-Stars). Als eine der Ersten der Branche setzte das Unternehmen in den 1930er Jahren auf modernes Marketing mit Plakat- und Radiowerbung. Die Berliner Filialen wurden vom berühmten Gestalter Egon Eiermann eingerichtet. Bis zur Wende im Jahr 1990 existierten in Westberlin 25 Grieneisen-Filialen, dann kamen die ehemaligen Betriebe im Osten der Stadt durch Rückkauf oder Rückübertragung hinzu. Durch die Fusion mit dem Münchner Bestatter Ahorn entstand 1998 eine absolute Marktführerschaft mit Präsenz in 76 Städten. Schließlich wurde 2003 das in Südbayern und München stark verbreitete Unternehmen Trauerhilfe Denk übernommen.

## Internet und Kundenorientierung

Die Ahorn AG ist auf Wachstum ausgerichtet. Kleine und mittelständische Bestatter können auf der Website der AG mithilfe des „Unternehmenswertrechners" herausfinden, was ihr Unternehmen bei einer Übernahme wert wäre. Der Bestattungskonzern errichtete in mehreren deutschen Städten „Häuser der Begegnung", in denen das zeitgemäße Abschiednehmen praktiziert wird. Auch die Bestattungsriten der Weltreligionen wurden in den letzten Jahren immer wichtiger. Mit den Spezialabteilungen „Ikinci Bahar" (türkisch: *zweiter Frühling*) und „Tod und Glaube" beschäftigen sich Ahorn und die angeschlossenen Bestattungsfilialen mit den Anforderungen muslimischer, jüdischer, buddhistischer und hinduistischer Bestattungen.

## Internationaler Vergleich

Im Geschäftsjahr 2010 wickelte die Ahorn-Gruppe 24 189 Bestattungen ab. Sie beschäftigt rund 1100 Mitarbeiter und verfügt über 129 000 Bestattungsvorsorgeverträge (Konzernsprache: „Bestattungen von morgen"). Lediglich der Umsatz der Aktiengesellschaft, der sich auf knapp 5 Millionen Euro belief und sich aus Gewinnabführungen der Tochterunternehmen speist, muss veröffentlicht werden. Rechnet man eine Durchschnittssumme von 2500 Euro pro Bestattung, sollte der Konzernumsatz bei rund 60 Millionen Euro liegen.

Verglichen mit dem US-amerikanischen Bestattungskonzern Service Corporation International (SCI) ist selbst die Ahorn AG ein kleiner Fisch. Das an der New Yorker Börse notierte Unternehmen aus Houston, Texas, setzte 2011 2,3 Milliarden Dollar um. Mehr als 20 000 Mitarbeiter betrieben 1423 Bestattungsinstitute und 374 Friedhöfe in den USA und Kanada. Amerikatypisch wurde die Service Corporation International vom Selfmade-Millionär Robert L. Waltrip seit den 1950er Jahren aus einem kleinen Familienbetrieb aufgebaut.

# Karrierechancen trotz harten Wettbewerbs

Über das Bestatter(un)wesen wurden reißerische Bücher geschrieben, und Privat-TV-Sender machen gerne mit Geschichten über haarsträubende Fälle Quote. Doch das Gros der deutschen Totengräber besteht aus ehrlichen und verlässlichen Handwerkern. In der Presse aufgebaute Skandale (vertauschte Leichen, überhöhte Preise) sind Einzelfälle, die nichts mit den über 80 000 jährlichen Bestattungen zu tun haben. „Natürlich handelt es sich um ein Geschäft. Leider um eines, in dem sich jeder betätigen kann, der sich dazu berufen fühlt", sagt Peter Kotzbauer, Chef des stadteigenen Münchner Bestattungsunternehmens. Berufsorganisationen versuchen, dem Wildwuchs mit Qualifikationsangeboten entgegenzuwirken. Doch benötigt niemand, um in dem Geschäft tätig zu werden, die vom Bestatterverband ersonnene Berufsbezeichnung „Bestattungsfachkraft" oder den von den Industrie- und Handelskammern anerkannten Meisterbrief der zuständigen Handwerksinnung, des Bundesverbands Holz und Kunststoff.

## Nachfolgeprobleme

Das Gewerbe ist immer noch tabubelastet, und so gestaltet sich mancherorts die Nachfolgersuche für ein Familienunternehmen als schwierig. Der Kölner Unternehmensberater Stefan Schreyger hat sich darauf spezialisiert, die Lücke zwischen Angebot und Nachfrage zu schließen. Er nennt sich Deutschlands einzigen „Bestattermakler". Sein Ziel: einem pensionsbereiten Seniorchef ohne eigenen Nachwuchs ein sorgenfreies Auskommen, einem einstiegswilligen Juniorbestatter ein passendes Unternehmen und gegebenenfalls einer Bestatterkette eine neue profitable Niederlassung zu verschaffen.

## Arbeitsteilung

Im an Arbeit armen Berlin dagegen führt die Zulassungsfreiheit des Gewerbes dazu, dass die Bestattungsunternehmen wie Pilze aus dem Boden schießen. Jeden Tag sterben in der Bundeshauptstadt rund 80 Menschen. Mehr als 160 Bestatter sind im Branchenbuch eingetragen – dieses Verhältnis muss zu Wettrennen um die Toten führen. Lokalmedien berichten vom „gnadenlosen Kampf um die Leichen". Offenbar lohnt es sich, hier mitzukämpfen, denn jedes Jahr eröffnen vier neue Bestattungsinstitute ihre Pforten. Viele von ihnen haben das Gewerbe in seine Einzeltätigkeiten zerlegt, um den jeweils günstigsten Subunternehmer zu beauftragen – und im Zweifel austauschen zu können. Ein Bestattungsunternehmen braucht so keine eigenen Mitarbeiter, sondern nur das richtige Marketing und das Ladenlokal in der richtigen Lage. Oder die richtigen Verbindungen: Der Bestatter, der für die Berliner Krankenhäuser die Leichen in die Pathologie transportiert, hat seine Hand schon einmal an der Leiche und die Nase im Rennen um den Toten vorne. Ausgelagerte Tätigkeiten im Bestattergewerbe sind beispielsweise der Leichentransport, die Leichenwäsche, Einkleidung und das Einsargen, die Verbrennung in privaten Krematorien – gerne auch im billigeren Ausland – sowie der Transport des Sarges auf dem Friedhof, der wie die Absenkung ins Grab aus versicherungsrechtlichen Gründen Friedhofsmitarbeiter übernehmen müssen. Grundsätzlich kann man auch ein Bestattungsunternehmen betreiben, ohne jemals eine Leiche zu sehen. Internet-Bestattern reicht ein Laptop und eine Webseite, die Aufträge generiert. Sie erstellen online ein Angebot und vergeben dann die einzelnen Gewerke an die lokalen Spezialisten – oder an diejenigen, die die Dienstleistungen am billigsten erbringen.

# Rechenmodelle für den Wert des Lebens

Das Leben eines Menschen ist unantastbar und unbezahlbar. Keine Debatte. Doch Versicherungen müssen einen Wert ansetzen, um Versicherungssummen und Schadensersatz zu berechnen. Sicherheitsplaner müssen einen Wert ansetzen, um zu entscheiden, welche technischen Neuerungen im Verkehr oder im Arbeitsschutz eingeführt werden sollen. Zum Beispiel wären Airbags in Flugzeugen sehr teuer – wesentlich teurer als die damit zu rettenden Leben. In diese Berechnungen fließen ein die ausfallende Arbeitsleistung eines Menschen sowie die Kosten, die der Gesellschaft durch seinen Tod entstehen. Es gibt aber noch andere Möglichkeiten, den Wert des Lebens zu kalkulieren. Zunächst kann man sich die Rohstoffe ansehen, aus denen der Mensch zusammengesetzt ist. Da gibt es viel Wasser, das bekanntlich aus Sauerstoff und Wasserstoff besteht. Für beide Elemente ist auf dem Markt nicht viel zu holen. Gleiches gilt für den Kohlenstoff, der in den unterschiedlichsten Verbindungen gebunden ist, und auch für die Spurenelemente.

Die Berechnung der Werthaltigkeit der Organe und Gewebe, die ein Spender den Operateuren zur Verfügung stellt, rührt an moralische Tabus. Organe dürfen nicht gehandelt werden, doch man kann angeben, was eine Transplantation kostet. Gewebe (alles außer den transplantierbaren Organen) müssen laut Arzneimittelgesetz in Deutschland gehandelt werden, allerdings nur in ihrer „prozessierten" Form *(siehe S. 234–235)*. Interessant zu sehen ist, welche Werte Stars ihren besten Teilen zumessen. Die Versicherungssummen geben Aufschluss über den Gesundheitszustand – unserer Gesellschaft.

Den größten Anteil am Körpergewicht haben die Elemente Sauer-, Kohlen- und Wasserstoff. Die Berechnung ist schwierig, denn Handelspreise sind horrend, wenn man z.B. medizinischen Sauerstoff verwendet. Wir haben Sauer- und Wasserstoff so berechnet, wie sie im Menschen vorkommen: als $H_2O$. Ein 80 Kilogramm schwerer Mensch hätte 120 Euro reinen Materialwert.

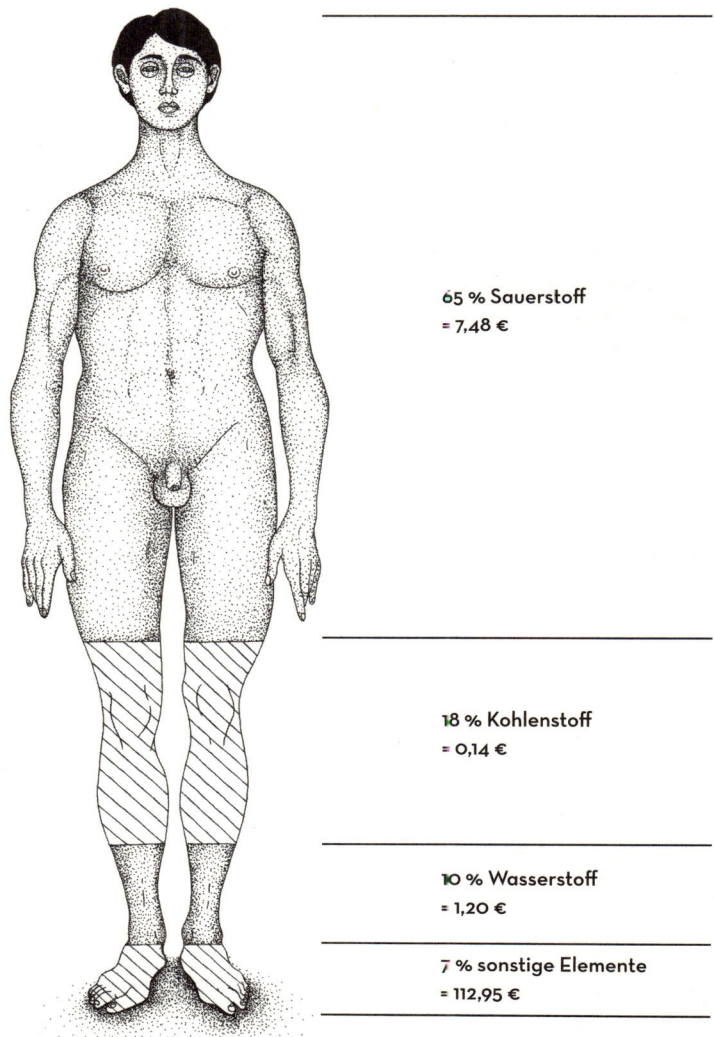

65 % Sauerstoff
= 7,48 €

18 % Kohlenstoff
= 0,14 €

10 % Wasserstoff
= 1,20 €

7 % sonstige Elemente
= 112,95 €

Alles hat seinen Preis. Organtransplantationen sind teuer – auch wenn die Organe selbst nicht gehandelt werden dürfen. Frisch gespendete Gewebe ebenfalls nicht. So genannte „prozessierte", also weiterverarbeitete menschliche Gewebe werden als Arzneimittel betrachtet und müssen nach deutschem Recht wie künstliche Implantate be- und gehandelt werden.

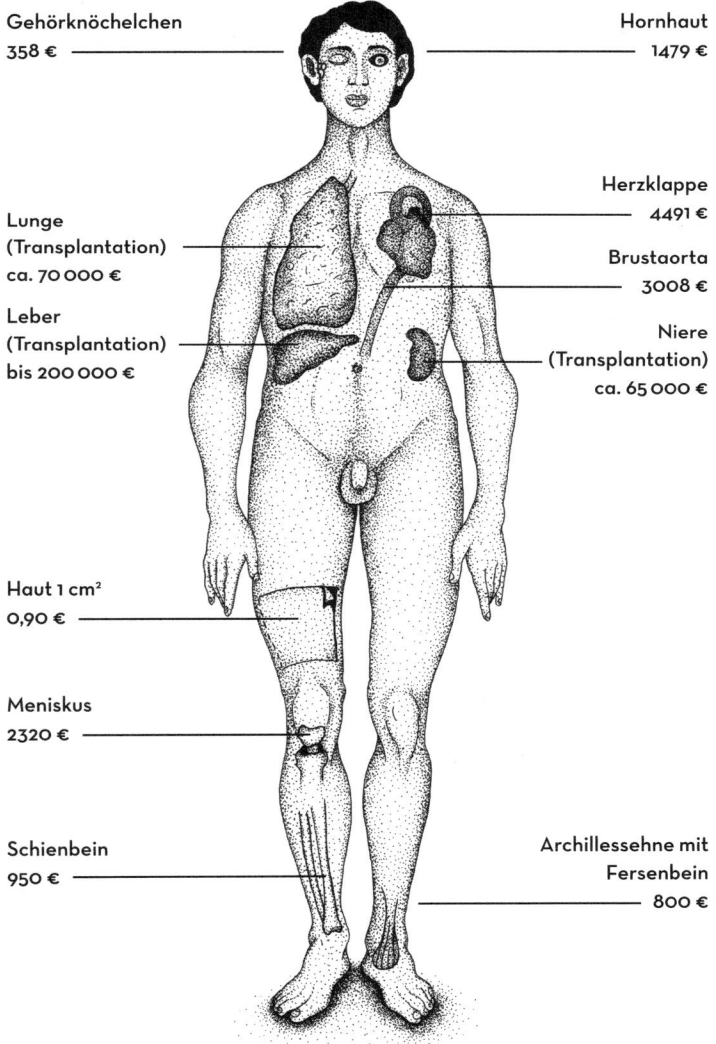

Gehörknöchelchen
358 €

Hornhaut
1479 €

Lunge
(Transplantation)
ca. 70 000 €

Leber
(Transplantation)
bis 200 000 €

Herzklappe
4491 €

Brustaorta
3008 €

Niere
(Transplantation)
ca. 65 000 €

Haut 1 cm²
0,90 €

Meniskus
2320 €

Schienbein
950 €

Archillessehne mit
Fersenbein
800 €

Stars versichern ihre besten Stücke mit horrenden Summen. Und Boulevardmedien berichten gerne darüber. Kate Moss hat sich ein echtes Kunstwerk stechen lassen, dessen Wert nach dem Tod des Künstlers gestiegen ist. Sie erklärte in Interviews, dass sie die Steißvögelchen bei Verarmung für eine Million Pfund verkaufen würde. Die Superliste der Körperteilwerte:

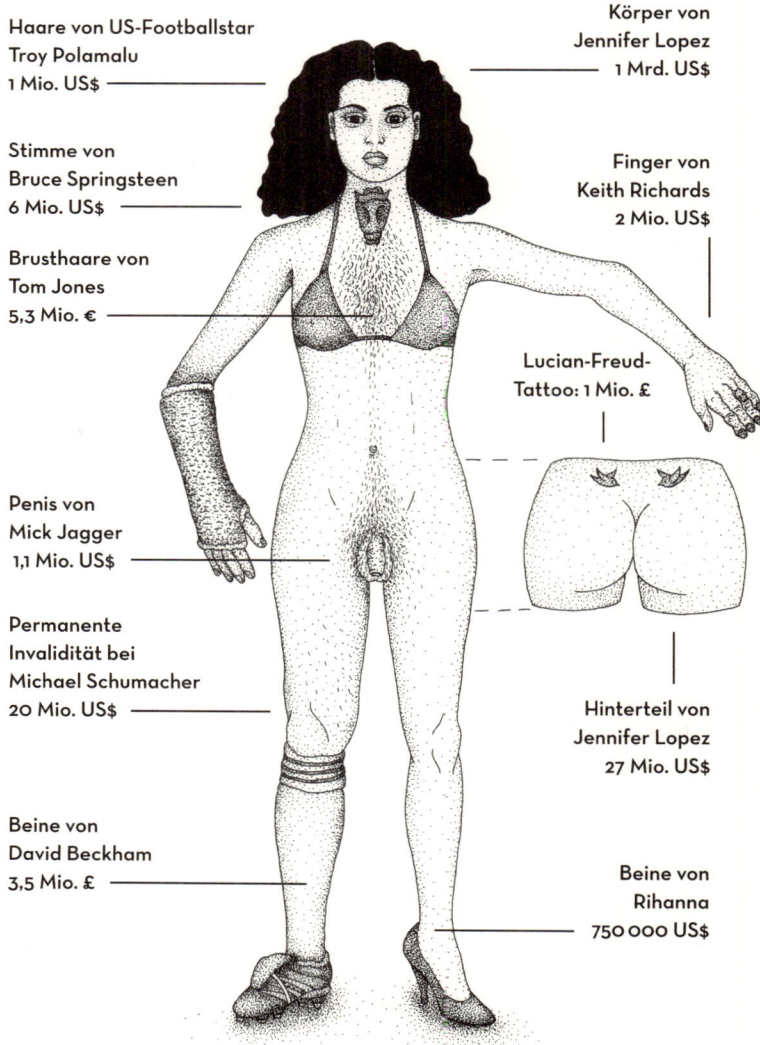

Haare von US-Footballstar
Troy Polamalu
1 Mio. US$

Körper von
Jennifer Lopez
1 Mrd. US$

Stimme von
Bruce Springsteen
6 Mio. US$

Finger von
Keith Richards
2 Mio. US$

Brusthaare von
Tom Jones
5,3 Mio. €

Lucian-Freud-
Tattoo: 1 Mio. £

Penis von
Mick Jagger
1,1 Mio. US$

Hinterteil von
Jennifer Lopez
27 Mio. US$

Permanente
Invalidität bei
Michael Schumacher
20 Mio. US$

Beine von
David Beckham
3,5 Mio. £

Beine von
Rihanna
750 000 US$

# Menschliches Ersatzteillager?

<u>Hans-Joachim Mönig</u> ist Geschäftsführer des DIZG, des Deutschen Instituts für Zell- und Gewebeersatz. Das DIZ ist eine gemeinnützige Gesellschaft. Die Mitarbeiter stellen aus dem Gewebe toter Spender Transplantate her (in der Fachsprache „prozessierte Gewebe") und liefern diese an Kliniken in ganz Deutschland. Eine Liste der über das DIZG zu beziehenden prozessierten Gewebe finden sich auf der Webseite des Unternehmens und die Preise bei Internetapotheken – da sie laut Gesetz wie Medikamente gehandelt werden müssen.

*Ist das Bild vom menschlichen Ersatzteillager eine Horrorvision aus der Science-Fiction? Werden Tote zerlegt, um die Teile den Lebendigen einzubauen?*

Auch wenn ich Sie jetzt schockiere: Das ist unser Alltag. Unser Institut stellt rund 250 nach Gewebeart und Abmessung unterschiedliche Transplantate her. Sehnen, Haut, Knochen, Knochenstrukturen. Es gibt sehr viele chirurgische Eingriffe in der Orthopädie, die ohne unsere Präparate nicht auskommen. Und wir retten Leben: Denken Sie an großflächige Verbrennungen. Daran wären Sie vor 20 Jahren noch gestorben. Heute züchten wir großflächige Hautzellkulturen aus einer kleinen patienteneigenen Hautbiopsie. Bei besonders tiefen Verbrennungswunden müssen aber zunächst die dermalen Hautstrukturen rekonstruiert werden, z.B. mit einer azellulären Dermis. Diese azelluläre Dermis wird aus der Haut von Toten hergestellt. Mit Frankenstein hat das nichts zu tun. Wir produzieren keinen Horror, sondern wir helfen Ärzten, Menschen zu heilen.

*Wir haben in diesem Buch ein Schaubild mit Preisen für unterschiedliche Organe und Gewebe abgebildet. Darf man das?*

Den journalistischen Ansatz verstehe ich. Doch leider führt dieses Bild in die Irre. Denn wir treiben keinen Handel mit menschlichen Geweben. Sicher: Auch Implantate haben Preise. Aber diese spiegeln die Kosten ihrer Entstehung wider. Der Prozess, ein menschliches Implantat herzustellen, ist sehr aufwändig. Und laut Transplantationsgesetz ist der Handel mit Geweben – wie auch mit Organen – verboten. Es gibt aber einen Ausnahmetatbestand: Der Handel ist statthaft, wenn aus den Geweben Gewebetransplantate hergestellt wurden und das Inverkehrbringen durch eine Arzneimittelzulassung autorisiert ist. Damit wird auch klar, dass unprozessierte Gewebe nicht gehandelt werden dürfen.

*Also doch Gewerbe mit Gewebe?*

Ganz einfach: Unsere Mitarbeiter wollen ein Gehalt, wir bezahlen Miete, Strom, Wasser, und nicht zuletzt haben wir teure Apparaturen. Das alles kostet Geld. In Deutschland sind wir zudem von Gesetzes wegen ein Arzneimittelunternehmen, und unsere Produkte sind pharmazeutische Wirkstoffe. Damit verbunden ist eine ganz andere Haftung als in anderen Ländern. Wir haben die höchsten Qualitätsstandards der Welt und werden für deren Einhaltung in Verantwortung genommen.

*Was bedeutet das in der Praxis?*

Die Ausschlusskriterien für einen Gewebespender sind wesentlich selektiver als die für einen Organspender. Verkürzt gesagt: Aufgrund des Organmangels werden praktisch jedem infrage kommenden Spender Organe entnommen. Gewebespender zu werden ist wesentlich schwieriger. Wir führen alleine elf Bluttests durch. Bei der Herstellung der Transplantate treiben wir einen riesigen Aufwand, um Sterilität zu garantieren. Wir müssen sichergehen, dass unsere Transplantate keine Viren, Bakterien, Sporen oder Pilze an den Empfänger übertragen.

*Um auf das Geld zurückzukommen: Ihr Katalog hat nun einmal eine Preisliste.*
Wie jede Klinik und jeder Arzt eine Preisliste in Form einer Gebührenordnung hat. Aber der Wert der Implantate ist doch ein ganz anderer, und das sehen die Leute nicht, wenn sie lesen, dass eine Achillessehne 855 Euro kostet. Nämlich, dass ein Patient, der schon seit langer Zeit große Schmerzen hat, der auf Medikamente angewiesen ist, der eine eingeschränkte Beweglichkeit hat, der das Gesundheitswesen durch alle möglichen Therapien sehr viel Geld kostet, nach einer OP zu annähernd 100 Prozent wiederhergestellt wird. Fragen Sie doch einmal den Patienten. Der wird Ihnen sagen: Das Stück Gewebe hat für mich keinen Preis. Es ist für mich unbezahlbar.

*Was sollte verbessert werden, um die Gewebespende in Deutschland populärer zu machen?*
Wir müssen vor allem an der Transparenz und an der Kommunikation etwas ändern. Das beginnt mit dem Organspendeausweis. Dort ist die Gewebespende eher im Kleingedruckten zu finden. Wir brauchen und wollen uns aber gar nicht verstecken. Das Papier sollte auch ‚Organ- und Gewebespendeausweis' heißen. Man muss Entscheidungen der Menschen nicht fürchten, wenn man sie ordentlich informiert.

*Und ein Wunsch, den Sie an die Politik hätten?*
Wir brauchen ein Meldesystem wie in Amerika, wo über eine Zentrale erst einmal jeder Todesfall registriert und dann entschieden wird, ob man versucht, die Organe oder das Gewebe des Verstorbenen zu bekommen. Bei der Gewebespende sind wir ja nicht auf den Hirntod angewiesen, wir können auch ganz normale Herz-Kreislauf-Tote als Spender gebrauchen. Natürlich würde die individuelle Entscheidung des Toten oder seiner Angehörigen respektiert, wenn er nicht spenden will. Mit einem solchen System gäbe es keine Engpässe bei menschlichen Herzklappen- oder Augenhornhaut-Transplantaten mehr.

# Eine Aktie auf Todeskurs

Drei Mal beschäftigten Nachrichten über den Tod des Apple-Gründers Steve Jobs die Investorengemeinde. Im August 2008 aktualisierte ein Journalist des Nachrichtendienstes Bloomberg Jobs' Nachruf. Dummerweise wurde der Text nicht nur für den Fall des Falles im Archiv abgelegt, sondern im Internet veröffentlicht. Obwohl der Text sofort zurückgezogen wurde, machten Gerüchte die Runde, die zu diesem Zeitpunkt bereits bekannte Krebserkrankung Jobs' habe sich verschlimmert und Bloomberg habe Geheiminformationen erhalten. Steve Jobs machte sich bei Auftritten über die Panne lustig: „Die Berichte über meinen Tod sind in hohem Maße übertrieben."

Einen deutlichen Kurseinbruch von neun Prozent innerhalb von zwölf Minuten verzeichnete die Apple-Aktie im Oktober des gleichen Jahres, als ein User auf der CNN-Internetseite von einem angeblichen Herzinfarkt Steve Jobs' schrieb. Der Kurs stabilisierte sich erst, als Apple die Meldung dementierte, schloss aber drei Prozent unter dem Vortagesniveau. Die amerikanische Börsenaufsicht ermittelte.

Als Steve Jobs am 5. Oktober 2011 tatsächlich starb, reagierten die Börsen mit verhaltenen Ausschlägen nach unten. In Amerika war die Todesbotschaft erst nach Handelsschluss veröffentlicht worden. In Frankfurt verlor der Kurs 3,31 Punkte, die aber in kurzer Zeit wieder aufgeholt werden konnten. Bereits 14 Tage nach dem Ableben des Visionärs hatte der Kurs über zehn Prozent zugelegt und sich im Sommer 2012 beinahe verdoppelt. Ein dauerhafter Sinkflug trat erst ein, als Jobs' Nachfolger keine spannenden Produkte mehr einfielen.

# Fünf Fragen an zwei junge Bestatter

„Deutschlands bekanntester Bestatter", Fritz Roth, hatte ein Interview zugesagt, starb aber an Krebs, bevor er es geben konnte. Seine Kinder Hanna (26) und David (35) beantworten unsere fünf Fragen. Sie führen das Bestattungshaus Pütz-Roth in Bergisch Gladbach, sind Trauerbegleiter und gefragte Redner.

<u>Hanna Thiele-Roth</u>

*1. Was passiert nach dem Tod?*
Die Seele trennt sich vom vergänglichen Körper. Alles Weltliche lässt man hinter sich. Ich stelle mir ein Gefühl vor, das mit absoluter Freiheit und völliger Ungebundenheit zu vergleichen ist. Zeit und Raum spielen keine Rolle mehr.

*2. Wo waren wir vor dem Leben?*
Waren wir überhaupt vor dem Leben? Ich glaube weder an ein Leben vor dem Leben noch an ein Leben nach dem Tod.

*3. Was ist die Seele?*
Alles, was uns ausmacht. Für mich ist die Seele die Persönlichkeit eines Menschen. Unsere Geschichte – also die Ereignisse, die uns geprägt haben – sind das, was wir Seele nennen. Die Seele ist einfach alles, was uns ausmacht.

*4. Was ist der Sinn des Lebens?*
Der Sinn des Lebens ist, ein möglichst erfülltes Leben zu führen. Wissen und Fähigkeiten weiterzugeben, möglichst viel

zu verändern, was in der eigenen Macht steht. Am Ende des Lebens sollte man nicht sagen müssen: „Ich habe etwas verpasst!"

*5. Was wollen Sie unbedingt tun, bevor Sie sterben?*
Ich möchte meine Kinder zu mündigen Menschen erziehen, die keine Angst vor dem Leben haben.

### David Roth

*1. Was passiert nach dem Tod?*
Mit dem Tod endet die physische Existenz. Ich kann mir vorstellen, dass das, was wir im Leben gefühlt, gedacht und getan haben, nach unserem Tod eine Rolle spielen wird. Wir werden etwas vorfinden, was unser Leben spiegelt. Ich persönlich glaube daran, dass man den Weg, den man im irdischen Leben gegangen ist, auf einer spirituellen Ebene weitergeht. Wir bleiben in der Nähe der Menschen, die wir geliebt haben, und werden wohlwollende unsichtbare Begleiter.

*2. Wo waren wir vor dem Leben?*
Wir haben als Gedanken und Wünsche existiert.

*3. Was ist die Seele?*
Die Seele ist unsere Absicht, unser Wesen, losgelöst von äußeren Einflüssen.

*4. Was ist der Sinn des Lebens?*
Der Sinn des Lebens liegt in der Fortentwicklung. Bedeutung und Wachstum in jeder Hinsicht zu schaffen, das ist für mich der Lebenssinn.

*5. Was wollen Sie unbedingt tun, bevor Sie sterben?*
Ich möchte etwas schaffen, das Bedeutung hat und überdauert. Außerdem möchte ich noch mehr über das Leben, die Menschen und die Welt erfahren.

# Kleingeld für die letzte Reise beiseitegelegt?

Nichts ist umsonst – auch der Tod kostet das Leben. Dieser alte Spruch ist nur die halbe Wahrheit. Denn eine Bestattung kostet mindestens 2000 Euro – auch wenn so genannte „Billigbestatter" im Internet mit Preisen „ab 999 Euro" werben. Hier wird meist im Beratungsprozess nachgeholfen. Zunächst wird ein günstiger Sarg angeboten, dann heißt es: „War Ihnen der Vater denn nichts wert?" Es entstehen Zusatzkosten für Abholungen von zu Hause, Abholung am Wochenende oder Feiertag. Aufgrund des Gewichts des Verstorbenen benötigt man plötzlich zusätzliche Träger. Und eine Trauerfeier und deren Ausschmückung sind in diesen Billigangeboten meist nicht enthalten. Ebenso wenig wie Bestattungswäsche – die übrigens gar nicht benötigt wird, jede Art von Kleidung ist zulässig. Wie bei allen anderen Dienstleistungen ist es mehr als legitim, vor Vertragsabschluss mehrere Angebote einzuholen und zu vergleichen. Hier die Vergleichspreise eines seriösen Münchner Bestatters (2012):

### Urkunden

| | |
|---|---|
| Leichenschau | rund 75 € |
| Sterbeurkunde (Erstausführung) | 7 € |
| Stammbucheintrag | 7 € |
| Familienbuch-Auszug | 8 € |

### Friedhofsverwaltung

| | |
|---|---|
| Benutzung Leichenhalle | 120 € |
| Aufbahrung | 74 € |
| Benutzung Trauerhalle | ab 79 € |

Erdbestattung
(Durchführung plus Graböffnen und -schließen) ............................ 1003 €
Feuerbestattung
(Verwaltungsleistung, Trauerfeier, Graböffnen und -schließen,
Beisetzung, Einäscherung mit Aschekapsel) ................................... 848 €

### Bestatter

Sarg ...................................................................... ab 300 bis 9000 €
Schmuckurne ................................................................ 80 bis 600 €
Kissen, Decken, Polster .................................................... 60 bis 200 €
Sterbebekleidung .............................................................. ab 35 €
Einsargung und Transport zum Friedhof ................................. rund 270 €
Provisorisches Grabmal ...................................................... rund 80 €
Formalitäten, Verwaltung .................................................. 30 bis 220 €
Todesanzeige (zweispaltig) ................................................. rund 300 €
25 Trauerkarten (ohne Porto) ............................................... rund 70 €
Kirchengebühren ................................................................. 50 €
evtl. Trauerredner ........................................................... rund 180 €
Musikalische Gestaltung (von CD bis Bläserquartett) ......... 0 bis über 560 €
Bewirtung Trauergesellschaft (30 Personen) ................. ab 300 bis 1000 €

### Grabbenutzungsgebühren

Erdgrab (Kosten für zehn Jahre Mindestnutzung/1. Reihe) ............... 690 €
Erdgrab (ab 2. Reihe) ......................................................... 350 €
Urnengrab (1. Reihe/ebenfalls für zehn Jahre) .............................. 490 €
Urnengrab (ab 2. Reihe) ...................................................... 250 €
Anonyme Urnenbeisetzung einmalig ........................................ 450 €

### Schmuck/Grabpflege

Kranz ..................................................................... 80 bis 250 €
Blumenschmuck Sarg ........................................................ 70 bis 200 €
Daueranpflanzung (Gründecke/zehn Jahre) ......................... ab ca. 2000 €
Daueranpflanzung mit Blumenschmuck (zehn Jahre) ............ ab ca. 3400 €

### Steinmetz

Grabstein ................................................................ 600 bis 4000 €
Inschrift pro Buchstabe ..................................................... rund 20 €
Einfassung .................................................................. rund 300 €
Aufstellung ................................................................. ab 150 €

# Als Schwarzfahrer unterwegs

Filmgeschichte schrieb der zum schwarzen Kombi umgebaute Jaguar E-Type von Harald und Maude. Nicht ganz so sportlich kommen die Modelle daher, die das deutsche Leichenwagenwesen bestimmen. Die umgebauten Daimler-Kombis verstecken ihre Fracht in geschlossenen Aufbauten oder hinter dichten Gardinen, während in südlichen Ländern große Scheiben den Blick auf Sarg und üppige Blumenbouquets freigeben. Fans der ausgemusterten Spezialkarossen nennen sich selbst „Schwarzfahrer". Sie bauen die Schlitten zu Campingfahrzeugen um und treffen sich auf jährlichen Zusammenkünften sowie im Internet. Beliebt sind bei ihnen die großzügig bemessenen Bestatterautos aus den Vereinigten Staaten, wo es sich geziemt, im barocken Cadillac zu Grabe gefahren zu werden. Auch in China reist der Tod standesgemäß: Die Autofirma Shèng ma (dt.: *Heiliges Pferd*) produziert im Rahmen ihrer QJM-5020-Baureihe, Handelsname *Angel,* prächtige Bestattungsfahrzeuge, die mit pagodenförmigen Aufbauten versehen sind. Sie werden nur von den fahrenden Tempeln übertroffen, die im Trauerfall über Japans Straßen rollen. Schlicht geht es hingegen in islamisch geprägten Ländern zu. Leichenwagen sind dort neutrale Transporter oder Kleinlastwagen, die nicht durch Ornamente und Schnörkel auffallen. Auch in Deutschland geht der Trend weg von der klaren Kennzeichnung des Bestatterautos zur zurückhaltenden Lackierung in Silbergrau. Ein Leichenwagen soll keine Aufmerksamkeit in der Wohnsiedlung erregen, mancherorts kommen die Fahrer im weißlackierten Kleinbus, dessen Zweck kein Umbau und keine Beschriftung verrät.

# Eher geht ein Kamel durch ein Nadelöhr

... als dass ein Reicher in den Himmel kommt. Auch Prominente und Superstars müssen sich an diese Regel halten. Doch nur, weil man tot ist, muss man ja nicht gleich mit dem Geldverdienen auf Erden aufhören. Das Persönlichkeits- und Urheberrecht ermöglicht es Kreativen und Berühmtheiten, auch nach ihrem Tod mit reichlichen Einnahmen aus Vermarktung ihrer Werke oder ihres Gesichts für ihre Nachkommen zu sorgen. Das Forbes-Magazin, Heimat der ultimativen Listen, liefert auch eine Aufstellung der toten Spitzenverdiener des Jahres 2012. Dank Sondererlösen konnte Elizabeth Taylor ihren alten Freund Michael Jackson erstmals vom Spitzenplatz verdrängen.

| Rang | Name | Einnahmen 2011 in US$ | Produkte |
|---|---|---|---|
| 1 | Elizabeth Taylor | 210 Mio. | Parfum „Elizabeth Taylor White Diamonds", Versteigerung ihres Schmucks und ihrer Kunstwerke |
| 2 | Michael Jackson | 145 Mio. | Musikrechte, verkauft durch Sony und die familieneigene Firma „Mijac Music" |
| 3 | Elvis Presley | 55 Mio. | Eintrittsgelder auf Graceland, Lizenzen für Cirque du Soleil |

| 4 | Charles Schulz | 37 Mio. | Peanuts-Lizenzen für Warner Home Video, ABC, Videospiele, E-Books, Facebook-App, Comics auf iTunes, Peanuts-Film der Blue Star Studios („Iceage") |
|---|---|---|---|
| 5 | Bob Marley | 17 Mio. | Musikrechte, „Marley Mellow Mood"-Getränke, Audio-Produkte von „House of Marley" |
| 6 | John Lennon | 12 Mio. | Musikrechte an den meisten Beatles-Titeln, Lizenzen für Cirque du Soleil, Mont Blanc |
| 7 | Marilyn Monroe | 10 Mio. | Lizenz-Produkte, u.a. Spas und Cafés, die derzeit im Testmarkt Kanada erprobt werden |
| 8 | Albert Einstein | 10 Mio. | Baby-Einstein-Produkte (Disney), Lizenzen für Werbekampagnen für Banken, Automobilhersteller |
| 9 | Theodor Geisel | 9 Mio. | Kinderbücher unter dem Pseudonym „Dr. Seuss", die in USA Dauerbrenner sind |
| 10 | Steve McQueen | 8 Mio. | Lizenzen für Triumph-Motorräder, Tommy-Hilfiger-Mode, Persol-Sonnenbrillen, TAGHeuer-Uhren |
| 10 | Betty Page | 8 Mio. | Modelinie, die unter dem Namen des Pin-up-Girls in eigenen Boutiquen in den USA verkauft wird |
| 11 | Richard Rogers | 6 Mio. | Musikrechte vieler bekannter Jazz-Titel, die er mit dem Texter Oscar Hammerstein II. geschrieben hat, u.a. „Blue Moon" |
| 12 | George Harrison | 5,5 Mio. | Musikrechte, vor allem für Werbeverwertungen von „Here Comes The Sun", Lizenzen für den Cirque du Soleil |

# Der Tod

## und
## die
## Gesellschaft

# Schlechte Nachrichten aus aller Welt

Dass der Tod alle Menschen gleich macht, trifft nur für die Toten zu. Unterschiede zeigt er bei den Lebenden auf: Die einen fürchten, die anderen verdrängen ihn. Manche schließen ihren Frieden mit ihm, andere verschwenden keinen Gedanken an ihn. Er taugt auch als Lackmustest des Charakters, denn bei manchen Menschen bringt der Tod gute und bei anderen schlechte Seiten ans Tageslicht. Zu den schlechtesten gehören Aberglaube, kriminelle Energie und Raffgier. Diese machen auch im Angesicht des Todes vor nichts und niemandem Halt. Drei Beispiele, zu denen einem nichts mehr einfällt.

## 1.
## Verbrechen: Toter Mann

Das Schlimmste, was Frauen in den Urwäldern Bangladeshs widerfahren kann, ist, dass der eigene Mann von einem Tiger getötet wird. Nicht allein deshalb, weil sie dann ihren Geliebten und Ernährer verlieren. Noch viel tragischer für sie ist, dass sie von nun an als „Tigerwitwen" entrechtet am Rande der Dörfer leben müssen. Denn sie ziehen das Unglück an, so der Aberglaube der Dorfbewohner. Die mächtigen Bengaltiger, sonst überall in Asien bedroht, werden in den dichten Wäldern im Südwesten des Landes immer mehr. Sie kommen immer näher an die Siedlungen heran, während die von der Armut getriebenen Männer wie frühzeitliche Jäger und Sammler in den Wald ziehen, um Honig und Holz zu sammeln. Oft nur mit einem Bambusstock bewaffnet, werden sie leichte Beute für die Großkatzen. Mittlerweile haben sich die über 1000 jungen Frauen, die aus der Gemeinschaft ausgestoßen wurden, nachdem ihre Männer im Wald vom Tiger getötet worden sind, in der „Vereinigung der Tigerwitwen" zusammengeschlossen.

## 2.
## Kursbedingter Grabraub

Auf Deutschlands Friedhöfen wird geklaut, was das Zeug hält. Wie in alten Zeiten sind es Grabbeigaben, die pietätlose Diebe zu ihren Beutezügen anstacheln. Allerdings geht es nicht mehr um Schmuck und Geschmeide, die eingemauert in Grüften und Grabkammern oder tief in den Särgen liegen. Der Grabräuber von heute räumt überirdisch ab. Die steigenden Metallpreise auf den Rohstoffmärkten der Welt machen vor allem das Halbedelmetall Kupfer, das auch in Bronze und Messing legiert ist, ähnlich attraktiv wie in früheren Zeiten Gold und Silber. Altmetallhändler bezahlen mehrere tausend Euro pro Tonne. Bei einem Gewicht von zehn Kilogramm pro Grabschale ist das Durchschnittsgehalt eines Arbeiters in einer Vollmondnacht schnell zusammengesammelt. Auch für Eisen-, Stahl- und Aluminiumschrott werden Höchstpreise bezahlt. Und solcher „Schrott" steht in Form von Grablaternen, Kreuzen und gusseisernen Engeln zu Megatonnen auf unseren Friedhöfen herum. Auch prominente Tote werden keineswegs verschont: Vor dem Tod und den Dieben sind alle gleich. Auf dem VIP-Friedhof in Stahnsdorf bei Berlin wurde das gesamte Kupferdach vom Mausoleum des Verlegers Gustav Langenscheidt gestohlen. Gut aufpassen sollte die Friedhofsverwaltung des sauerländischen Städtchens Warstein: Das Grabmal ihres bekanntesten Bürgers, des 2013 verstorbenen Brauers Albert Cramer, ist ein 3,70 Meter breiter und zwei Meter hoher Original-Sudkessel aus einer Brauerei. Das tonnenschwere Erinnerungsstück aus reinem Kupfer dürfte auf dem Schwarzmarkt für Halbedelmetall einen fünfstelligen Betrag erbringen.

# 3.
## Steinbruch statt Schule

Es ist schon längst nicht mehr so, dass die Grabsteine, die auf unseren Friedhöfen stehen, Einzelanfertigungen aus der Künstlerhand des örtlichen Steinmetzes sind. Wie die meisten Märkte ist auch dieser globalisiert. Materialgewinnung und Veredelung wird dort vorgenommen, wo sie am billigsten sind. Der Granit stammt aus chinesischen Steinbrüchen, die keine EU-Arbeitsschutzverordnungen kennen. Die Weiterbearbeitung findet meist einen Subkontinent weiter in Indien statt, wo die China-Blöcke noch billiger behauen und geschmirgelt werden können. Der eigentliche Skandal: Schätzungen zufolge stammt die Hälfte der in Deutschland verwendeten Grabsteine aus Kinderhand. Besonders Billigimporte aus Indien werden in Kinderarbeit hergestellt, weshalb die Gewerkschaft IG Bau die Verwendung der Steine verbieten lassen will. Vereinzelt schließen sich die Kommunen dem Boykott an, wie beispielsweise die badische Stadt Kehl, die ein Verbot von Kinderarbeit für alle von ihr eingekauften Produkte erlassen hat. Entsprechend wurde im Jahr 2012 die Friedhofsordnung um einen Anti-Kinderarbeits-Paragraphen erweitert, wogegen prompt die örtlichen Steinmetze vor dem Verwaltungsgericht klagten. Nicht, weil sie Kinderarbeit gut finden. Vielmehr fürchteten sie die Konkurrenz aus dem Internet, wo die Billigsteine aus Indien nach wie vor gehandelt werden. Offenbar handeln sie lieber selbst mit den Steinen, bevor es ein anderer tut. Mittlerweile haben jedoch die Verwaltungsgerichte in den meisten Bundesländern bestätigt, dass Kommunen solche Verbote erlassen dürfen. Verantwortungsbewusste Steinmetze haben das Gütesiegel mit dem schön gallisch klingenden Namen *Xertifix* gegründet, das nur solchen Importsteinen verliehen wird, an die nachweislich keine Kinder unter 15 Jahren Hand angelegt haben.

# Tödliches Wetter

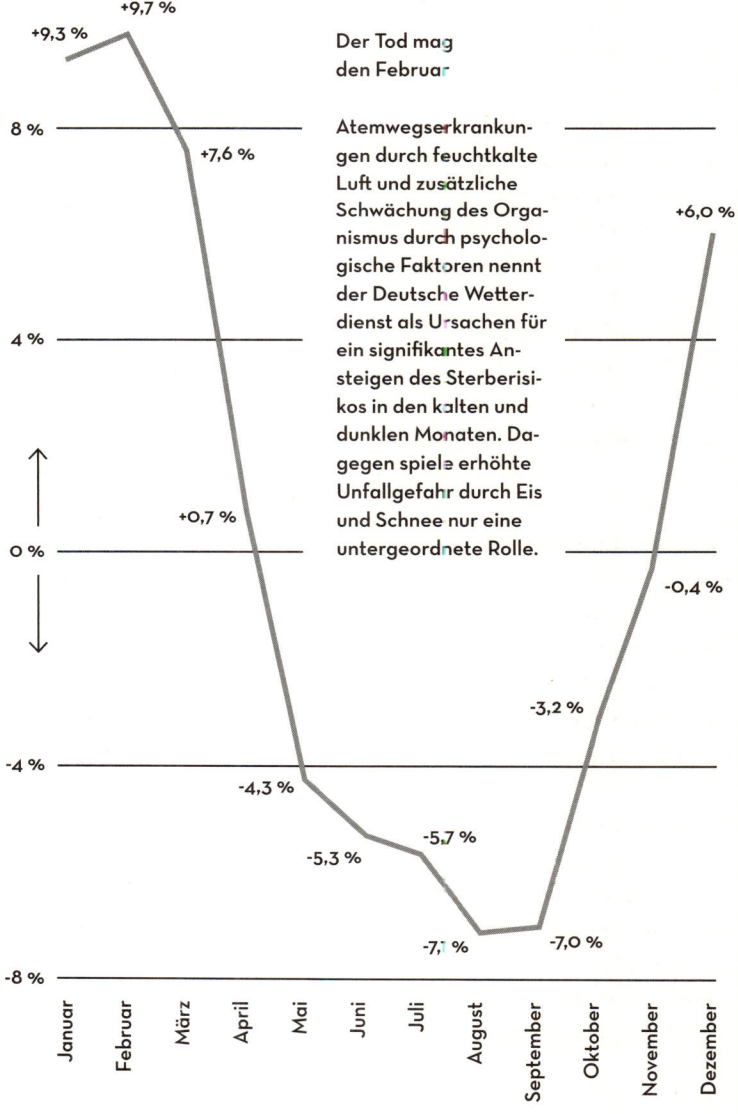

**Der Tod mag den Februar**

Atemwegserkrankungen durch feuchtkalte Luft und zusätzliche Schwächung des Organismus durch psychologische Faktoren nennt der Deutsche Wetterdienst als Ursachen für ein signifikantes Ansteigen des Sterberisikos in den kalten und dunklen Monaten. Dagegen spiele erhöhte Unfallgefahr durch Eis und Schnee nur eine untergeordnete Rolle.

+9,7 %
+9,3 %
8 %
+7,6 %
+6,0 %
4 %
+0,7 %
0 %
-0,4 %
-3,2 %
-4 %
-4,3 %
-5,7 %
-5,3 %
-7,1 %
-7,0 %
-8 %

Januar · Februar · März · April · Mai · Juni · Juli · August · September · Oktober · November · Dezember

# Nützliche Dinge für das Jenseits

Zum Qingming-Fest, dem chinesischen Totengedenktag, besuchen Angehörige ihre Verstorbenen am Grab und bringen nützliche Dinge mit, die die Toten im Jenseits gebrauchen können. Ursprünglich wurde Totengeld durch Verbrennen in die andere Welt transferiert. Mittlerweile hat sich daraus ein neuer Geschäftszweig für bastelnde Heimarbeiterinnen entwickelt. Sie stellen aus Papier Gegenstände von Tanzschuhen bis zum Schnellkochtopf her, die fliegende Händler vor den Friedhöfen feilbieten. Touristen haben diese Artefakte als Souvenirs entdeckt.

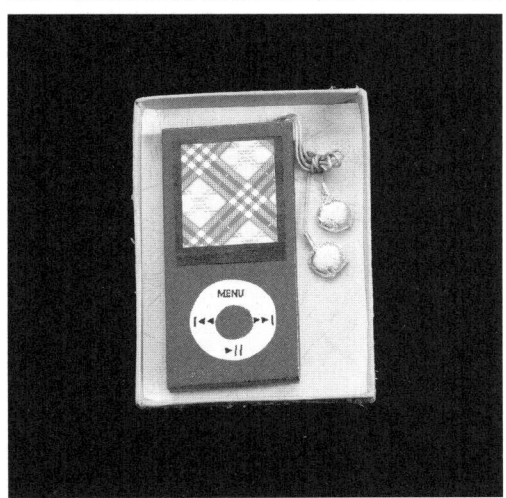

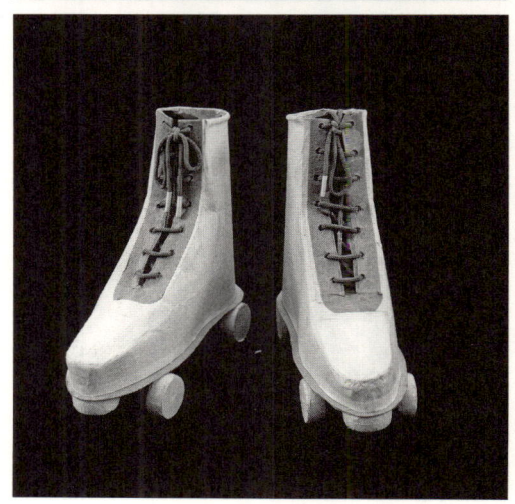

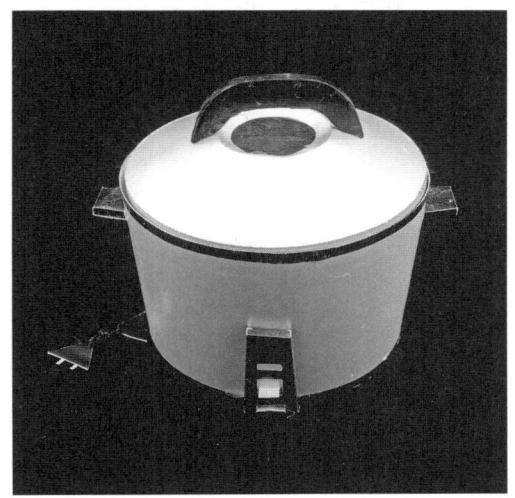

# Club 27: Totenschein als Mitgliedsausweis

Ikonen aus Musik und Schauspiel, die etwas auf sich halten, sterben angeblich bevorzugt mit 27 Jahren. Die im Internet zu findenden Listen der 27-jährig Verstorbenen sind lang. Doch es gibt keinen Beleg dafür, dass nicht vergleichbar viele Stars mit 26 oder 28 Jahren an ihrem rastlosen, von Alkohol, Drogen, schnellen Autos und schlecht gewarteten Fluggeräten geprägten Leben zugrunde gehen. Der „Club 27" ist eine reine Erfindung von Musikjournalisten. Erweiterte Mitgliedschaften sind möglich; manche Superstars leben noch schneller – und andere sind mit 40 Jahren im Herzen noch 27.

| Name | Beruf | Todesursache | Alter |
|---|---|---|---|
| Buddy Holly | Sänger und Songwriter | Flugzeugabsturz | 22 |
| Sid Vicious | Sänger und Bassist (Sex Pistols) | Überdosis Heroin (Umstände ungeklärt, wahrscheinlich Suizid) | 22 |
| River Phoenix | Schauspieler und Sänger | Überdosis Heroin und Kokain | 23 |
| James Dean | Schauspieler | Porsche 550 Spyder | 24 |

| | | | |
|---|---|---|---|
| Amy Winehouse | Sängerin | Alkoholvergiftung | **27** |
| Brian Jones | Gitarrist (Rolling Stones) | Ungeklärt, offiziell: Ertrinken | **27** |
| Heath Ledger | Schauspieler | Medikamentencocktail | **27** |
| Janis Joplin | Sängerin | Überdosis Heroin | **27** |
| Jim Morrison | Sänger, Songwriter und Lyriker (The Doors) | Ungeklärt, offiziell: Herzstillstand | **27** |
| Jimi Hendrix | Gitarrist und Sänger | Ersticken an Erbrochenem | **27** |
| Kurt Cobain | Sänger und Gitarrist (Nirvana) | Suizid durch Überdosis Heroin und Kopfschuss | **27** |
| Ronnie Van Zant | Sänger und Texter (Lynyrd Skynyrd) | Flugzeugabsturz | **29** |
| Bon Scott | Sänger (AC/DC) | Offiziell: Ersticken an Erbrochenem, tatsächlich eher Unterkühlung | **33** |
| Stevie Ray Vaughan | Gitarrist und Sänger | Hubschrauberabsturz | **35** |
| Wolfgang Amadeus Mozart | Komponist | Ungeklärt, offiziell: hitziges Frieselfieber | **35** |
| Marilyn Monroe | Schauspielerin und Sängerin | Barbituratvergiftung (angeblich Suizid) | **36** |
| Michael Hutchence | Sänger (INXS) | Erhängen (angeblich Sex-Unfall) | **37** |
| Falco | Sänger, Texter, Komponist | Autounfall nach Alkohol- und Drogenkonsum | **40** |

## Das schnellste Skelett des Sports

Im 19. Jahrhundert waren die tollkühnen Männer, die sich mit dem Kopf voran die „Cresta Run" genannte Natureisbahn in Celerina bei St. Moritz auf einem Schlitten hinabstürzten, die schnellsten Menschen des Planeten. Kein Verkehrsmittel erreichte bis spät in die 1890er Jahre die 140 Stundenkilometer, die die bäuchlings zu Tal schießenden Männer – und bis 1929 auch Frauen – für sich verzeichnen durften. Noch heute, und nur dort, werden die Rennen auf den eisernen Cresta-Schlitten veranstaltet. Der „St. Moritz Tobogganing Club" führt Playboys und Magnaten wie Gunther Sachs und Gianni Agnelli in seinen historischen Büchern. Neulingen wird vor dem ersten Versuch der „Death Talk" gehalten (die Clubsprache ist Englisch). Dabei präsentiert der Club Stewart eine Collage aus Röntgenbildern sämtlicher auf der Bahn jemals gebrochener Knochen. Die Aufnahmen ergeben ein vollständiges menschliches Skelett. Dennoch gab es in der Geschichte des Sports lediglich vier Tote.

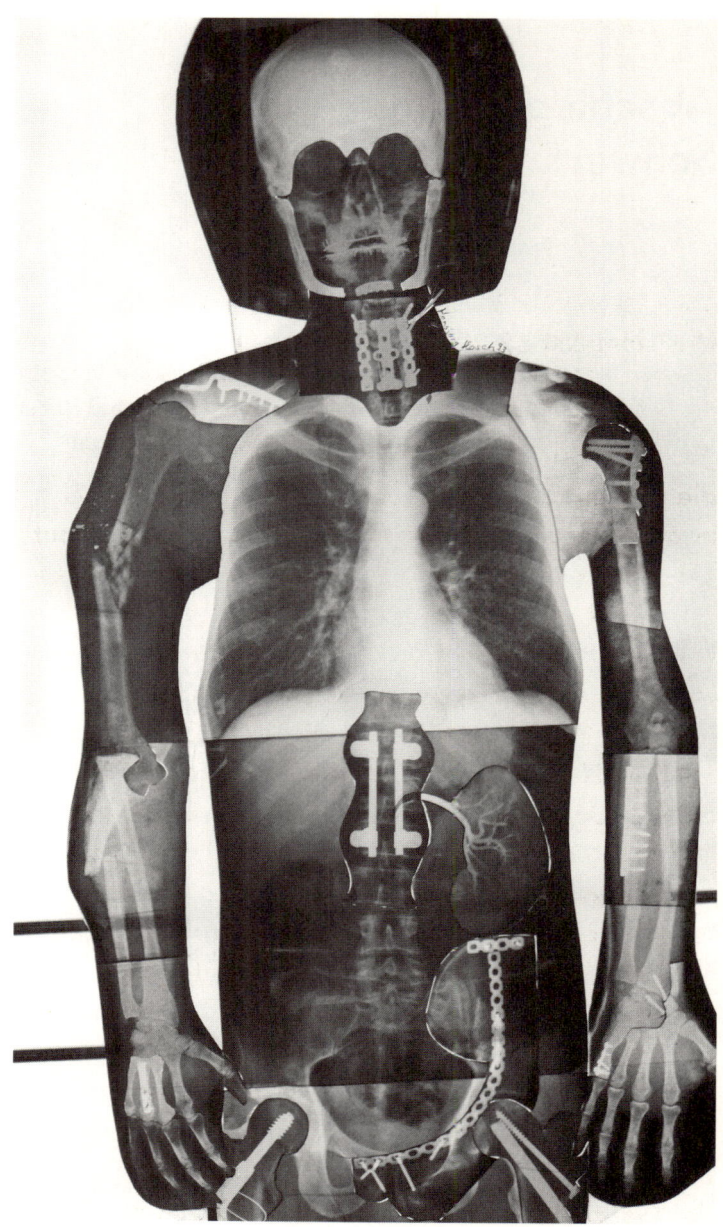

# Abschied ist ein scharfes Schwert, Maria!

Wer sicher gehen will, dass seine Lieblingstitel auf der eigenen Beerdigung gespielt werden, sollte seine finale Playlist als Teil der Bestattungsverfügung festschreiben. Ansonsten greift der Bestattergehilfe zur Standard-CD mit *Ave Maria* und Roger Whittakers *Abschied ist ein scharfes Schwert*. Der deutsche TV-Entertainer Dirk Bach (*1962; †2012) wurde nach seinem plötzlichen Herztod im Beisein von viel Prominenz „in aller Schrille beigesetzt" (BILD). Diese Stücke wurden gespielt:

| | | |
|---|---|---|
| Unfinished Business<br>Boy George | The Dope Show<br>Marilyn Manson | Perfect Day '97<br>Various |
| I'll Adore<br>Boy George | Heaven Can Wait<br>Meat Loaf | Into the Fire<br>W.A.S.P. |
| Cheapness and<br>Beauty<br>Boy George | Counting Up to<br>Twenty<br>Michael Crawford | Heaven's Hung in<br>Black (Reprise)<br>W.A.S.P. |
| Peace Train<br>Dolly Parton | Only Time Will Tell<br>Mike Oldfield | Hallowed Ground<br>W.A.S.P. |
| Für immer<br>Doro | Hello Again<br>Neil Diamond | Hold On to My Heart<br>W.A.S.P. |
| Halt mich<br>Herbert Grönemeyer | Crash! Boom! Bang!<br>Roxette | The Idol (Live Acoustic)<br>W.A.S.P. |
| Crazy Crazy Nights<br>KISS Tribute | We All Die Young<br>Steel Dragon | Kleiner Vogel<br>Dirk Bach |

Wenn bei einer Trauerfeier Tränenweltrekorde aufgestellt werden sollen, empfiehlt sich der Rückgriff auf erprobte Charts. Das Portal *bestattungen.de* ermittelt jährlich die Top Ten der Beerdigungslieder per Umfrage unter Bestattern. Ewige Gültigkeit hat die Liste mit den Songs, die einen garantiert ganz nach unten ziehen, aus dem Buch *I Hate Myself and Want to Die. Die 52 deprimierendsten Songs aller Zeiten* von Tom Reynolds.

| Top 10 Beerdigungslieder 2012 | | Die 10 deprimierendsten Songs |
| --- | --- | --- |
| 1. I Will Always Love You ▲<br>Whitney Houston | | 1. The Christmas Shoes<br>NewSong |
| 2. Time to Say Goodbye ▼<br>Sarah Brightman | | 2. The Shortest Story<br>Harry Chapin |
| 3. Geboren um zu leben ▼<br>Unheilig | | 3. Honey<br>Bobby Goldsboro |
| 4. Ave Maria ●<br>Franz Schubert | | 4. Total Eclipse of<br>the Heart<br>Bonnie Tyler |
| 5. My Way ▲<br>Frank Sinatra | | 5. Seasons in the Sun<br>Terry Jacks |
| 6. The Rose ▲<br>Bette Midler | | 6. D.O.A.<br>Bloodrock |
| 7. Tears in Heaven ●<br>Eric Clapton | | 7. Strange Fruit<br>Billie Holiday |
| 8. Abschied ist ein ▼<br>scharfes Schwert<br>Roger Whittaker | | 8. Hurt<br>Nine Inch Nails |
| 9. So wie du warst –<br>Unheilig | | 9. Sister Morphine<br>Marianne Faithfull |
| 10. Tage wie diese –<br>Die Toten Hosen | | 10. People Who Died<br>The Jim Carroll Band |

# Fast wie im richtigen Leben

Europäische Friedhofsreformer haben zu Beginn des 20. Jahrhunderts bildliche Darstellungen auf Gräbern verboten. Emailletäfelchen mit dem Portrait des Toten wurden zu Kitsch erklärt. Was würden sie zu den Grabmalen sagen, die heute in Russland in Mode sind? Dort zeigt man nicht nur im Leben, was man erreicht hat. Auf den Friedhöfen lassen sich Geschäftsleute, Taxifahrer und Möchtegern-Starlets lebensnah abbilden. Den Trend begründeten Mafiosi, die Bilder von sich mit Laser in die traditionell schwarz polierten Granitplatten gravieren ließen.

РАДУКАН
ВАСИЛИЙ ЛУКЬЯНОВИЧ

# Sterben, wo andere Urlaub machen

Wenn man schon sterben muss, muss es dann unbedingt im November in Bielefeld sein? Warum soll man seine letzte Reise nicht mit Zwischenstopp in einem Ferienparadies antreten? Immer mehr Destinationen und Spezialanbieter entdecken die Generation 70 plus als Zielgruppe ihrer Produkte. An diesem schnell wachsenden Markt hat die häusliche Pflege bereits einen großen Anteil, doch auch Immobilienentwickler und Reiseanbieter wachsen mit der sich nach oben ausbreitenden Bevölkerungspyramide. Als Betroffener überlege man sich genau, wo man seine letzten Jahre verbringen möchte. Denn die spanische Sonne scheint zwar bei Tag und Nacht, aber sie alleine hilft nicht über die Einsamkeit hinweg. Auch das Budget sollte mit ausreichender Reserve geplant sein. Schließlich hat das süße Nichtstun schon manches Leben unerwartet verlängert.

## 1.
## Reif auf die Insel

Viele Deutsche verbringen ihren Lebensabend dort, wo sie am liebsten Urlaub machen: auf Mallorca. Im so genannten 17. Bundesland gibt es eine ordentliche Gesundheitsversorgung, und es gibt nicht nur Ballermann, sondern auch ein gepflegtes Netz an Wanderwegen, und der eng getaktete Flugplan ermöglicht auch den regelmäßigen Besuch der Lieben aus der kalten Heimat. Vor allem aber scheint es auf der Baleareninsel eine deutschsprachige Gemeinschaft zu geben, in der man sich auch mit mangelhaften Spanischkenntnissen wie zu Hause fühlen kann. Doch offentsichtlich vereinsamen sonnenhungrige Teutonen auf ihrer Insel noch stärker als in der nasskalten Heimat. Jeder fünfte Deutsche, der auf Mallorca stirbt, wird von niemandem vermisst – nicht in Spanien, nicht in Deutschland. Wenn die spanischen Behörden über das deutsche Konsulat keine Angehörigen ausfindig machen können, werden die Auswanderer eingeäschert und in einem anonymen Massengrab bestattet. Die Kosten tragen die mallorquinischen Kommunen.

## 2.
## Paradiesische Zustände

30 Betreuer auf zehn Patienten – der Pflegeschlüssel hört sich für Bewohner hiesiger Heime paradiesisch an. Und das Heim von Martin Woodtli liegt auch mitten im Paradies: In Thailand, wohin der Berner 2003 gemeinsam mit seiner an Alzheimer erkrankten Mutter ging, um ihr eine menschenwürdige Unterbringung und Betreuung zu erschwinglichen Kosten zu ermöglichen. Aus dem besonderen Fall der Fürsorge wurde das Projekt *Baan Kamlangchay* (dt.: Haus der Begleitung des Herzens), nachdem Frau Woodtli gestorben war. Die sechs Häuser im Dorf Faham, in denen die mittlerweile zehn aus der Schweiz stammenden Alzheimer- und Demenz-Patienten leben, sind Martin Woodtli genug. Obwohl ihm Geschäftsleute immer wieder anbieten, ein ganzes Ressort mithilfe seiner Kompetenz zu einem Altersruhesitz für pflegebedürftige europäische Senioren zu machen, will er nicht weiter wachsen. Dabei haben Einrichtungen dieser Art Konjunktur. Denn die Thais betrachten den Verfall der geistigen und körperlichen Kräfte im Alter als einen normalen Prozess. Die tropischen Pflegeheime bieten dem einheimischen Personal, das sich rund um die Uhr individuell um jeden Kranken kümmert, ein sicheres Einkommen. In schweren Fällen schlafen die Pflegerinnen neben den Patienten im Zimmer und passen auf sie auf. Eine „Fixierung" (gemeint ist: Fesselung), die in unseren Heimen Standard ist, ist nicht nötig.

# 3.
## Trau keinem unter 55

Das von den Bewohnern ironisch „Sun City Taxi" getaufte Automobil fährt ein paar Mal täglich an den Häusern vorbei. Es handelt sich entweder um eine Ambulanz oder einen Leichenwagen, der einen Nachbarn abholt. Denn wer in Sun City im US-Bundesstaat Arizona wohnt, ist mindestens 55 Jahre alt – jüngere Menschen dürfen hier erst gar kein Haus kaufen – und im Durchschnitt in seinen Siebzigern. Bereits im Jahr 1960 gründete der weitblickende Geschäftsmann Del E. Webb auf einem Stück Wüste in der Nähe der Metropole Phoenix die kreisrunde Seniorenstadt am Reißbrett. Die Häuser verkauften sich von Beginn an wie geschnitten Brot. Webb baute vor über 50 Jahren schon barrierefrei, was einer Revolution im Immobiliengeschäft gleichkam: Niedrig angebrachte Lichtschalter für Rollstuhlfahrer und Duschen statt Badewannen machen den mittlerweile knapp 40 000 Hauseigentümern das Leben leichter. Das Angebot ist ganz auf Erholung von einem anstrengenden amerikanischen Mittelklasseleben ausgerichtet: Der Tagesablauf besteht im Wesentlichen aus Golf, Tennis und Bingo. Kinder sind ebenso wenig erlaubt wie Autos. Zu den Aktivitäten bewegen sich die Einwohner mit elektrogetriebenen Golfwagen. Sun City ist die elektromobilste Stadt der Welt – mit Ausnahme von Ambulanz und Leichenwagen, wo man auf die üblichen Benziner setzt, fährt hier alles mit Strom. Die demographische Entwicklung und die amerikanische Gesetzgebung, die Investitionen in Wohnungsanlagen für Senioren fördert, haben bewirkt, dass es mittlerweile in über zehn Bundesstaaten Sun Cities gibt, die meisten freilich im sonnenverwöhnten Südwesten der USA und betrieben von der Webb Corporation. In Deutschland planen Städte wie Görlitz aus dem Trend zur Vergreisung ein nachhaltiges Zukunftsprogramm zu entwickeln.

# Wer Sorgen hat, hat auch Likör

In Deutschland sterben jährlich 74 000 Menschen an Alkohol. Die Deutsche Hauptstelle für Suchtfragen bezeichnet Alkoholismus als „Deutschlands größtes Problem" und beziffert den volkswirtschaftlichen Schaden auf 26,7 Milliarden Euro pro Jahr. Ein Zusammenhang zwischen Prosperität und Suchtverhalten scheint im Vergleich der Bundesländer augenfällig.

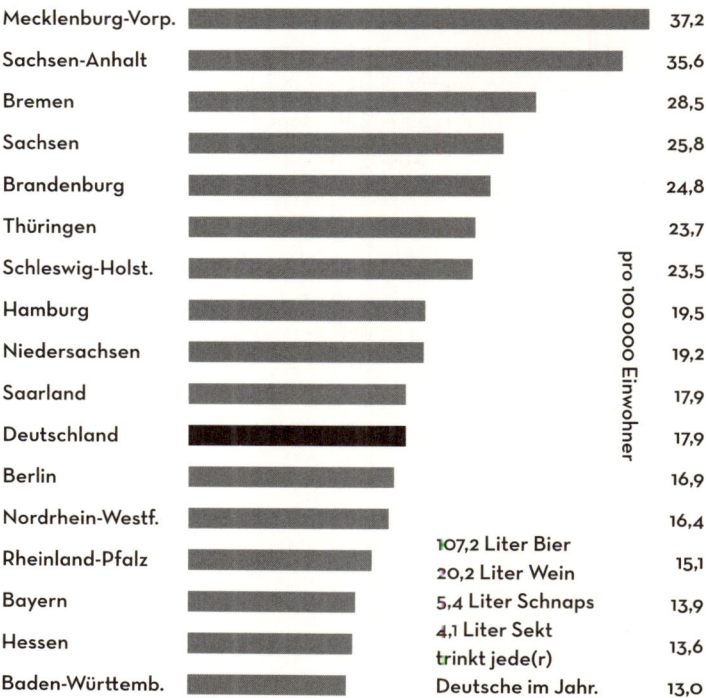

| | pro 100 000 Einwohner |
|---|---|
| Mecklenburg-Vorp. | 37,2 |
| Sachsen-Anhalt | 35,6 |
| Bremen | 28,5 |
| Sachsen | 25,8 |
| Brandenburg | 24,8 |
| Thüringen | 23,7 |
| Schleswig-Holst. | 23,5 |
| Hamburg | 19,5 |
| Niedersachsen | 19,2 |
| Saarland | 17,9 |
| Deutschland | 17,9 |
| Berlin | 16,9 |
| Nordrhein-Westf. | 16,4 |
| Rheinland-Pfalz | 15,1 |
| Bayern | 13,9 |
| Hessen | 13,6 |
| Baden-Württemb. | 13,0 |

107,2 Liter Bier
20,2 Liter Wein
5,4 Liter Schnaps
4,1 Liter Sekt
trinkt jede(r)
Deutsche im Jahr.

# Flott ins Jenseits unterwegs

Wäre Mobilität eine bewaffnete Auseinandersetzung, sie würde die Liste der schrecklichsten Kriege aller Zeiten anführen. Und wäre sie eine Droge, würde sie der Gesetzgeber mit allen Mitteln bekämpfen. Bei keiner Tätigkeit kommen Menschen so oft um, als wenn sie sich von A nach B bewegen. Dabei ist erst ein Siebtel der Erdbevölkerung motorisiert. Mindestens eine Million Menschen lassen jährlich im Verkehr ihr Leben. Genaue Zahlen gibt es nicht, da in armen Ländern oft keine Statistik geführt wird. 100 000 Tote gehen auf das Konto der Verkehrsmittel, die uns durch die Luft, auf dem Wasser und über Schienen transportieren. Die überwiegende Mehrheit, 900 000 Menschen, sterben im Straßenverkehr, wobei etwa die Hälfte als Insasse eines Automobils und die andere Hälfte als Motorrad-, Moped-, Fahrradfahrer oder Fußgänger das Leben lässt. 40 Millionen Verletzte, so die Schätzungen der Weltgesundheitsorganisation WHO, verschlimmern die Bilanz des ständigen Unterwegsseins, das der Mensch in den vergangenen 100 Jahren zum Lebensinhalt gemacht hat.

## 1.
## Gegen das Massensterben

In den Industrieländern sinken die Todeszahlen seit den 1980er Jahren und rangieren mittlerweile unter den Raten von illegalen Drogen und Suizid: 2012 gab es in Deutschland 3606 Verkehrstote, in Österreich 522, in der Schweiz 312. Zum Vergleich die Zahlen von 1970: Deutschland 19 193, Österreich 2507,

Schweiz 1694 Tote. Dazu haben vor allem immer sicherere Fahrzeuge beigetragen. Drei-Punkt-Gurt, Knautschzone, Airbag und viele andere bauliche Veränderungen haben viele tausend Leben gerettet. Auch das Verhalten der Autofahrer hat sich in den letzten Jahrzehnten unter dem Druck des Gesetzgebers und der Versicherungen deutlich verändert. Mit dem Blutalkoholgehalt von 0,8 Promille, der in Deutschland lange Zeit als Obergrenze des Legalen galt, trauen sich heute nur noch hartgesottene Säufer ans Steuer eines Fahrzeugs. Vision Zero heißt das Konzept, das von Verkehrsclubs, Parteien und der EU seit Jahrzehnten verfolgt wird. Unterschiedliche Maßnahmen, die den Menschen, das Fahrzeug, die Straße und die Gesetzgebung betreffen, sollen erreichen, dass niemand mehr auf den Straßen stirbt oder verletzt wird. Schweden will bis 2015 alle seine Straßen nach den Prinzipien dieses Konzepts ausgebaut haben. Dazu gehören baulich getrennte Fahrbahnen bei Gegenverkehr, Kreisverkehre statt Kreuzungen, verengte Bushaltestellen und strenge Geschwindigkeitsbeschränkungen.

## 2.
## Doppeltes Opfer

Jährlich beenden rund 1000 Menschen in Deutschland ihr Leben freiwillig auf Bahngleisen. Durchschnittlich drei am Tag. Und durchschnittlich drei pro Berufslaufbahn eines Lokführers. Er hat keine Chance zu bremsen. Bei Tempo 250 hat ein ICE einen Bremsweg von anderthalb Kilometern. Dennoch fühlen sich viele von ihnen schuld am Tod eines Menschen, der sich vor ihren Zug geworfen hat. Der Suizid auf Gleisen hat also immer zwei Opfer. Die Deutsche Bahn betreibt in Bad Malente ein eigenes Sanatorium, in dem die posttraumatischen Belastungsstörungen derjenigen ihrer fahrenden Angestellten behandelt werden, die mit dem Erlebten nicht zurechtkommen. Viele von ihnen können dennoch nicht in ihren Beruf zurückkehren und müssen sich vorzeitig pensionieren lassen.

# 3.
## Lebensgefährliche Straßenflüsterer

Elektromobilität gilt als ein Ausweg aus der Abhängigkeit vom Erdöl. Die Technik, die dereinst mithelfen soll, den Blauen Planeten zu retten, kann jedoch für Verkehrsteilnehmer lebensgefährlich werden, wie Erfahrungen aus dem vergangenen Jahrhundert zeigen. Aus dem vergangenen Jahrhundert? Richtig gelesen: Elektroautos sind älter, als uns die Industrie weismachen will. Lange vor Carl Benz ließen Tüftler ihre Kutschen von Elektromotoren antreiben, und Anfang der 1920er Jahre gab es in New York mehr batteriegetriebene Fahrzeuge als Benziner. Hersteller wie Walker Electric, Detroit Electric oder auch Ford verbauten in ihre Fahrzeuge gut funktionierende Elektromotoren, die aus Blei- oder Nickel-Eisen-Akkus gespeist wurden. Für ihre Umwelt hatten die Mobile einen entscheidenden Nachteil: Fußgänger wurden beim Überqueren der Straße nicht vom gewohnten Hufgetrappel der Kutschpferde oder dem ebenfalls ab der Jahrhundertwende aufkommenden Motorknattern der Spritschlucker vor dem heransausenden Fahrzeug gewarnt. In der Tat wurde der erste Motorverkehrstote in den Vereinigten Staaten von einem Elektromobil überfahren. Der Mann mit dem Namen Henry Bliss wurde am 13. September 1899 in New York von einem Elektromobil erfasst und starb einen Tag später. Tödliche Unfälle häuften sich mit der Verbreitung der Batterieautos, und der Volksmund taufte die leisen und für die Zeit mit 40 Stundenkilometern unerwartet schnellen Stromer in der Folge Silent Death, den stillen Tod. Automobildesigner und -ingenieure der großen Hersteller denken zurzeit angestrengt darüber nach, mit welchen akustischen Signalgebern sie ihre Fahrzeuge in einer womöglich gerade anbrechenden elektromobilen Zukunft ausstatten könnten, um sie vor dem Aufleben dieses zweifelhaften und verkaufshemmenden Rufs zu bewahren.

# Unverzicht- bares Symbol für harte Jungs und die, die es werden wollen: der Skullring.

**Bela B.**

Mäuseohren: Der Frontmann von Die Ärzte, der nach Selbstauskunft „besten Band der Welt", veralbert das Rocker-Attribut.

**Keith Richards**

Urmodell: Der Ring des Rolling-Stone-Gitarristen wurde 1978 von den Londoner Juwelieren Courts and Hackett entworfen.

**Lemmy Kilmister**

Kriegsschwein: Der „Warpig"-Ring des Motörhead-Chefs ist neben dem Original-Motörhead-Shiraz der Topseller im Motörhead-Shop.

**Arnold Schwarzenegger**

Gralssuche: Der Terminator ersetzte während seiner Scheidung seinen Ehering durch ein weniger dezentes Modell aus Silber.

**Heino**

Sonnenbrille: Hannelore Kramm schenkte ihrem Mann zum Erscheinen seines Albums „Mit freundlichen Grüßen" einen Finger-Skull.

# Der König ist tot, es lebe der König

„Zu Dionys, dem Tyrannen, schlich // Damon, den Dolch im Gewande" – nicht nur Gewaltherrscher und Usurpatoren wie Dionysos in Friedrich Schillers *Bürgschaft* schweben in ständiger Lebensgefahr. Auch Fürsten, die nach unseren heutigen Maßstäben als gut anzusehen sind, sterben unter den Waffen ihrer – dementsprechend böse erscheinenden – Widersacher. Um drei der wohl berühmtesten Fälle des Königsmords ranken sich wilde Mythen und Verschwörungstheorien.

## Tutanchamun

Der ägyptische Pharao der 18. Dynastie regierte um 1330 v. Chr. Die Ägyptologen sind sich einig, dass er den Thron sehr jung, im Alter von neun Jahren, bestiegen hat – und auch sehr jung, zwischen 18 und 20 Jahren, starb. Damit hören die Gemeinsamkeiten der Forscher auch auf. Was brachte den jungen Mann ins Grab? Schlag auf den Hinterkopf, Krankheit, Mückenstich oder Unfall? Zunächst wollte der amerikanische Mumien-Spezialist Bob Brier Schädelverletzungen auf Röntgenbildern entdeckt haben. 2005 stellte sich bei Untersuchungen mit dem Computertomographen heraus, dass Brier ein Knochenstück gesehen hatte, das sich nach dem Tode des Pharaos abgelöst hatte, wahrscheinlich durch unsachgemäße Behandlung der Mumie. Jedoch fand man beim CT einige seit der Ausgrabung 1922 unentdeckte Knochenbrüche an den Beinen, die auf einen Jagdunfall hinweisen könnten. Darüber hinaus existieren Theorien über diverse Krankheiten, an denen der junge Herrscher gestorben sein könnte: Wirbelsäulendeformationen und andere Knochenkrankheiten könnten demnach dem jungen Leben ein Ende bereitet haben. Die Verfechter dieser Thesen stützen sich auch darauf, dass Tutanchamun auf Bildern oft im Sitzen und mit Gehstöcken abgebildet ist. CT-Untersuchungen aus dem Jahr 2010 weisen in diese Richtung. Ein ägyptischer Ägyptologe will in Genuntersuchungen Malariaparasiten nachgewiesen haben, er tippt auf Infektion durch Mückenstich. Heftig widersprechen zwei deutsche Forscher, deren Ergebnisse eine Erbkrankheit des Blutes, die Sichelzellenanämie, nahelegen.

Die Mordthese ist heute weitgehend vom Tisch, im Sinne der Tourismusförderung wird sie jedoch gerne und immer wieder hervorgeholt. Dazu passt die Legende vom „Fluch der Pharaonen", nach der einige der Entdecker der Mumie innerhalb von wenigen Jahren nach der Öffnung der Grabkammer auf rätselhafte Weise gestorben seien. Auch dieser Mythos ist widerlegt. Die Entdecker starben an Schimmelpilzinfektionen oder Malaria. Manche waren bereits krank, als sie sich dem Team anschlossen. Fünf Forscher begingen Suizid, nachdem sie von den unheimlichen Toden ihrer Kollegen gelesen hatten.

## Ludwig II. von Bayern

Eines ist sicher: Der weltberühmte Märchenkönig aus dem Geschlecht der Wittelsbacher starb am 13. Juni 1886 im Würmsee (heute: Starnberger See) in der Nähe des Schlosses Berg und mit ihm sein Psychiater Dr. Bernhard Ritter von Gudden. Doch was genau sich in der oberbayerischen Frühsommernacht zugetragen hat, darüber gibt es unterschiedliche Theorien. Der Münchner Schriftsteller Alfons Schweiggert hat in Literatur und Volksmeinung 18 angebliche Todesarten Ludwigs ausgemacht. Sie reichen von Suizid über Unfall zu Mord (beauftragt von der bayerischen, alternativ der preußischen Regierung) und Totschlag durch einen Schuss, der sich zufällig aus der Waffe eines Gendarmen gelöst hat. Auch gänzlich unwahr-

scheinliche Ideen wie die Vertuschung eines Genickbruchs nach
Sturz des Königs von einem Felsen, den es an der Stelle nicht
gibt, eine Entführung auf den Balkan oder gelungene Flucht mit
Bestattung einer Wachspuppe an Stelle des toten Monarchen
geistern durch Ludwigs Fanszene.

Die unselige Vorgeschichte mit Entmündigung und
Festsetzung des Königs, die seinerzeitigen schlampigen Ermittlungen der Behörden und die bis heute andauernde Schweig-
samkeit des Hauses Wittelsbach, das Akten nicht herausgibt
und eine Obduktion des einbalsamierten Leichnams verwei-
gert, tragen dazu bei, dass diese Theorien blühen und gedeihen.
Wie im Falle seines ägyptischen Kollegen Tutanchamun verhilft
Ludwig II. auch nach seinem Tod der örtlichen Tourismus- und
Souvenierartikelindustrie zu erklecklichen Einkünften. Ludwig
sorgte dafür nicht nur mit den Mythen um seinen Tod, sondern
auch mit der Erbauung von prachtvollen Schlössern in den
bayerischen Alpen. Nicht weniger als 2,5 Millionen Menschen
besuchten im Jahr 2011, seinem 125. Todesjahr, Ludwigs drei große Bauten Linderhof, Neuschwanstein und Herrenchiemsee.

## John F. Kennedy

Auch wenn seine Macht eine größere ist, als sie jemals
ein Herrscher auf dieser Welt gekannt hat: Natürlich ist ein demokratisch legitimiertes amerikanisches Staatsoberhaupt kein
König und schon gar kein Pharao. Doch die Ungereimtheiten
und zahlreichen Theorien um die Ermordung des 35. Präsidenten der Vereinigten Staaten qualifizieren „JFK", in einer Reihe
mit seinen feudalen Vorgängern zu stehen. Einen großen Unterschied zu Tutanchamun und Ludwig II. gibt es jedoch: Dass
John Fitzgerald Kennedy am 22. November 1963 zur Mittagszeit
in Dallas ermordet wurde, darüber gibt es keinen Zweifel. Denn
schließlich ist auf Film dokumentiert, wie der Präsident im offe-
nen Cadillac durch die Innenstadt der texanischen Stadt fährt
und von Kugeln getroffen wird. Halt! – hier beginnen die Un-

klarheiten. War es eine Kugel, waren es zwei, waren es mehrere, hat ein Mann geschossen oder kamen die Projektile aus zwei Richtungen?

Nach den Ergebnissen, die der Staatsanwalt Jim Garrison in seinem Buch *On the Trail of the Assassins* (1988) veröffentlicht hat und die der dreimalige Oscar-Preisträger Oliver Stone in seinem Film *JFK* im Jahr 1991 der Weltöffentlichkeit vorstellte, war es nicht der Einzeltäter Lee Harvey Oswald, der mit einem Jagdgewehr aus einem Schulbuchlager heraus den Präsidenten erschossen haben soll. Das sei aufgrund der Ballistik und der Schussverletzungen Kennedys nicht möglich (Theorie der magischen Kugel). Außerdem gebe es eine Fülle von Zeugenaussagen und auch Amateurfilmmaterial, wonach von Schüssen von der anderen Straßenseite auszugehen sei. Verschwörungstheorien, nach denen der junge amerikanische Politiker einem Komplott zum Opfer gefallen sei, halten sich bis heute hartnäckig. Die dabei immer wieder ins Spiel gebrachten angeblichen Hintermänner reichen vom amerikanischen Geheimdienst CIA bis zur New Yorker Mafia und dem kubanischen Staatschef Fidel Castro. Zur Debatte stehen auch Russland, Kennedys Nachfolger Lyndon B. Johnson oder der so genannte militärisch-industrielle Komplex der Vereinigten Staaten.

Die Familie, der der 35. Präsident der Vereinigten Staaten entstammte, könnte ebenso gut ein altes europäisches Adelsgeschlecht sein. Die Kennedys schienen sowohl Skandale als auch das Unglück anzuziehen. JFKs Vater Joseph P. Kennedy, ein vermögender Geschäftsmann, hatte ein uneheliches Kind mit dem Stummfilm-Star Gloria Swanson. Von seinen neun ehelichen Kindern wurden zwei ermordet (John und Robert), zwei stürzten mit Flugzeugen ab (Joseph und Kathleen) und Tochter Rosemary verbrachte ihre Zeit zwischen dem 23. und 86. Lebensjahr in einer Nervenheilanstalt.

# Die Symbolik der Vanitas-Darstellungen

Das lateinische Wort *vanitas* bedeutet „Eitelkeit", aber auch „Nichtigkeit" und „leerer Schein". Schon das Alte Testament verweist darauf, dass angesichts des Todes alles menschliche Bemühen nichtig ist – dieses „nichtig" übersetzte Martin Luther mit „eitel". Der Dichter Andreas Gryphius schrieb während des Dreißigjährigen Krieges das Sonett „Alles ist eitel", deren erste Strophe jeder Abiturient kennen sollte:

*Du siehst, wohin du siehst, nur Eitelkeit auf Erden.*
*Was dieser heute baut, reißt jener morgen ein:*
*Wo jetzt noch Städte stehn, wird eine Wiese sein,*
*Auf der ein Schäferskind wird spielen mit den Herden.*

In der bildenden Kunst gibt es seit dem ausgehenden Mittelalter und der Renaissance zahlreiche Vanitas-Darstellungen. Unter den Malern dieser Zeit hatte sich ein regelrechter Katalog von Symbolen ausgebildet, aus denen sie ihre Vanitas-Stillleben gestalteten. Sehr oft wurde der Totenschädel als zentrales Bildelement verwendet, um das herum eine Vielzahl von Vergänglichkeitssymbolen angeordnet wurden. Seifenblasen (Aufstieg und Zerplatzen, Zerbrechlichkeit), noch rauchende, aber verloschene Kerzen, Uhren, halbleere Flaschen und Weingläser deuten allesamt auf das Verschwinden des Irdischen hin. Immer im Bild sind Pflanzen wie Blumen, Ähren oder Obst, deren beginnendes Welken und erste Fäulnis oft erst auf den genauen zweiten Blick zu entdecken sind. Vanitas-Bilder sind immer halb im Leben und halb im Tod zu Hause.

**Pflanzen**          **Schädel**          **Luxus**

Schnittblumen stehen für Schönheit und Vergänglichkeit. Auf- und verblühende Blüten stehen nebeneinander und zeigen die Nähe von Jugend und Alter. Rosen symbolisieren Liebe und Sex, Tulpen Geld und Gier, Mohn Trägheit und Schlafes Bruder, den Tod. Obst hat eine eigene Zeichensprache. Der Apfel steht für den Sündenfall, Feigen und Pflaumen stehen für weibliche Erotik.

Die direkte Anspielung auf den Menschen und seine Vergänglichkeit sind in der Kunst Knochengerüste und der Schädel, der das Gehirn und die wichtigsten Sinne des Menschen beheimatet. Während die anderen Objekte auf diesem Bild noch vollständig erhalten sind, existiert von ihrem Erschaffer nur noch die leere Knochenhülle: Der Mensch überlebt nicht einmal seine eigenen Werke.

Schmuck, feines Kristallglas, goldene Pokale und Schalen verkörpern materiellen Reichtum. Typisch weibliche Attribute sind runde Schmuckdosen, die in der männlichen Logik des 16. und 17. Jahrhunderts wiederum für Eva und damit den Sündenfall stehen. Taschen- oder Sanduhren symbolisieren die Vergänglichkeit der Zeit als auch die Nichtigkeit der Luxusgüter an sich.

# Wenn Gemeinschaft tödlich endet

Mit Gruppendynamik beschreiben Psychologen das Phänomen, dass mehrere Menschen, die zusammen arbeiten oder leben, als Gemeinschaft ganz anders reagieren, als der Einzelne das tun würde. Das Verhalten von Gruppen und Einzelnen in der Gruppe hat in unserer hochkomplexen Welt, die ohne Interaktion zwischen Individuen gar nicht denkbar ist, weitreichende Auswirkungen. Gruppendynamik steuert das Schicksal von Unternehmen, führt im positiven Fall Fußballmannschaften an die Spitze der Liga und lässt im Negativfall Missionen von Elitetruppen scheitern. Alles scheint möglich, wenn erst einmal innerhalb einer Gruppe die Rollen und die Macht verteilt sind und sich eine eigene Kultur ausgebildet hat. Die schlimmsten Beispiele dafür sind Kollektivsuizide. Hier tun viele Menschen mit fataler Konsequenz und Hingabe etwas gemeinsam, wovor jeder Einzelne für sich entsetzt zurückschrecken würde. Beispiele findet man in der Antike genauso wie in heutiger Zeit.

## 1.
## Höchster Ruhm

„Ein ruhmvoller Tod ist besser als ein Leben im Elend." Unter diesem Motto töteten sich die Bewohner von Masada im Jüdischen Krieg (66 – 74 n. Chr.) gegen die Römer. Hoch auf einem 400 Meter steil aufragenden Tafelberg gelegen, galt die von Herodes I. mit 40 Türmen ausgestattete Festung als uneinnehmbar. Die Römer unter dem Feldherrn Flavius Silva ließen sich mit der Eroberung viel Zeit. Zunächst errichteten sie um den Berg herum eine vier Kilometer lange Mauer, die durch acht Kastelle geschützt wurde. Dann begannen sie damit, an der durch einen Vorberg niedrigeren Westseite des Berges eine gigantische Rampe aufzuschütten, die schließlich an die Festungsmauer Masadas heranreichte. Die Bewohner hatten also jede Menge Zeit, vom Gipfel des Berges aus zuzusehen, wie sich die Schlinge um sie zuzog. Schließlich wählten sie im Jahr 74 per Los einige Männer aus, die die gesamte Bevölkerung von rund 900 Menschen und anschließend sich selbst töten sollten. Nur einige Frauen und Kinder, die sich in einem Brunnen versteckt hatten, überlebten. Die Reste der römischen Belagerungsmauer, der Kastelle und die gigantische Rampe sind noch heute vorhanden. Touristen erwandern den Berg am besten frühmorgens, wenn es noch dunkel und kühl in der Wüste ist, und genießen hoch auf der Festung den Sonnenaufgang über Jordanien. Noch bequemer ist der mechanische Aufstieg per Luftseilbahn.

## 2.
## Tödlicher Übervater

In der Siedlung Jonestown im Dschungel des südamerikanischen Guyana begingen 913 von 1110 Mitgliedern der amerikanischen Volkstemplersekte den wohl größten kombinierten Massenmord und Massenselbstmord in der Geschichte. Der Sektenführer Jim Jones, von seinen Anhängern nur „Dad" oder „Father" genannt, übte den Gruppensuizid zuvor mehrere Male in so genannten „Weißen Nächten". Am 18. November 1978 kam es zum Ernstfall: Die Siedlung erhielt Besuch von einem US-Kongressabgeordneten, der Berichten nachgehen wollte, amerikanische Bürger würden gegen ihren Willen in Jonestown festgehalten. Als tatsächlich einige Bewohner mit dem Politiker und seiner Entourage an Bord eines Flugzeuges gehen wollten, fielen fanatische Jones-Anhänger über die Gruppe her und ermordeten dabei den Abgeordneten, drei Journalisten, einen Kameramann und drei weitere Personen. Daraufhin trommelte „Father"

Jim Jones seine „Kinder" mittels Lautsprecher zusammen, erklärte „Wenn man uns nicht in Frieden leben lässt, so wollen wir jedenfalls in Frieden sterben. Der Tod ist nur der Übergang auf eine andere Ebene" und ließ einen tödlichen Valium-Zyankali-Orangensaft-Cocktail in Pappbechern austeilen. Einige Mitglieder versuchten zu fliehen und wurden von Wachen mit Gewehrschüssen getötet. Jones selbst starb durch einen Kopfschuss – ob aus eigener Hand, wurde nie geklärt.

## 3.
## Tödlicher Transit

Die Sekte der Sonnentempler (franz.: *Ordre du Temple Solaire*) entstand in den Siebzigern des 20. Jahrhunderts in der Schweiz. Die Weltuntergangspropheten bereiteten sich intensiv auf den Jahrtausendwechsel vor. Sie gelangten zur Überzeugung, dass sie den Tod überwinden könnten. „Der Tod existiert nicht, er ist nur eine Illusion", verkündete ihr Gründer Jo di Mambro. Der hatte die Sekte mit eiserner Hand geleitet und selbst die Namen von neugeborenen Kindern der Mitglieder höchstpersönlich ausgewählt. Seine eigene Tochter wollte der ursprünglich im katholischen Glauben erzogene Franzose zum Messias ernennen. In den 1990er Jahren entwickelte sich in der Sekte die Vorstellung, durch einen gemeinsamen Tod könnten ihre Anhänger im Sternbild Sirius wiedergeboren werden, um eine neue Menschenrasse zu bilden. Schließlich führte der Wahn zu Selbstverbrennungen von Sektenmitgliedern an mehreren Orten und zu unterschiedlichen Zeitpunkten. 1994 fand man nach dem Tod des Sektengründers Di Mambro 53 Tote in der Schweiz und fünf in Kanada. 1995 verbrannten sich 16 Sonnentempler in Frankreich, und 1997 nahmen sich fünf Menschen in Kanada das Leben. Die Tatorte zeigten, dass nicht alle Getöteten mit ihrem „Transit in das Sternzeichen des Sirius" einverstanden waren. Einige Erwachsene waren gefesselt, und Kinder waren mit Betäubungsmittel ruhiggestellt worden, bevor die Häuser brannten.

# Fünf Fragen
# an einen Schriftsteller

Jan Weiler, 1967 in Meerbusch bei Düsseldorf geboren, lebt mit seiner Familie in Oberbayern. Er arbeitete zunächst als Texter in der Werbung. Nach dem Besuch der Deutschen Journalistenschule begann er beim *Süddeutsche Zeitung*-Magazin, wo er elf Jahre in unterschiedlichen Funktionen arbeitete, die letzten fünf Jahre als Chefredakteur. Seit 2005 ist Jan Weiler als freier Schriftsteller tätig. Sein Debütroman „Maria, ihm schmeckt's nicht" wurde ein Bestseller und mit Christian Ulmen in der Hauptrolle verfilmt. Weiler verfasst vor allem Romane, Kolumnen, Hörspiele und Drehbücher und tritt auch als Sprecher auf seinen CDs und als Vorleser auf Tourneen durch ganz Deutschland in Erscheinung.

*1. Was passiert nach dem Tod?*
Nichts.

*2. Wo waren wir vor dem Leben?*
Keine Ahnung.

*3. Was ist die Seele?*
Weiß ich nicht.

*4. Was ist der Sinn des Lebens?*
42.

*5. Was wollen Sie unbedingt tun, bevor Sie sterben?*
Das ergibt sich schon.

# Der Tod ist bilderfreundlich ...

... befand der Historiker Philippe Ariès. Totentanz-Darstellungen zeigen den Tod im Reigen mit den unterschiedlichsten Vertretern der Gesellschaft vom Papst bis zur Jungfrau. Totentanz-Motive werden bis in unsere Zeit aufgegriffen, in Musik, Film, Literatur und selbstredend im Tanz. Die Europäische Totentanz-Vereinigung hat ihren Sitz in Bamberg. Sie veranstaltet Symposien der Totentanz-Spezialisten und gibt neben der monatlich erscheinenden Mitgliederzeitschift „Totentanz aktuell" das Jahrbuch „L'art macabre" heraus. Eine Auswahl der schönsten Totentänze:

**Anonym**
**16. Jahrhundert**

**Totentanz**

Anonym

Holzschnitt Mittelalter,
undatiert

Mary Wigman
(*1886; †1973)

Totentanz, 1925

Felix Nussbaum
(*1904; †1944)

Musik zum Totentanz, Die Gerippe spielen zum Tanz, 1944

Bernt Notke
(\*1435; †1509)

Lübecker Totentanz, 1464/66, Ausschnitt: Bürgermeister, Domherr, Edelmann

Der General.

Daniel Chodowiecki
(*1726; †1801)

Für den Grosbritannischen Historischen Genealogischen Calender für 1792

Die Königin.

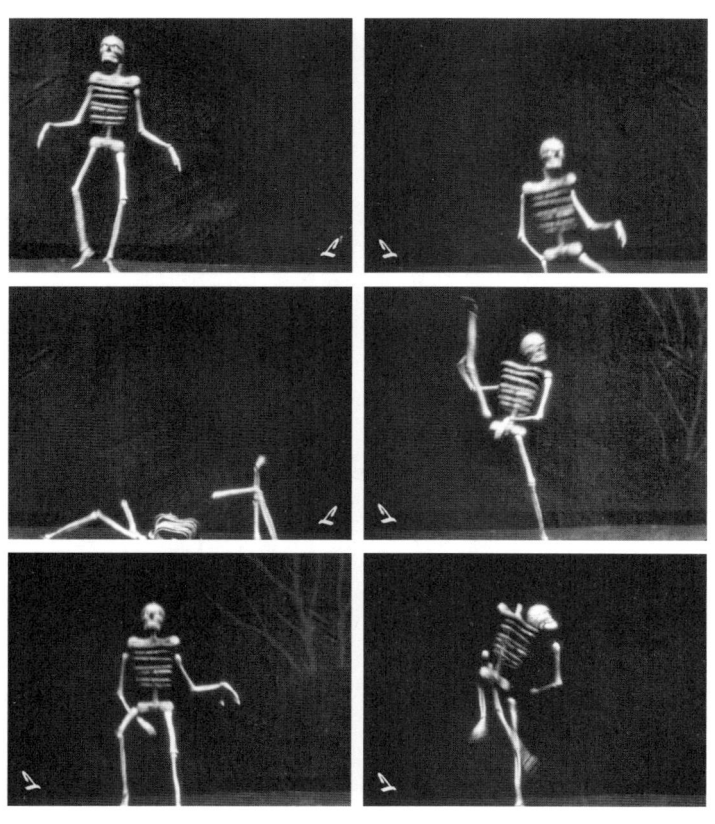

Auguste (*1862; †1954) und
Louis Lumière (*1864; †1948)

Das lustige Skelett, Filmstandbilder, 1898

Alfred Rethel
(*1816; †1859)

Der Tod als Würger, 1847/51

Anonym, Frankreich

Der Totentanz der Frauen, 1491

298

Fritz Lang
(*1890; †1976)

Metropolis, 1926

# Der Chronist der Trauer- und Gedenkkultur

Interview mit Dr. Rainer Sörries, Professor für Christliche Archäologie und Kunstgeschichte, Universität Erlangen, und Direktor des Museums für Sepulkralkultur, Kassel.

*Welche Menschen besuchen das Sepulkralmuseum?*

Wir sind für alle Menschen offen, etwa auch für Humanisten oder Angehörige anderer Religionen. Und wir wenden uns mit einem umfangreichen museumspädagogischen Programm gezielt an Kinder und Jugendliche. Das war in den vergangenen Jahren so erfolgreich, dass sogar Kindergeburtstage im Museum gefeiert werden. Viele Besucher haben haupt- oder ehrenamtlich mit Sterben, Tod und Trauer zu tun. Weniger Bestatter oder andere typische Friedhofswerkende, sondern Menschen aus dem pflegerischen Bereich oder auch aus dem Hospiz. In der Tendenz wird man sagen können, die Mehrzahl der Besucher hat einen christlichen Hintergrund.

*Warum beschäftigen sich Menschen mit dem Tod?*

Seit gut zwanzig Jahren gibt es viele gesellschaftliche Veränderungen, die einen bewussteren Umgang mit dem Sterben geradezu herausfordern. Im Hinblick auf die Bestattung von uns lieben Menschen, aber auch im Hinblick auf den eigenen Tod gibt es viel mehr zu berücksichtigen als früher. Die vielen Bestattungsalternativen, die es seit gut zehn Jahren gibt, nötigen uns fast schon dazu, das Richtige auszuwählen. Die Hospizbewegung hat uns gelehrt, dass wir unser Sterben eigenverantwortlich leben sollen und auch dürfen. Eine Patientenverfügung oder eine Bestattungsvorsorge gehören dazu. Die Frage nach der Organspende verlangt von uns, dass wir unseren eigenen Tod in den Blick nehmen.

*Inwieweit ist der Umgang mit dem Tod, den Toten und der Trauer Spiegel der Entwicklungsstufe einer Gesellschaft? Und ist unsere gemessen an der Sepulkralkultur vergangener Zeiten retardiert?*

Ich will es mal so sagen: Allein der technologische Fortschritt einer Gesellschaft findet immer rasch seinen Niederschlag in der Bestattungs- und Trauerkultur. Das ist heute nicht anders als früher. Wenn wir beobachten, wie etwa das Internet und die digitalen Medien schon Teil unserer Gedenkkultur geworden sind, sieht man, dass der Fluss der Zeit weitergeht. Nein, unsere Trauerkultur entwickelt sich ständig weiter, so schnell, dass man manchmal die Sorge hat, den Überblick zu verlieren.

*Wird der Tod aus der modernen Gesellschaft verdrängt, oder ist das ein Klischee?*

Einerseits gewinnt man fast den Eindruck, der Tod habe aus seiner Tabuecke fast ansatzlos ins Unterhaltungsfach gewechselt. Die ARD-Themenwoche zu Sterben, Tod und Trauer im Herbst 2012 war nur die Spitze des medialen Eisbergs. Zum Auftakt dieser Themenwoche haben bei Günther Jauch krebskranke Menschen öffentlich über ihre Krankheit und ihr bevorstehendes Sterben gesprochen. Mit Fritz Roth ist einer der Beteiligten wenige Wochen später gestorben – die Fernsehzuschauer haben tatsächlich einen sterbenden Menschen gesehen. Etwas anderes ist es mit dem Verschweigen des Todes im engeren persönlichen Umfeld, dann, wenn der Tod sich anschickt, in unsere Mitte zu treten. Dann sinkt bei vielen Menschen die Gesprächsbereitschaft und -fähigkeit. Ich bin aber auch der Meinung, dass das Verschweigen des Todes auch seine Berechtigung hat. Wir müssen den Sensenmann nicht mehr hofieren, als unbedingt notwendig ist. Manchmal habe ich den Eindruck, wir reden zu viel von ihm und zu wenig von dem, der ihn besiegt hat.

*Die Gründer des Natural Death Centre (NDC) in London mei-*
*nen, der Tod sollte ein natürliches Gesprächsthema für ein Abendessen*
*unter Freunden sein. Stimmen Sie zu?*
Ich möchte darauf fragend antworten: Haben wir nicht
genügend Gesprächsstoff mit dem Leben? Da habe ich eher den
Eindruck, wir redeten über viele Dinge zu wenig. Und ich meine,
der Tod ist kein Gesprächsstoff für einen Small Talk.

*Kann uns die Beschäftigung mit dem Tod in Kunst und Kultur die*
*Angst vor dem Tod nehmen?*
Das ist die Hoffnung und Erwartung vieler Menschen.
Noch mehr setzen die Menschen auf die Errungenschaften von
Hospiz und Palliativmedizin. Oder sie schenken den Eso-Freaks
ihr Vertrauen, dass es nach dem Tod weitergeht. Die Kunst ist da
nicht so sehr der geeignete Partner. Erinnern Sie sich an das Projekt von Gregor Schneider (2008), einen Menschen im Museum
sterben zu lassen. Das war dann doch vielen Leuten zu direkt.
Die Kunst hat wohl auch den Auftrag, sich mit dem Tod zu be-
fassen, aber sie hat nicht die Aufgabe, ihn verträglich darzustel-
len oder gar zu verharmlosen.

*Hat der postmoderne Mensch Angst vor dem Tod oder eher Angst*
*vor dem Sterben? Und war das in früheren Zeiten anders?*
Er hat vor allem Angst davor, das Szepter aus der Hand
zu geben. Deshalb wollen immer mehr Menschen ihr Sterben
selbst bestimmen – bis hin zum tödlichen Cocktail, mit dem sie
ihr Leben beenden können, wenn es ihnen an der Zeit erscheint.
Oder sie planen ihre eigene Bestattung bis ins Detail. Und eine
Patientenverfügung soll auch jeder Mensch haben. Menschen
wollen sich die Angst vor dem Sterben nehmen, indem sie das
gewissenhaft planen.

*Sind Todessymbole und -attribute in der postmodernen Warenwelt*
*wie Mode, Babybekleidung und Spielzeug als Memento Mori zu ver-*
*stehen? Oder als Ausdruck des Niedergangs der Trauerkultur?*

Das reicht von Gedankenlosigkeit bis Effekthascherei. Wenn Babyklamotten mit Totenköpfen verziert sind, dann macht sich die Mutter wohl kaum Gedanken über die Symbolik. Und wenn Lena Hoschek ihre Models auf der Berlin Fashion Week 2012 mit Totenkopf-Make-up die neue Kollektion vorführen lässt, dann hofft sie wohl auf besondere Aufmerksamkeit. Mit einem Niedergang der Trauerkultur hat das nichts zu tun. Und es ist auch nicht mit der düsteren Symbolik zu vergleichen, mit der – das ist jedoch schon Jahre her – die Gothics der Gesellschaft einen Spiegel vorhielten.

*Wenn Sie als Archäologe im Jahr 2525 einen Friedhof aus dem 20. oder 21. Jahrhundert ausgraben würden: Was würde Sie überraschen und welche Schlüsse würden Sie daraus ziehen?*

Es wird vielleicht von den Friedhöfen und den Gräbern nicht mehr allzu viel da sein. Aber man wird bei der Betrachtung mehrerer Friedhöfe aus diesen beiden Jahrhunderten feststellen können, dass sich die Friedhofskultur außerordentlich rasch weiterentwickelt hat. Nur ein Beispiel: Das Familiengrab, also das der biologischen Familie, wird dem Gemeinschaftsgrab der Wahlfamilie gewichen sein. Und als Archäologe werde ich gelernt haben, dass ich überall, nicht nur auf Friedhöfen, mit Bestattungen rechnen muss, im Wald, auf der Alm, in Kirchen oder in Kolumbarien bei Bestattungsinstituten. Und wahrscheinlich werde ich die eine oder andere Urne auch noch im häuslichen Umfeld der Bewohner finden. Ich werde vielleicht zunächst verwirrt sein, aber dann in einer Bibliothek ein uraltes verstaubtes Buch mit dem Titel *Das Allerletzte* von 2013 gefunden haben, das mir die richtigen Antworten gibt.

*Zum Schluss ein Gedankenspiel: Angenommen, der Mensch wäre unsterblich. Hätte er eine Religion?*

Nein. Übrigens: Jene, die als Trans- oder Posthumanisten fest mit der Möglichkeit einer prinzipiellen Unsterblichkeit rechnen, sind meines Wissens allesamt Atheisten.

## Vergessene Kunst gegen das Vergessen

Bevor die Fotografie ein Andenken an verstorbene Familienmitglieder schaffen konnte, wurden Souvenirs aus den Haaren der Toten hergestellt. Barbiere, Perückenmacher oder darauf spezialisierte Frauen schufen im Europa des frühen 19. Jahrhunderts äußerst kunstvolle Abbilder von Grabmalen und Kreuzen, indem sie das abgeschnittene Haupthaar des Verstorbenen auf Papier klebten. Der Name und das Sterbedatum des Toten wurde ebenfalls in das Haarbild eingearbeitet. Ein gern verwendetes florales Motiv war die Trauerweide, die sich aus feinem Menschenhaar besonders gut nachbilden ließ. In der Biedermeierzeit wurden filigrane Armbänder oder Ketten als Freundschaftszeichen verschenkt. Herren trugen Uhren an Ketten, die aus den langen Haaren ihrer Frauen oder Verlobten geflochten waren. Seit dem Altertum waren Ringe, Broschen und anderer Schmuck aus Haaren beliebte Andenken. Der nachwachsende Werkstoff Haar ist erstaunlicherweise aus der Kunst verschwunden.

# Nichts für gewöhnliche Sterbliche

„Lebe lieber ungewöhnlich" – so lautet die wichtigste Erfolgsregel im Showgeschäft. Um jeden Preis anders sein als der Rest der Welt ist Ziel des täglichen Verhaltens, nicht nur auf der Bühne, sondern auch auf dem Weg in den Supermarkt. Prominente, die etwas auf sich halten, fallen nicht nur zu Lebzeiten aus dem Rahmen, sondern setzen auch im Nachleben bemerkenswerte Akzente. So bleiben sie umso länger in Erinnerung. Das Interesse von uns Normalsterblichen am Tod der Stars rührt daher, dass die Medien moderne menschliche Ikonen in eine Reihe mit Heiligen, Märtyrern und Genies stellen, die in früheren Zeiten als außergewöhnliche Tote behandelt und verehrt wurden.

## 1.
## Unfeine Wortwahl

Das erste Mal, dass das Wort „fuck" in einer Trauerrede ausgesprochen wurde, war am 6. Dezember 1989 anlässlich der Abschiedszeremonie für das Monty-Python-Mitglied Graham Chapman. Monty-Partner John Cleese hielt die Ansprache. Er sagte, dass Chapman ihm in der Nacht zuvor beim Verfassen der Rede ins Ohr geflüstert habe: „Also, Cleese. Du sagst, du seist sehr stolz darauf, der erste Mensch zu sein, der jemals das Wort ‚shit' im britischen Fernsehen gesagt hat. Wenn diese Zeremonie wirklich nur für mich ist, möchte ich, dass du der erste Mensch bist, der bei einer Trauerfeier ‚fuck' sagt." Die Feier endete mit dem gemeinsamen Absingen des Liedes *Always Look on the Bright Side of Life*.

## 2.
## Ewige Reise

Der Lebensweg eines Superstars verläuft selten gradlinig und ist nicht immer leicht. Für Eva Perón begann die wirklich anstrengende Reise erst nach ihrem Tod. 1952 starb die ehemalige Schauspielerin und Ehefrau des argentinischen Staatspräsidenten Juan Perón mit nur 33 Jahren an Krebs. Ihr Mann wusste um die gigantische Wirkung seiner als *Santa Evita* und *Die Unsterbliche* verehrten Frau auf das Heer der Armen in seinem Land. Hatte sie doch in Radioansprachen und auf Massenkundgebungen flammende Reden gegen die herrschende Oberschicht und für das Frauenwahlrecht gehalten. Mithilfe der von ihr angeführten Organisation der „Hemdlosen" gewann Juan Perón 1946 die Wahlen und beseitigte die herrschende Militärjunta. Als Evitas Ende nahte, engagierte Perón einen spanischen Pathologen, um ihre Einbalsamierung vorzubereiten. Nachdem die schöne junge Frau gestorben war, machte sich der Arzt drei Jahre lang an ihrem Leichnam zu schaffen. Bis sich 1955 die Militärs an die Macht zurückputschten. Sie entwendeten den Körper der berühmten Toten aus dem Labor des Arztes und versteckten ihn hinter der Leinwand eines Kinos in Buenos Aires. 1957 ließen sie ihn heimlich nach Italien schaffen, wo er in Mailand bestattet wurde. Drei wächserne Kopien des Körpers verwirrten mittlerweile die Welt, eine davon wurde in der Hamburger Herbertstraße, mitten im Rotlichtmilieu, vom argentinischen Botschafter in Deutschland aufgespürt.

Perón ließ 1971 den Leichnam seiner Frau nach Madrid überführen, wo er im Exil lebte. Sein Privatsekretär, dem übernatürliche Kräfte nachgesagt wurden, legte den einbalsamierten Körper ins Ehebett neben Peróns dritte Frau Isabel Martínez. Er versuchte mit Zaubersprüchen die Seele von Evita in ihre Nachfolgerin übergehen zu lassen. Als Perón 1973 wieder in seine Heimat zurückkehrte, um erneut Präsident zu werden, nahm er Eva mit. Zunächst wurde sie in der Präsidentenresidenz beigesetzt. Als Juan Perón 1974 starb, wurde Evita auf dem Friedhof La Recoleta in der argentinischen Hauptstadt beigesetzt. Die Gruft wurde mit drei Stahlplatten vor Grabräubern und Fans geschützt. Das war bitter nötig, denn auf der 22-jährigen Odyssee ihres Leichnams wurden dessen Hände gestohlen und er soll sogar von einem Wachsoldaten missbraucht worden sein.

Evitas Reise ist immer noch nicht zu Ende, denn offenbar haben die Seelenwanderungsversuche des Privatsekretärs gefruchtet: Isabel Martínez de Perón wurde am Tag nach dem Tod Juan Peróns als argentinische Präsidentin vereidigt – und erfüllte das politische Erbe ihrer Vorgängerin als erste Frau, die das höchste Staatsamt in Südamerika bekleidete. Allerdings erreichte *Isabelita*, wie sie sich fortan nennen ließ, nie die Popularität Evitas. Sie wird für mehrere politische Morde mitverantwortlich gemacht und lebt seit ihrer Absetzung im Jahr 1976 (durch eine Militärjunta, versteht sich) zurückgezogen in Spanien, das eine Auslieferung ablehnt. Evita Perón wiederum tourt um die Welt als Titelheldin eines Musicals, das 1996 mit Madonna in der Hauptrolle verfilmt worden ist. Auf CDs und DVDs gepresst ist sie tatsächlich unsterblich geworden.

## 3.
## Erfolgreiche Abschiedskonzerte

James Brown blieb postum seinem Ruf als am härtesten arbeitender Mann des Showbusiness treu. Als er am 25. Dezember 2006 starb, war eine Trauerfeier nicht genug. Drei Mal bekamen unterschiedliche Fangruppen Gelegenheit, sich von der Sex Machine zu verabschieden. Zunächst wurde sein Leichnam mit einer von zwei Schimmeln gezogenen weißen Kutsche ins Apollo-Theater nach Harlem gebracht, wo Browns Karriere 1956 begonnen hatte. Er wurde in den heiligen Hallen öffentlich aufgebahrt. Trauernde, die keinen Platz im Theater gefunden hatten, tanzten auf der Straße vor dem Gebäude eine riesige Party. Sie sangen dabei immer wieder seinen Hit *Say it Loud – I'm*

*Black and I'm Proud*, der 1968 die Black-Power-Bewegung musikalisch beflügelt hatte. Anschließend gab es zwei Zeremonien in Browns Heimatstadt Augusta in Georgia. Nach einem kleinen privaten Gottesdienst durften sich die Massen in der (heute nach ihm benannten) James-Brown-Arena von ihm verabschieden. Bei dieser Zeremonie stahl ihm, dem Paten des Soul, beinahe der König des Pop die Schau. Michael Jackson (*1958; †2009) hatte sich unerkannt unter das Publikum gemischt und küsste dem aufgebahrten Leichnam die Stirn, bevor er ihn als seine größte Inspiration bezeichnete.

Michael Jackson überlebte sein Idol nur um drei Jahre. Als er am 25. Juni 2009 in Los Angeles an einer Medikamentenvergiftung starb, stand der allergrößte Triumph des an Rekorden nicht gerade armen King of Pop just noch bevor. Für die Zeit rund drei Wochen nach seinem Tod war eine Serie von Abschiedskonzerten in London angesagt worden, deren Kartenverkauf alles in den Schatten stellte, was das Livekonzert-Business jemals gesehen hatte. Die ursprünglich geplanten zehn Vorstellungen erfuhren eine so starke Kartennachfrage, dass weitere 40 Konzerte angesetzt werden mussten. Zwar waren zwischen den einzelnen Auftritten Pausen eingeplant – die Serie hätte sich von Juli 2009 bis März 2010 erstreckt –, doch wie der gesundheitlich angeschlagene Jackson 50 Konzerte in einer Reihe hätte überstehen sollen, wissen nur seine Ärzte. Und so kam es zum traurigen letzten Event des Michael Jackson am 10. Juli 2009, das leider ohne den Künstler stattfinden musste: zur öffentlichen Trauerfeier. Auch diese finale Vorstellung war ein Publikumsmagnet. 1,6 Millionen Menschen sollen versucht haben, über eine Lotterie an eines der 17 500 Tickets zu kommen. Auf dem Schwarzmarkt wurden über 10 000 Dollar für eine Karte erzielt. Die Multifunktionshalle „Staples Center" in Downtown Los Angeles wurde von 100 000 kartenlosen Menschen umzingelt, was zu einem stundenlangen Verkehrschaos führte.

## Taphophilie

# Wenn Liebe auf den Friedhof fällt

Große schöne Gräberfelder mit prominenter Besetzung wie Père Lachaise in Paris standen schon immer auf den Sehenswert-Listen der Touristen. Das Internet schafft jedoch Interessengemeinschaften über Ländergrenzen hinweg und erweckt die Sammelleidenschaft. Befeuert durch die Möglichkeiten, auf Facebook, Pinterest, Tumblr oder Flickr Fundstücke zu publizieren, beginnt sich die Freizeitbeschäftigung der Gräberjagd auszubreiten. In der deutschen Sprache ist das Wort Taphophilie (altgriech.: *taphos* = das Grab, *philos* = der Freund) allerdings noch nicht angekommen. Weder der Duden noch der Brockhaus liefern Ergebnisse. Selbst das deutschsprachige Internet ist praktisch frei von der Vokabel. Anders verhält es sich im englischen Sprachraum. Hier wird die Friedhofsliebe durch einen Wikipedia-Eintrag und einschlägige Internetseiten dokumentiert, auf denen taphophil veranlagte Menschen ihre Geschichten und Bilder veröffentlichen. Ein oft verwendetes englisches Synonym für Anhänger dieses Hobbys ist „Tombstone Tourist". Sie selbst bezeichnen sich auf themenbezogenen Webseiten, Fotosammlungen und Blogs auch als „Cemetery Hunters" oder „Cemetery aficionados". Amerikanische Taphophile verleihen ihrer Leidenschaft gerne durch den Autoaufkleber „I Brake for Old Graveyards" Ausdruck. Den „Bumper Sticker" gibt es bei der Association for Graveyard Studies. Sie veröffentlicht hilfreiche Schriften wie „Gravestone Rubbing: Dos and Don'ts" – anhand dieser Anleitung kann man lernen, wie man Abdrücke von verwitterten Grabinschriften nimmt – und erläutert, wie man alte Grabsteine wieder aufstellt.

# Der europäische Friedhof im Wandel der Zeit

Mit der Zersplitterung der Religion in viele (Nicht-) Glaubenswelten sind Bestattungsformen ganz normal geworden, die in Mitteleuropa noch vor 50 Jahren undenkbar gewesen wären. Friedwälder, anonyme Bestattungsfelder, buddhistische Riten und Logos von Fußballclubs auf städtischen Friedhöfen: Wie viele traditionelle Kulturformen ist auch die Sepulkral- oder Bestattungskultur während des ausgehenden 20. und beginnenden 21. Jahrhunderts großen Umwälzungen unterworfen. Wer darin einen Niedergang der Friedhofskultur erkennt, vergisst, dass es solche Veränderungen schon immer gegeben hat – wenn sie auch mit geringerer Geschwindigkeit vor sich gingen.

## Römerzeit
*Übergang von privatem zu öffentlichem Friedhof*
*und von Feuer- zu Erdbestattung*

Bei den Römern war das Bestattungswesen auf Tafel zehn des Zwölftafelgesetzes geregelt. Demnach durfte ein Toter nicht innerhalb der Stadt begraben werden. Die Bestattung stand zwar unter Aufsicht der Priester, war aber in erster Linie Familiensache. Auf dem Land errichtete man Grabmäler auf eigenem Grund, was in der Stadt nicht möglich war. So entstanden aus privat errichteten Gräbern Totenstädte (Nekropolen) außerhalb der Stadtmauern und rechts und links der großen Ausfallstraßen. Die Liegezeit war unbegrenzt. Die Kommune oder Provinzverwaltung kümmerte sich um Massengräber für Arme, und es gab erstmals öffentlichen Eingriff in die Ausweisung und

Verwaltung von Friedhöfen. Wie weit diese reichten, ist noch unerforscht. Wer es sich leisten konnte, ließ sich kremieren. Die technisch einfachere Erdbestattung war auch etwas für einfache Leute. Als Ende des zweiten Jahrhunderts unserer Zeitrechnung das Holz rund um das Mittelmeer knapp wurde, setzte sich das Bodengrab durch. Auch die baumreichen Provinzen wie Germanien folgten dem Trend aus dem Mutterland.

## Spätantike
*Das Fränkische Reihengrab bringt Ordnung auf den Friedhof.*

Mit dem Erstarken des Christentums kam es zu den ersten großen Veränderungen. In ihren ersten Jahrhunderten bestatteten die Christen ihre Toten direkt neben den Heiden, höchstens Grabinschriften mit Jesussymbol oder dem Spruch *Requiescit in pace* (dt.: Hier ruht in Frieden) wiesen die Verstorbenen als Christen aus. Als im 5. Jahrhundert die Franken die Römer als Herrscher über Europa ablösten, begann die Kultur der Reihengräberfelder, der ersten kommunal durchorganisierten Bestattungsplätze. Forscher vermuten die Zuweisung von exakten Grabplätzen nach Familienzugehörigkeit und sozialem Rang. Die gesellschaftlichen Unterschiede wurden nicht durch Grabgröße, sondern durch Grabbeigaben demonstriert. Wer keiner Familie angehörte, schloss sich einem christlichen Begräbnisverein an. Christen bestatteten ihre Toten zunehmend um die Gräber von Heiligen und Märtyrern herum, um bei der Auferstehung deren Fürsprache in verlässlicher Nähe zu wissen.

## Mittelalter
*Die Kirche schart ihre Schäflein um sich – auch die toten.*

Nach dem endgültigen Zusammenbruch des Römischen Reiches entwickelte sich aus der antiken Nekropole und dem fränkischen Reihengrabfeld das *Coemeterium* (dt.: Ruhestätte), der mittelalterliche Friedhof. Damit einhergehend entstand das kirchliche Bestattungsmonopol. Die Friedhöfe wanderten mit den Kirchen von außerhalb der Stadtmauern und Dorfgrenzen in die Zentren der Siedlungen – wobei sich umgekehrt auch neue Gemeinwesen um bestehende Friedhöfe entwickelten. Die Nähe zu Reliquien in den Kirchen machte die Bestattung auf dem Kirchhof zur Pflicht – und die Nichtgewährung eines Platzes zur Strafe. Warum bei den Christen die bei Ägyptern, Juden und Römern ewige Liegezeit und damit Unantastbarkeit des Grabes zu Gunsten sehr kurzer Liegezeiten aufgegeben wurde, ist ungeklärt. Wahrscheinlich, um Platz in den kleinen Kirchhöfen zu gewinnen, wurden die Toten nach wenigen Jahren exhumiert und die Knochen in Beinhäusern endgelagert. Der mittelalterliche Friedhof wurde von einer Mauer umfriedet (daher der Name), und das Tor betrat man über die Beinbrecher, im Boden eingelassene eiserne Roste, auch Pfarreisen, Kirchgatter oder Hexengitter genannt. Ursprünglich sollen sie das Vieh vom Friedhof fernhalten. Sie wirkten im Volksglauben gegen Dämonen und trennten die Welt der Toten von der der Lebenden. Ein weiteres typisches Ausstattungsmerkmal war die Totenleuchte, deren Licht die Toten symbolisch vor bösen Mächten, aber auch die Lebenden vor den Toten schützte. Mächtige und Reiche ließen sich gerne direkt in der Kirche bestatten oder gründeten neue Kirchen als Grabstätten für ihre Familien. Der mittelalterliche Friedhof ist für Sepulkralkulturforscher Reiner Sörries „ein Spiegelbild der ständischen Gesellschaft. Er hob die Oberschicht hervor, er integrierte nur die etablierte Gemeinde und grenzte die Außenseiter aus. Er blieb bis an den Rand der Neuzeit kirchliches Monopol und pädagogisches Zuchtmittel gegen Andersartige und Andersdenkende".

## Pestfriedhöfe
*Dem Massensterben Herr werden*

Als die Pest 1347 in Europa auftrat, setzte in kürzester Zeit ein Massensterben ein, das drei Jahrhunderte andauerte.

Zunächst versuchte man die Toten auf den traditionellen Friedhöfen in den Städten zu bestatten, bis dort der Platz ausging. Auch die ersten Pestfriedhöfe befanden sich innerhalb der Stadtmauern. Nicht hygienische Überlegungen, sondern die schlichte Raumnot auf den traditionellen Kirchhöfen war Anlass für ihre Gründung. Vielerorts mussten hastig ausgehobene Gruben auf öffentlichen Plätzen für die Massenbestattungen herhalten. Ohne Särge bestattete Überreste eher zusammengeworfener Leichen finden Archäologen bis heute zufällig bei Baggerarbeiten, denn viele Pestfriedhöfe sind nicht schriftlich belegt – für Bürokratie war einfach keine Zeit. Die eigentlichen Pestfriedhöfe entstehen erst im 17. Jahrhundert außerhalb der Stadtmauern. Später werden hier auch ungetaufte Kinder, Ledige und Fremde bestattet. Ein genereller Wandel zur Verlagerung der Friedhöfe aus der Siedlung findet durch die Pestfriedhöfe noch nicht statt. Nach dem Ende der Pandemie kehrt man zu den traditionellen Kirchfriedhöfen zurück.

## Renaissance
### Trennung von Kirche und Grab

Drei Entwicklungen führten im ausgehenden Mittelalter zu Trennung von Kirche und Grab: das enorme Bevölkerungswachstum nach dem Verschwinden der Pest, die damit verbundenen hygienischen Probleme und der steigende Einfluss der Reformatoren, die den katholischen Heiligen- und Totenkult verwarfen. Viele neue Friedhöfe wurden im 16. und 17. Jahrhundert außerhalb der Stadtmauern gegründet. Die Herrscher über München, Coburg und Nürnberg erhielten vom Papst als Erste die Erlaubnis, ihre Toten außerstädtisch bestatten zu dürfen. Die Friedhofsneugründungen auf den Fluren vor der Stadt werden als Gottesacker oder Camposanto bezeichnet. Für Amts- und Würdenträger errichtete man Lauben- und Arkadengänge. Die Verlagerung des Friedhofs auf die grüne Wiese verlief teilweise gegen den heftigen Widerstand der Bevölkerung.

## Aufklärung

*Städtisches Friedhofswesen*

Endgültig aufgegeben werden die innerstädtischen Kirchenfriedhöfe im 18. Jahrhundert. Im 19. Jahrhundert werden sie schließlich sogar gesetzlich verboten. Nämliches gilt für Kirchenbestattungen, in deren Genuss nur noch Monarchen und hochrangige Glaubensmänner gelangen. Landflucht und damit immer größere Platz- und Hygieneprobleme in den Städten führen zu großen Friedhofsneugründungen. Die heutigen Touristenattraktionen von Paris, die Friedhöfe Père Lachaise (1804), Montparnasse (1824) und Montmartre (1825) verdanken einem Dekret von Napoleon I. ihre Existenz. Die darin festgeschriebenen Regelungen (40 Meter von der Stadtmauer entfernt, 2 Meter hohe Mauer, 2 Meter tiefe Gräber, 5 Jahre Liegezeit etc.) beeinflussen die Friedhofsgestaltung in ganz Europa. Die damals verbreitete Angst vor krankmachender Luft und die Vorstellung, giftige Gase gingen von verwesenden Leichen in das Trinkwasser über, sind bis heute – unbegründete – Volksmeinung.

## 19. Jahrhundert

*Der Friedhof wird demokratisch*

Nach der Französischen Revolution 1789 wich ein Feudalstaat nach dem anderen der Demokratie – und die hielt auch auf dem Friedhof Einzug. In Paris galt ab 1794, dass es keinen Unterschied bei den Begräbnissen für Reiche und Arme geben darf. Die endgültig alle gleichmachende Kraft des Todes sollte durch streng geometrisch angelegte Begräbnisplätze ausgedrückt werden. Die Planer verschrieben sich dem Kampf gegen Kitsch. So genannte Millionärs- und Hochmut-Alleen, zu denen sich die mausoleengesäumten Prachtstraßen innerhalb der Friedhöfe entwickelt hatten, mussten weichen. Das Reihengrab hielt Einzug in die Begräbnisverordnungen und ist bis heute die auf deutschen Friedhöfen vorrangig angewandte Grabform.

Ohne Ansehen von Vermögen, Stand und sogar Religion wurden die Toten in der zeitlichen Abfolge ihres Sterbens beerdigt. Nach der vorgeschriebenen Ruhezeit war eine Verlängerung nicht möglich, das Grab wurde eingeebnet und wiederverwertet. Reiche Familien konnten sich dennoch ihr Familien- (oder Wahl-)grab kaufen, und bedeutende Bürger bekamen Ehrenplätze in Mauernischen und Arkadengängen.

## Ausgehendes 19. Jahrhundert
### *Der Zentral- und Parkfriedhof*

Die seit dem 17. Jahrhundert aus den Städten verbannten Friedhöfe waren durch das Ausufern der Siedlungen längst wieder von Wohnvierteln eingeschlossen – Immobilienhaie warfen ihre Augen auf die wertvoll gewordenen Flächen. Die nun über das Stadtgebiet verstreuten ehemaligen Gottesäcker waren überfüllt, so dass die Stadtplaner – auch unter dem Einfluss der Rationalisierung, die das Industriezeitalter mit sich brachte – Zentralisierungen ins Auge fassten. Der erste Großfriedhof für alle Bewohner einer Stadt war der Zentralfriedhof in Wien. Während der größte Friedhof Österreichs wie andere große Friedhofsgründungen dieser Zeit geometrisch geplant wurde, griffen andere Städte den durch die Englischen Gärten und die amerikanischen Parkfriedhöfe gesetzten Trends der Landschaftsarchitektur auf. Der Münchner Waldfriedhof, der Parkfriedhof Ohlsdorf in Hamburg oder der Nordfriedhof Düsseldorf sind Beispiele dafür.

## 20. Jahrhundert
### *Technik und Rationalisierung*

Der Siemens-Ofen von 1856 stand nicht in der Küche, sondern in Stahlwerken und Glashütten. Durch Vorwärmung von Luft und Gas konnten höchste Temperaturen erzeugt werden. Diese Technik war Voraussetzung dafür, dass sich Ende des

19. und Anfang des 20. Jahrhunderts die Kremation als Bestattungsform wieder etablierte. War sie in der Antike noch die vorherrschende gewesen, hatten die Christen sich davon abgewandt und sie sogar verboten und den Hexen vorbehalten. Ausgehend vom protestantischen Bürgertum gründete sich nach 1870 eine Feuerbestattungsbewegung mit Vereinen, die Aufklärung betrieben. Große Krematoriumsbauten entstanden, der erste davon in Gotha 1878, Heidelberg folgte 1891 und Hamburg 1892. Die Arbeiterbewegung unterstützte die Idee; 1925 zählte die Feuerbestattungskasse Groß-Berlin 600 000 Mitglieder.

Die Anlage neuer Friedhöfe musste auf die Unterbringung von Urnen in Kolumbarien und Urnenhainen Rücksicht nehmen. Auch Grabmale gerieten in den Blick der Gestaltungsreformer, die Städtebau, Architektur und Produktaussehen in den 1920er Jahren revolutionieren, wie zum Beispiel der Werkbund. Der Reichsausschuss für Friedhof und Denkmal e.V. gab 1922 Richtlinien heraus, die die Stele aus Naturstein (zum Wohl des Steinmetz-Handwerks) bevorzugten. Diese eignete sich auch dazu, industriell hergestellt zu werden. Der Friedhof als Ganzes wurde zum gartenarchitektonischen Kunstwerk erklärt, dessen Integrität die Beamten der Friedhofsverwaltung anhand strenger Satzungen bewahren. Die Bürokratie hält endgültig Einzug auf dem Friedhof, bis heute sind Art und Höhe der Bepflanzung, Form und Ausstattung der Grabmale, Sichtachsen, Grabeinfassungen und -einfriedungen vorgeschrieben.

## Soldatenfriedhöfe
*Heldenkult und Mahnmal*

Wie zu Zeiten der Pest im Mittelalter gab es im 20. Jahrhundert während der beiden Weltkriege drastisch verstärkten Bestattungsbedarf. Im Ersten Weltkrieg starben neuneinhalb, im Zweiten Weltkrieg 25 Millionen Soldaten. Dass Soldaten überhaupt bestattet wurden, war eine Errungenschaft des Amerikanischen Bürgerkrieges. Zuvor waren Gefallene auf den

Schlachtfeldern den Aasfressern überlassen oder in Massengräbern verscharrt worden. In Deutschland kümmert sich seit 1919 der Volksbund Deutsche Kriegsgräberfürsorge um die schier unendliche Zahl deutscher Soldatengräber. Zu Anlage und Pflege der riesigen Gräberfelder mussten zunächst Erfahrungen gesammelt werden. Lange Reihen einfacher Holzkreuze ohne Bepflanzungen und Abgrenzungen erwiesen sich als zweckmäßig, da alle anderen Formen (Steineinfassungen, Grabhügel) nicht witterungs- und damit zeitenresitent waren. Da die Gräber des Ersten Weltkrieges bei Nationalisten als Heldendenkmäler hoch im Kurs standen, wurden auch „deutsche" Gestaltungselemente wie Eichen verbaut. Nach dem Zweiten Weltkrieg wurde auf Pathos und Überhöhung bewusst verzichtet. Die Anlagen sollen vor dem Krieg warnen, statt ihn zu verherrlichen.

## 21. Jahrhundert
*Individualität versus Ästhetik*

Seit den 90er Jahren des 20. Jahrhunderts werden die strengen Gestaltungsvorschriften angezweifelt und teilweise aufgebrochen. Das Grundrecht auf freie Entfaltung der Persönlichkeit (Art. 2 Grundgesetz) kollidiert immer öfter mit den Vorschriften. Zunächst waren es in den 1990er Jahren die HIV-Toten, die (bzw. deren Asche) in speziell gestalteten Grabanlagen bestattet wurden. Ihnen folgten separate Gräber für Buddhisten oder Anhänger des Hamburger Sportvereins *(siehe S. 217)*. Forscher nennen sie Clanfriedhöfe. Mustersatzungen des Städte- und Gemeindetages schreiben heute das Zwei-Felder-System vor: So soll es neben den traditionellen Reihen- und Wahlgräbern auch Bereiche geben, in denen Menschen ihre ganz persönlichen Geschmacksvorstellungen verwirklichen können. Verbote von Glas, Lichtbildern oder Keramik am Grab verschwinden nach und nach. Dass so genannte Designer nicht nur Sarg und Urne, sondern auch das Grabmal als Betätigungsfeld entdeckt haben, ist ein Umstand, den Ästheten teilweise mit Schaudern zur Kenntnis nehmen. Letztlich bestimmt nach wie vor die örtliche Friedhofssatzung, was erlaubt ist. Viele verharren in vergangenen Jahrhunderten, was Uniformität fördert, aber Wildwuchs verhindert. Zeitungsmeldungen, dass Verstorbenen der Wunsch nach dem Logo ihres Fußballvereins oder ihrer Lieblingsband auf dem Grabstein nicht gestattet werden, häufen sich. Zwei Trends schaffen immer mehr Platz auf dem Friedhof: Zum einen erfährt die Urnenbestattung immer größeren Zuspruch, andererseits lassen sich immer mehr Menschen anonym in Gemeinschaftsgrabfeldern bestatten. Erste Kommunen denken darüber nach, Teile ihres frei werdenden Friedhofsgrundes auf dem boomenden Immobilienmarkt anzubieten.

## Friedhof der Zukunft

*Technik und Esoterik*

Der Friedhof wird ein Spiegel der Gesellschaft bleiben. Es ist abzusehen, dass die Megatrends Design, Technisierung, Esoterik und Erlebnisorientierung auch die Gräberfelder des 21. Jahrhunderts bestimmen werden. Immer mehr Anbieter drängen mit technischen Lösungen auf den Markt und bieten durchgestaltete und spezialisierte Produkte an, die vom Design-Bergungssarg bis zum Erdbestattungssystem mit Belüftung reichen. Gleichzeitig wird der Friedhof mit dem Internet vernetzt. Liveübertragungen von Trauerfeiern werden auch die weit verstreut lebende Verwandtschaft einbeziehen. Mit Etos TV steht ein Begräbnissender am Start. Je mehr Technik in alle Lebens- und Sterbensbereiche vordringt, desto mehr besinnen sich Menschen auf die Natur. Esoterik ist keine Randerscheinung mehr, sondern Religionsersatz für Millionen von Europäern. Der Aufsplittung der Gesellschaft in unzählige Glaubens-, Gefühls- und Geschmacksrichtungen werden auch Friedhofsverwaltungen und Bestattungsunternehmen Rechnung tragen müssen. Event-Bestatter reichen bereits Sprizz und Hugo am Grab und lassen weiße Tauben aufsteigen.

# Hospiz und Palliativstation – was ist das?

Studien zeigen immer wieder: Die meisten Menschen möchten zu Hause sterben. Doch die Realität liegt weit neben diesem Wunsch. Der Ort, in dem das Leben üblicherweise endet, ist das Krankenhaus. Wie der Name sagt, ist das der Platz, an dem Kranke gesund gemacht werden sollen. Der Tod ist im Konzept des Hospitals nicht vorgesehen. Hier ist der Sterbende ein Störfaktor für die auf Heilung und Lebenserhalt ausgerichteten Abläufe. In älteren Einrichtungen gibt es nicht einmal geeignete Verabschiedungsräume. Eine Leiche wird oft schneller im Keller abgestellt, als die Angehörigen schauen können.

Hospize und Palliativstationen geraten daher immer stärker in den Fokus der Öffentlichkeit. Dabei handelt es sich um Einrichtungen, die sich auf Sterbende und Todkranke spezialisiert haben. Bereits im 19. Jahrhundert entstanden in Frankreich und England vereinzelt die ersten Sterbehospize. Doch erst im 20. Jahrhundert beschäftigten sich Ärzte und Pflegeprofis intensiv damit, das Sterben erträglich zu machen. Die Krankenschwester und Ärztin Cicely Saunders setzte ihre Ideen in die Tat um und gründete 1967 das erste moderne Sterbehospiz in London. Ihr Beispiel machte Schule. Heute gibt es weltweit fast 10 000 Einrichtungen für palliative Pflege, jedoch häufen sie sich in den entwickelten und reichen Ländern. Wie die World Palliative Care Alliance berichtet, gab es 2011 in nur 58 Prozent aller Länder eine solche Einrichtung.

Selbst unter Ärzten ist nicht immer bekannt, was ein Hospiz und eine Palliativstation überhaupt leisten, beklagt Gian Domenico Borasio, Professor für Palliativmedizin an der Universität Lausanne. In seinem sehr lesenswerten Buch *Über das Sterben* klärt er darüber auf. Den wichtigsten Tipp hält Professor Borasio jedoch für diejenigen bereit, die tatsächlich zu Hause sterben: Haben Sie Töchter! Denn im Alter sei der Ehepartner, falls noch am Leben, ebenfalls schwach. Und die Wahrscheinlichkeit, von der eigenen Tochter zu Hause gepflegt zu werden, sei vier Mal größer, als dass sich der Sohn an die Bettpfanne wagt. Wer nur Jungs hat, solle sich mit seinen Schwiegertöchtern gut stellen. Auch sie pflegen Sterbende statistisch häufiger als Söhne. Und wer gar keine Nachkommen hat (bei der wachsenden Anzahl der Singlehaushalte bald die Mehrheit), ist auf eine Einrichtung der palliativen Pflege angewiesen.

Bei der Auswahl des Alterswohnsitzes sollte man sich fragen, ob es in der Nähe ein Hospiz oder eine Palliativ-Einrichtung gibt. Nur, was machen die überhaupt?

## Was geschieht in einem Hospiz?

Ein Hospiz ist ein Pflegeheim, das auf Sterbende spezialisiert ist. In einer meist kleinen Zahl von wohnlich eingerichteten Zimmern kümmern sich die Pflegekräfte und Hospizhelfer um alle Belange der todkranken Menschen in ihren letzten Wochen und Tagen. Auch die Familien werden eng eingebunden und stehen im Ziel der Bemühungen. Diese enden dementsprechend nicht mit dem Tod des Patienten, sondern begleiten die Trauernden. Hospize haben keine festen Ärzte; die medizinische Versorgung wird von Hausärzten erbracht. Eine wichtige Rolle spielen die Hospizhelfer, von denen es in Deutschland 80 000 gibt. Sie nehmen sich der Belange der Sterbenden und ihrer Angehörigen an. Die relativ hohe Anzahl erklärt sich damit, dass die Hospizbewegung von ehrenamtlichen Mitarbeiterinnen und Mitarbeitern der Hospizvereine getragen wird. Sie kümmern sich auch in Gegenden, in denen es keine stationären Hospize gibt, um Sterbende und ihre Familien, indem sie Haus- und Krankenhausbesuche machen.

## Was geschieht auf einer Palliativstation?

Anders als landläufig gemutmaßt, werden auf einer Palliativstation (lat.: *palliare* = bemänteln, verdecken) nicht in erster Linie Sterbende ärztlich versorgt. Ziel der Palliativmedizin ist vielmehr, Krisen unheilbar Kranker zu bewältigen. Interdisziplinäre Teams aus Ärzten, Pflegekräften, Sozialarbeitern, Seelsorgern und Psychologen arbeiten eng zusammen, damit ein Patient nach Hause verlegt werden kann, wo er vom Hausarzt weiter betreut wird. Manche Patienten sterben auf der Station, manche werden nach ihrem Aufenthalt in ein stationäres Hospiz verlegt. Die Entlassungsquote beträgt rund 50 Prozent. Krankenhäuser, die keine eigene Palliativstation haben, beschäftigen dennoch oft Palliativmediziner, die im Rahmen eines palliativmedizinischen Konziliardienstes die Ärzte, auf deren Stationen die Todkranken liegen, beraten. Darüber hinaus gibt es seit der Gesundheitsreform 2007 in Deutschland die „Spezialisierte Ambulante Palliativversorgung" (SAPV). Die SAPV-Teams unterstützen vor allem die Hausärzte bei der häuslichen Betreuung. Sie bieten eine Rund-um-die-Uhr-Bereitschaft, um unnötige Krankenhauseinlieferungen zu vermeiden und den Wunsch nach Zu-Hause-Sterben zu unterstützen.

## Was machen niedergelassene Ärzte?

Gian Domenico Borasio bezeichnet die niedergelassenen Ärzte als „die wichtigste Säule der Sterbebegleitung". Sie sind es, die Patienten zu Hause, im Hospiz oder nach der Entlassung aus der Palliativstation betreuen. Borasio fordert, dass die Ausbildung der Haus- und Allgemeinmediziner entsprechend erweitert wird: „In einem einwandfrei funktionierenden Gesundheitssystem sollten über 90 Prozent der Sterbenden gut begleitet und mit guter Symptomlinderung sterben können, ohne jemals einen Palliativmediziner zu Gesicht zu bekommen." Tipp: Suchen Sie sich einen guten „Family Doctor".

# Rose, Efeu, Chrysantheme

Wenn wir unsere Gefühle schwer mit Worten ausdrücken können, lassen wir Blumen für uns sprechen. Das ist in der Liebe genauso wie angesichts des Todes. Die Grammatik der Pflanzen ist einfach: Blüten symbolisieren das Leben – und seine Vergänglichkeit. Die aus dem Grab wachsende Pflanze steht für Erneuerung, die Schnittblume für Sterben. Und doch ist die grüne Sprache komplex: Farbe, Form, Blattanzahl, Duft, Fruchtbarkeit und Heilwirkung verleihen jeder Pflanze ihre eigene Bedeutung, manchmal auch ihre Geschichte, die bis in vorbiblische Zeiten zurückreichen kann. Die Frau, die die Blumensprache beherrscht wie kaum eine zweite, ist Anna Lindner. Seit 50 Jahren arbeitete sie als Blumenbinderin, wie sie sich bescheiden selbst bezeichnet. Für viele ihrer Kunden ist sie jedoch die „Blumenflüsterin". Und wer sie in der Gärtnerei am Münchner Nordfriedhof beobachtet, weiß, dass das stimmt.

„Früher gab es klassische Beerdigungs- und Grabpflanzen wie Nelken, Veilchen und der Rosmarin, der auch gegen Gerüche wirkte", berichtet Anna Lindner. „Heute dagegen richtet man sich bei der Auswahl der Blumengaben für eine Trauerfeier nach den Vorlieben und den Gewohnheiten des gestorbenen Menschen." Sargbukette, Herzen und Kränze werden mit Blumen bestückt, die der Tote zu Lebzeiten gerne am Fensterbrett stehen hatte oder die der Flora des liebsten Reiszieles entsprechen. „Ich habe schon Geranien zu Kränzen gebunden und Alpenblumen besorgt. Immer öfter werden Olivenzweige nachgefragt. Die Leute lieben eben ihren Balkon, die Berge oder leben in der Toskana. Daran will man in der Stunde des Abschieds erinnern." Dennoch sterben die Klassiker nicht aus:

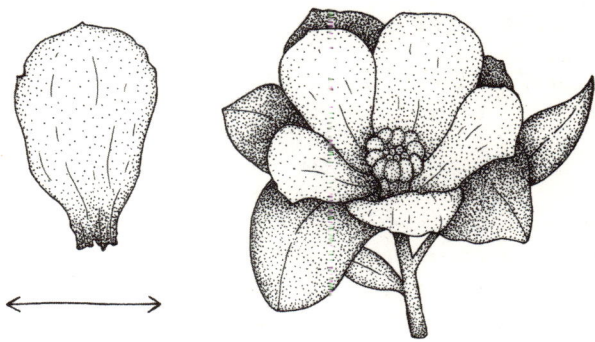

**Buchsbaum**

Wie alle immergrünen Pflanzen werden die kleinen Büsche gerne zur Grabbepflanzung verwendet. Sie treiben nach einem Rückschnitt wieder aus und signalisieren Ausdauer, das ewige Leben und Liebe über den Tod hinaus.

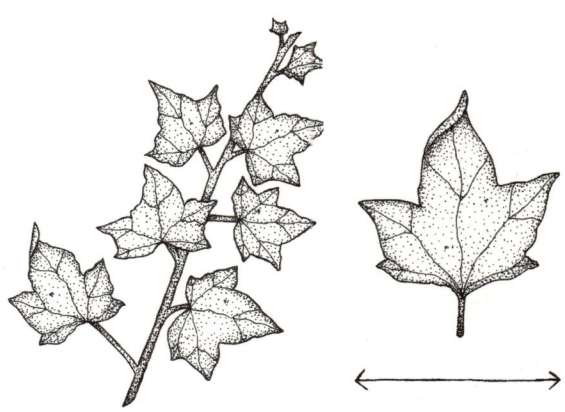

**Efeu**

Was er umschlingt, gibt er nicht mehr her. Daher steht Efeu für Treue, ewige Freundschaft, Fruchtbarkeit und Leben. Frühe Christen betteten ihre Verstorbenen auf Efeu, da Getaufte unsterblich wie die Rankenpflanze sind.

Rose

Seit der Antike steht die Rose für ein Geheimnis – oft für eine geheime Liebe.
Die Fünfblättrigkeit soll das Pentagramm, den Drudenfuß, darstellen, das rö-
mische Symbol der Venus, das Zeichen der Magier gegen das Böse.

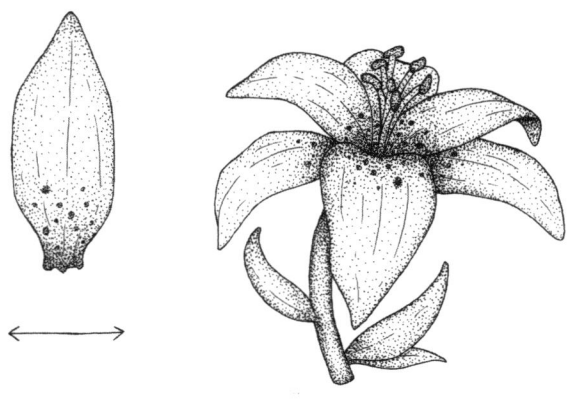

Lilie

Das Symbol für Reinheit, Jungfräulichkeit und somit für die Mutter Gottes ist
die Lilie im Christentum. Sie wurde zu einer klassischen Beerdigungsblume,
die als Zwiebelpflanze auch das Überwinden des Todes ausdrückt.

Chrysantheme

Als Novemberblüher ist diese Herbstblume ein Sinnbild für das Gedenken an Tote und wurde zur Trauerpflanze schlechthin. In China ist sie die Blume des Kaisers, deren tausend Blätter abfallen, wenn man nur eines ausreißt.

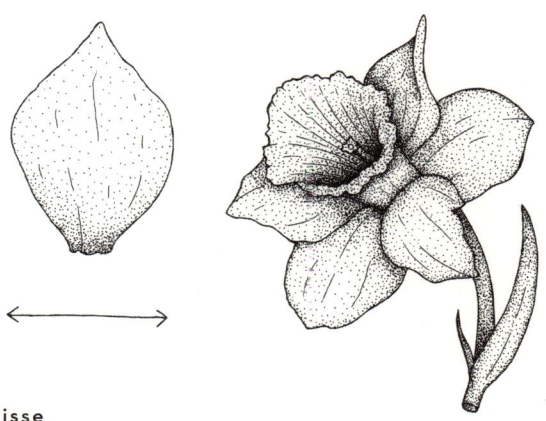

Narzisse

Sie überwintert als Zwiebel, um im Frühjahr ihre Kraft zu entfalten. Damit symbolisiert die Narzisse Fruchtbarkeit, Lebenskraft, aber auch Schlaf, Tod, Wiedergeburt und die Hoffnung auf ein ewiges Leben.

# Mit dem Testament Gutes tun

Sie haben keine oder undankbare Kinder? Oder sind der Ansicht, dass geschenktes Geld deren Charakter verdirbt? Vielleicht ist Ihr Vermögen auch groß genug, dass es für Ihre Nachkommen und ein paar weniger glücklich geborene Menschen reicht? Dann sorgen Sie doch zu Lebzeiten dafür, dass Ihr Geld, Ihre Immobilien und Ihre Anlagen nach Ihrem Tod Gutes tun, indem Sie sie in eine Stiftung einbringen. Dabei ist eine Neugründung ebenso möglich wie eine so genannte Zustiftung zu einer bestehenden Stiftung. Das Nachhaltige am Konzept der Stiftung: Das Stiftungsvermögen darf meist von der eingesetzten Stiftungsverwaltung nicht angetastet und ausgegeben werden. Für den vom Stifter bestimmten guten Zweck werden nur die Erträge aus dem Kapital verwendet. Daher sollten Neustiftungen eine gewisse finanzielle Grundausstattung aufweisen, Fachleute sprechen von mindestens einer Million Euro, damit sich die Sache lohnt. Stiftungen sind in aller Regel auf ewig angelegt und unterliegen der staatlichen Aufsicht.

In vielen Städten und Gemeinden gibt es eine kommunale Stiftungsverwaltung, der nicht rechtsfähige Stiftungen zugedacht werden können. Stifter stellen somit sicher, dass die Erträge ihres Vermögens an ihrem Heimatort verwendet werden. Und sie sorgen dafür, dass keinerlei Verwaltungsgebühren die Stiftungserträge schmälern. Denn die Verwaltung übernehmen städtische Bedienstete, die auch von der Stadt bezahlt werden. Die größte kommunale Stiftungsverwaltung Deutschlands ist diejenige der Stadt München. Sie verwaltete nach eigenen Angaben im Jahr 2012 insgesamt 191 Stiftungen für ihre Bürger.

Davon haben 167 einen sozialen Zweck, die anderen sind Kunst und Kultur, Wissenschaft und Forschung sowie Bildung und Gesundheit gewidmet. Zinsen aus 200 Millionen Euro Kapitalvermögen, Mieteinnahmen aus 81 Immobilien sowie Erträge aus zwölf Erbbaurechtsgrundstücken werden jährlich ausgeschüttet. Im Jahr 2011 waren das 5,8 Millionen Euro, die an über 12 000 Haushalte in Notsituationen sowie für 196 steuerbegünstigte soziale Einrichtungen in München vergeben wurden.

Wenn große Unternehmen ihre Vermögenswerte oder Teile davon stiften, geschieht dies meist im Rahmen einer rechtsfähigen Stiftung. Diese muss für ihren Verwaltungsaufwand selbst aufkommen. In Deutschland gibt es einige sehr große Stiftungen, die nicht nur einen guten Zweck erfüllen, sondern auch die Unternehmen, aus denen sie oftmals hervorgegangen sind, weiterhin innehaben und betreiben. Das beste Beispiel dafür ist die Robert Bosch Stiftung. Sie besitzt ein Stiftungsvermögen von über fünf Milliarden Euro und hat 2012 rund 69 Millionen Euro an philanthropische Ziele ausgeschüttet, die der Unternehmens- und Stiftungsgründer Robert Bosch einst festgehalten hat. Die Stiftung ist Mehrheitsgesellschafter der Robert Bosch GmbH, die weltweit Elektroprodukte herstellt und vertreibt, hat aber kein Stimmrecht an der operativen Gesellschaft. Dieses liegt bei der Familie Bosch und der Bosch Industrietreuhand GmbH. Diese komplexe Konstruktion sorgt dafür, dass die wohltätigen Zwecke der Stiftung und das Wirtschaften des Industriebetriebes voneinander unabhängig bleiben.

Potenzielle Stifter sollten sich von spezialisierten Anwälten oder den Stiftungsverwaltungen der Städte und Gemeinden beraten lassen, denn es gibt von der richtigen Abfassung des Testaments, der Nachlassabwicklung und Stiftungserrichtung bis hin zur Auswahl und zielgerichteten Erfüllung des Stiftungszwecks eine Menge falsch oder richtig zu machen.

Der Tod

**und
das
Leben**

# Gemeinsam mit den Toten feiern

Am Tag der Toten, zwischen Allerheiligen und Allerseelen, gehen Mexikaner auf die Friedhöfe, um mit den Verstorbenen zu essen, zu trinken, zu feiern. Nach wochenlangen Vorbereitungen präsentieren sich die Lebenden in Knochenkostümen und Schädelmasken, um dem Aussehen der Toten möglichst nahe zu kommen. Der sich über Amerika ausgebreitete Halloween-Kult und Tim Burtons Grusical „A Night Before Christmas" haben Figuren des Día de los muertos wie La Catrina und die Schädel, die Calaveras, aufgegriffen und weltweit bekannt gemacht.

La Catrina als Revolutionärin

La Catrina gehört zu den bekanntesten Figuren des mexikanischen Totentages. Wahrscheinlich ist sie eine Schöpfung des mexikanischen Kupferstechers
und Karikaturisten José Guadalupe Posada (*1854; †1913).

### Dandy-Skelett im Smoking

Der Widerspruch zwischen dem morbiden Charme von Totenschädeln und elegantem Outfit drückt nichts anderes aus als: Der Tod ist demokratisch. Er macht uns alle gleich, egal ob wir im Leben reich waren oder arm.

**Fast wie im Karneval**

Der Tod ist zuckersüß – dies zumindest versprechen die Kamellen, die unter
den Feiernden verteilt werden. Nur dass die Süßigkeiten an diesem Tag die
Form von Totenschädeln, Skeletten oder Särgen haben.

Ein Fest für die ganze Familie

Mit Kind und Kegel besuchen die Mexikaner an Allerheiligen ihre Toten. Dazu bringen sie ihnen ihre Lieblingsspeisen, aber auch Tequila mit, die dann auf den geschmückten Gräbern serviert und genossen werden.

Fesch herausgeputzte Calaveras

Die Mexikaner verdrängen den Tod nicht. Es gibt keine Tabus: Auch die Toten haben Lust, ausgelassen Party zu machen. Also feiern sie mit den noch Lebenden, um sich an die gemeinsamen Zeiten zu erinnern.

**Bitte an Halloween nachmachen!**

Wer den Día de los muertos einmal selbst erleben will, muss dafür nicht nach Lateinamerika fliegen. Am Moritzplatz in Berlin-Kreuzberg wird das Jubelfest seit nunmehr zehn Jahren ebenfalls ausgelassen gefeiert.

# Der Tod ist immer und überall

Der Tod sei aus unserer Gesellschaft verdrängt, heißt es. Doch das Gegenteil ist der Fall. Nicht nur begegnet er uns in Fernsehkrimis und in Schlagzeilen der Boulevardmedien im Fünf-Minuten-Takt. Er bestimmt auch die Politik. Die Angst vor ihm hat die Kraft, nach vereinzelten Vogelgrippeinfektionen ein Talk-Show-Konzert zu dirigieren. Sie bringt fertig, was Generationen von Demonstranten nicht geschafft haben: Über Nacht verändert sie die deutsche Atomenergiepolitik. Offenbar scheinen gewiefte Politiker zu wissen: Der Gedanke an den Tod quält uns weitaus öfter, als uns bewusst ist. Wir müssen keine Traueranzeigen in der Zeitung, keinen Leichenwagen, keinen Friedhofswegweiser sehen, um uns mit dem Sterben auseinanderzusetzen. Wir tun dies ständig. Bei der Auswahl der Kindersitze, vor dem Kühlregal im Supermarkt, wo wir nach Joghurt mit rechtsdrehender Milchsäure Ausschau halten, und wenn wir morgens durch den Park rennen. Indem wir solches tun und kaufen, hoffen wir, unser Leben zu verlängern. Also den Tod hinauszuzögern. Wie wir mit einem Fingerwischen auf dem Smartphone Termine verschieben, möchten wir den Zeitpunkt unseres Todes in die eigene Hand nehmen. Der Tod und seine Vermeidung – oder wenigstens seine Verzögerung – werden zum Antrieb unseres Tuns. Dieser Antrieb lässt uns nicht nur vermeintlich lebensverlängernde Lebensmittel und Verhaltensweisen den ungesunden vorziehen. Er lässt uns in allen Bereichen des modernen Lebens nach einem Höchstmaß an Sicherheit streben. Wir verbringen den freien Samstag im Baumarkt, um Rauchmelder für jedes Zimmer zu kaufen. Wir setzen den frisur-

und coolnessfeindlichen Fahrradhelm auf. Wir schränken unseren Alkoholkonsum drastisch ein. Rauchen? Bewahre!

Die Sterbensverzögerung durch Selbstoptimierung – sprich Anti-Aging – ist längst Dauerthema für die Publikumsmedien. Und was bedeutet dieses „Gegen-Altern" anderes als „Tod-Verzögern"? Die Webseite *brigitte.de* verrät „7 Geheimnisse des jugendlichen Aussehens". Auch *Focus Online* präsentiert die magische Sieben: „Mit sieben Tricks zehn Jahre länger leben". Weiter recherchiert haben die Kollegen von *bild.de*. Sie bringen es auf „33 Tipps, wie Sie länger leben", angeführt von „Kaffee trinken, öfter sexeln, Bierchen zischen". Die Beschäftigung der Medien mit der selbstgesteuerten Lebensausweitung steht im Einklang mit ihren Werbekunden. Mit Herstellern und Händlern von Lebens- sowie Nahrungsergänzungsmitteln, mit Kosmetik- und Modebranche, mit Gesundheitskassen (früher: Krankenkassen) und Versicherungen setzen gigantische Industrien ihre Kommunikationsbudgets gezielt dazu ein, uns davon zu überzeugen, dass ihre Produkte dem Älterwerden und Sterben zumindest ihre Schärfe nehmen. Die Konsumgütererzeuger schlüpfen damit in die Rolle, die einst die Götter und Religionen sowie ihre Kirchen und Priester einnahmen. Sie verstanden es, den Glauben an das Leben nach dem Tod als Gegenmittel der menschlichen Angst vor dem eigenen Vergehen zu verkaufen – mit der Bedingung, dass nur das jeweils eigene Glaubenssystem diese Rettung bewerkstelligen könne. Diese Rettung vertreiben heute Joghurtabfüller. Ihre Bedingung ist ebenfalls unbedingter Glaube. Allerdings nicht mehr der Glaube an einen Gott, sondern an rechtsdrehende Milchsäure. Nur in einem Punkt haben die neuen Anbieter von Seelenheil das Geschäftsmodell verändert. Ihr Bezahlsystem ist irdisch und basiert auf Wiederholbarkeit. Sie behaupten nicht, die Rettung vor dem Tod für immer und ewig anzubieten, und müssen daher nicht eine Seele am Stück in Rechnung stellen. Sie fahren besser, wenn sie die Rettung vor dem Tod in Joghurtbecher abfüllen und für 99 Cent im Supermarkt verkaufen.

# Die tröstlichste
# mathematische Gleichung

Carl Haub ist Spezialist für die Zusammenstellung von Bevölkerungsdaten aus unterschiedlichsten Quellen. Seit 1979 arbeitet der Demograf für das amerikanische Population Reference Bureau in Washington. Seine Kunst besteht in der Erstellung von fundierten, aber, wie er selbst sagt, halbwissenschaftlichen „Guestimations". Diese verbreitete Analysetechnik, die aus beherztem Raten (engl.: *to guess*) und logisch fundiertem Schätzen (engl.: *to estimate*) besteht, lässt sich auf Deutsch mit „Pi mal Daumen" nur unzureichend übersetzen. Haubs Meisterstück ist die von ihm 1995 erstmals errechnete Zahl aller Menschen, die jemals auf dem Planeten Erde gelebt haben. 2011 hat er diese Zahl zum letzten Mal überarbeitet. Die Kalkulation ist eine Gleichung mit vielen Unbekannten. Carl Haub setzt zunächst fest, dass der Homo sapiens 50 000 Jahre v. Chr. entstand. Ein Mathematiker muss nun einmal einen festen Ausgangspunkt für seine Gleichung haben. Daraufhin setzt er in seinem Modell die radikale Zahl Zwei als Ursprungspopulation an. Dann schätzt er, wie viele Menschen zu unterschiedlichen Epochen auf der Erde gelebt haben, und multipliziert die Anzahl der Jahre mit angenommenen Geburtenraten. Auf diese Weise summiert sich die Zahl der bis Mitte 2011 jemals geborenen Menschen auf knapp 108 Milliarden. Zieht man die sieben Milliarden Menschen davon ab, die im Jahr 2011 auf der Erde gelebt haben, weiß man, wie viele einzelne menschliche Tode sich in den ersten 52 000 Jahren der Menschheitsgeschichte ereignet haben: 101 Milliarden mal ist ein Mensch auf diesem Planeten gestorben. So bekommt der eigene Tod einen neuen Stellenwert.

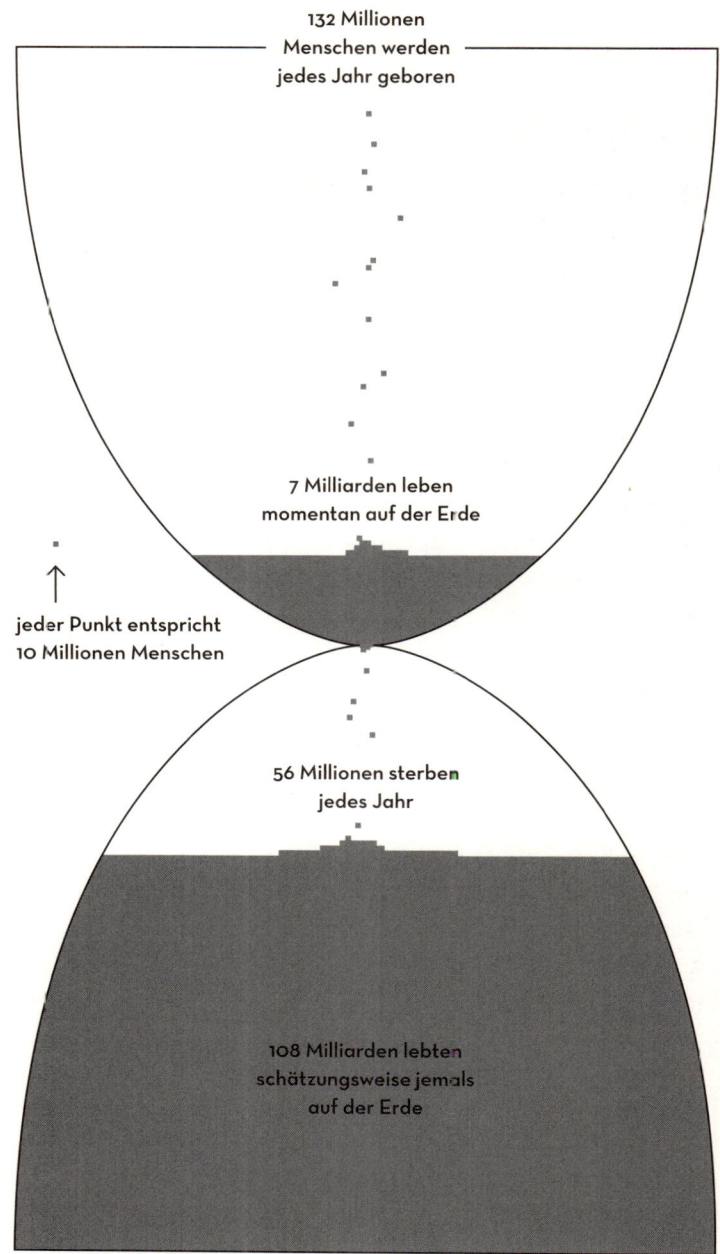

132 Millionen
Menschen werden
jedes Jahr geboren

7 Milliarden leben
momentan auf der Erde

↑
jeder Punkt entspricht
10 Millionen Menschen

56 Millionen sterben
jedes Jahr

108 Milliarden lebten
schätzungsweise jemals
auf der Erde

# Der Tod kommt
# nicht mehr nach

Von deutschen Politikern beklagt, im Sinne der Eindämmung der weltweiten Überbevölkerung zu begrüßen – dabei aber nur ein Tropfen auf dem heißen Stein: Die Deutschen werden immer weniger. Jährlich gibt es 190 000 mehr Todesfälle als Lebendgeburten in der Bundesrepublik. Die Österreicher und Schweizer hingegen gleichen durch heimische Produktion den biologischen Schwund aus (Geburtenüberschuss in Österreich 2010: 1543; Schweiz: 17 641). Auch die Europäische Union wächst

|  | Welt | EU |
|---|---|---|
| Sterbefälle pro Jahr | 56 260 000 | 4 845 400 |
| pro Monat | 4 688 333 | 403 783 |
| pro Woche | 1 081 923 | 93 181 |
| pro Tag | 4 688 333,3 | 13 275 |
| pro Stunde | 154 137 | 553 |
| pro Minute | 107 | 9 |
| pro Sekunde | 1,8 | 0,1 |
| | | |
| Geburten pro Jahr | 132 675 000 | 5 358 700 |
| pro Monat | 11 056 250 | 446 558 |
| pro Woche | 2 551 442 | 103 052 |
| pro Tag | 363 493 | 14 681 |
| pro Stunde | 15 145 | 612 |
| pro Minute | 252 | 10 |
| pro Sekunde | 4,2 | 0,2 |
| | | |
| Geburten-Sterbefälle | 76 415 000 | 513 300 |

– allein durch Vermehrung und ohne Zuzug einzurechnen – mit einer halben Million Menschen pro Jahr. Und fast die Menschenmenge eines deutsches Volkes, knapp 80 Millionen Menschen, kommt jährlich weltweit neu hinzu. In Asien und Afrika. Das bedeutet eine weltweite Wachstumsrate von 1,1 Prozent pro Jahr. Hält diese Rate an, wird sich die Menschheit in 63 Jahren auf dann 14 Milliarden Erdbewohner verdoppelt haben. Experten prophezeien zwar, dass bei 9 oder 10 Milliarden Menschen ein Nullwachstum eintreten wird. Das Wort „Nullwachstum" bedeutet übersetzt in die Sprache des wirklichen Lebens, dass ein nie gekanntes Massensterben durch Kriege, Hungersnöte und Seuchen einsetzen wird. Woher sonst käme der Wachstumsstopp? Einzige Alternative: Die Völker der Welt werden rechtzeitig lernen müssen, wesentlich weniger Kinder zu bekommen – so, wie es das deutsche Volk bereits heute vormacht. Denn rechtzeitig bedeutet in diesem Fall: jetzt.

| Deutschland | Österreich | Schweiz | |
|---|---|---|---|
| 852 328 | 77 199 | 62 649 | Sterbefälle pro Jahr |
| 71 027 | 6433 | 5221 | pro Monat |
| 16 391 | 1485 | 1205 | pro Woche |
| 2335 | 211 | 172 | pro Tag |
| 97 | 9 | 7 | pro Stunde |
| 1,6 | 0,1 | 0,1 | pro Minute |
| 0,03 | 0,0 | 0,0 | pro Sekunde |
| | | | |
| 662 685 | 78 742 | 80 290 | Geburten pro Jahr |
| 55 224 | 6562 | 6691 | pro Monat |
| 12 744 | 1514 | 1544 | pro Woche |
| 1816 | 216 | 220 | pro Tag |
| 76 | 9 | 9 | pro Stunde |
| 1,3 | 0,15 | 0,15 | pro Minute |
| 0,02 | 0,0025 | 0,0025 | pro Sekunde |
| | | | |
| -189 643 | 1543 | 17 641 | Geburten-Sterbefälle |

# Innige Umarmung mit dem Unausweichlichen

Aus der Kunst der letzten 500 Jahre ist das Motiv „Der Tod und das Mädchen" nicht wegzudenken. Maler, Bildhauer, Poeten und Komponisten haben es seit dem frühen 16. Jahrhundert immer wieder aufgegriffen. Zunächst war es Hans Baldung Grien, der das Sujet wohl aus den Totentänzen destillierte. Ihm folgte Niklas Manuel, der einen sehr obszönen handgreiflichen Tod zeigt. Vanitas-Motivik vereint sich mit purer Erotik. Im 20. Jahrhundert arbeiten damit Edvard Munch, Adolf Hering und Egon Schiele, aber auch Vertreter des Neuen Realismus wie Peter Sorge.

George Clark Stanton
(*1832; †1894)

Death and the Maiden, undatiert

Hans Baldung Grien
(*1484; †1545)

Tod und Mädchen, 1515

Niklaus Manuel, genannt Deutsch
(*1484; †1539)

Der Tod als Kriegsknecht umarmt ein Mädchen, 1517

Edvard Munch
(*1863; †1944)

Der Tod und die Frau, 1894

Egon Schiele
(*1890; †1918)

Tod und Mädchen, 1915

# Wir wollen, dass sie wiederkommen

Jeder von uns kann erfolgreich den Tod bekämpfen. Das Rüstzeug lehren das Rote Kreuz und andere Organisationen. Die Grundregel bei der Ersten Hilfe lautet: Man kann nichts falsch machen, außer man tut überhaupt nichts. Die wichtigsten lebensrettenden Sofortmaßnahmen sind (Reihenfolge abhängig von der vorgefundenen Situation):

1. Unfallort sichern
2. Verletzte und Retter aus Gefahrenzone bringen
3. Notruf absetzen
4. Stabile Seitenlage des Verunglückten
5. Herzdruckmassage, ggf. Defibrillation, Beatmung
6. Blutstillung und Schockbekämpfung

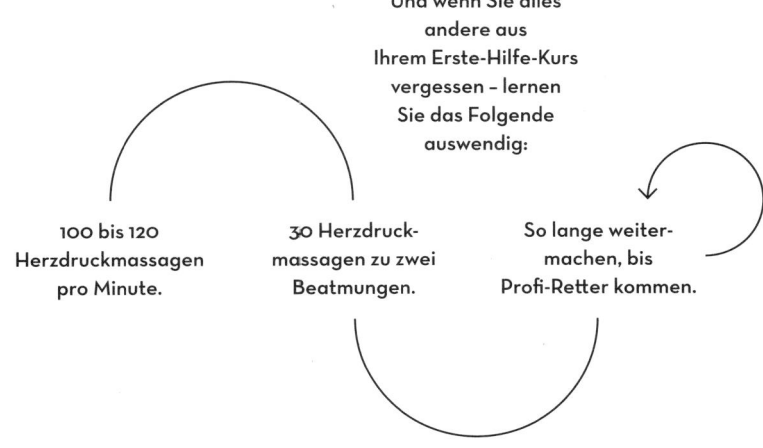

Und wenn Sie alles andere aus Ihrem Erste-Hilfe-Kurs vergessen – lernen Sie das Folgende auswendig:

100 bis 120 Herzdruckmassagen pro Minute.

30 Herzdruckmassagen zu zwei Beatmungen.

So lange weitermachen, bis Profi-Retter kommen.

# Fünf Dinge, die Sterbende bereuen

Die Australierin Bronnie Ware arbeitete in einer Bank, schmiss alles hin und ging auf Weltreise. Sie jobbte in einer Bar auf einer Südseeinsel. Als Mitarbeiterin eines Call-Centers verkaufte sie Abonnements für einen Porno-TV-Sender. Schließlich wurde sie Palliativpflegerin und kümmerte sich acht Jahre lang um Todgeweihte und Sterbende. Über die fünf Dinge, die Sterbende am meisten bereuen, schrieb sie ein Buch, das ein in 27 Sprachen übersetzter Bestseller wurde. Zur Überraschung vieler befindet sich die Klage „Wäre ich doch nur länger im Büro geblieben" nicht unter diesen Top Five. Bronnie Ware schreibt und produziert Musik, unterhält einen Blog über „Inspiration und Chai" und erfreut sich eines glücklichen Lebens. Hier die fünf Dinge, die laut ihrer Beobachtung Sterbende bereuen:

*„Ich wünschte, ich hätte den Mut gehabt,*
*mein eigenes Leben zu leben."*

*„Ich wünschte, ich hätte nicht so viel gearbeitet."*

*„Ich wünschte, ich hätte den Mut gehabt,*
*meine Gefühle auszudrücken."*

*„Ich wünschte, ich hätte den Kontakt*
*zu meinen Freunden aufrechterhalten."*

*„Ich wünschte, ich hätte mir erlaubt,*
*glücklicher zu sein."*

# Apfel, Palme, Scarabäus

Nicht nur der Tod hat seine Zeichen. Menschen wollten immer auch die Hoffnung auf ein Nachleben durch einfache Bilder ausdrücken. Hier die wichtigsten Motive für Optimisten:

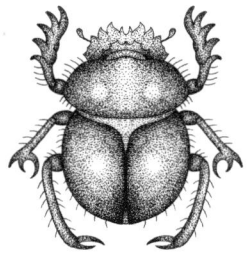

**Scarabäus**

**Anker**

Der Pillendreher stand bei den Altägyptern für Wiedergeburt, Fruchtbarkeit und Glück. Als der Nil noch ungebändigt floss, vermehrte sich der Käfer im Schlamm rasant. Kündigte sich das segensreiche Hochwasser an, kam er an Land. Seine Dungkugeln erinnerten an die Sonne und den Gott Re.

Das Seemannsgerät ist das Symbol für die Treue und daher Hintergrundbild für ungezählte Mädchennamen auf Matrosenarmen. In der christlichen Symbolik jedoch steht der Anker für die Hoffnung und auch für den festen Grund der Überzeugung, dass Jesus Christus den Tod besiegt hat.

## Mond

Das Gestirn, das wir sehen, ohne
dass es eigenes Licht aussendet,
steht für das Unbewusste, das In-
tuitive, die Seele. Außerdem
wacht der Mond über die Menschen in der Nacht (des Todes).
Schließlich wird ihm die Kraft über
das Weibliche und damit über das
(Wieder)gebären nachgesagt.

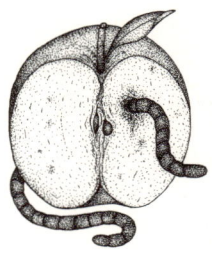

## Apfel

Auf alten griechischen Vasenma-
lereien ernten im Elysium, dem
antiken Paradies, junge Mädchen
Äpfel vom Baum. In allen späteren
Darstellungen, sei es als Frucht
vom Baum der Erkenntnis, sei es
als Mordwaffe in Schneewittchen,
stellt er den Übergang vom Leben
zum Tod – und zurück – dar.

## Boot

Das Wasserfahrzeug bedeutet
Rettung und Zusammenhalt, aber
grundsätzlich natürlich erst einmal: Reise. Die Fahrt ins Jenseits
traten die alten Ägypter wie die
Griechen, Römer, Indonesier und
Japaner per Boot an. Dieses Bild
könnte von Bräuchen stammen,
Tote auf Schiffen zu bestatten.

## Lotos

Der weiße ägyptische Lotos ist
mit dem echten Lotus aus Asien
nicht zu verwechseln. Die altägyp-
tische Pflanze des Lichts und der
Auferstehung steht mit ihrem
strahlenden Weiß auch für die
Reinheit. Im Juden- und Christentum übernehmen ebenfalls Lilien-
pflanzen diese Funktion.

**Sonne**

Der Stern, um den sich die Erde dreht, spendet Energie und damit das Leben. Das ahnten und wussten alle Kulturen, und so wurde die Sonne überall zum Symbol für das Göttliche, das Leben und für die Wiedergeburt: Sie geht jeden Abend unter (stirbt) und steigt am Morgen neu (geboren) empor.

**Krone**

Die Kopfbedeckung der Pharaonen, Kaiser und Könige ist ein verweltlichtes Sonnensymbol. Die runde Form verkörpert die Unendlichkeit, die Zacken die Strahlen. Das Synonym für die absolute Macht wurde in die Mystik rückübersetzt. Ewige Götter und Heilige tragen häufig Krone.

**Palme**

Die botanisch weit verzweigte Pflanzenfamilie ist der Paradiesbaum schlechthin. Die immergrünen Blätter drücken Unsterblichkeit aus und schmücken daher Märtyrer. Der Palmzweig ist seit frühchristlicher Zeit Ewigkeitssymbol auf Gräbern und eines der ältesten Symbole des Nachlebens.

**Hammer**

Als Werkzeug und Waffe verwendet, steht der Hammer für Aktion und Stärke. Und somit für Fruchtbarkeit und Leben. Allerdings spielte der Hammer bei den Etruskern eine andere Rolle. In deren Mythologie beförderte Dämon Charun per Hammerschlag die Lebenden zu den Toten.

# Fünf Fragen an eine Ungezähmte

Uschi Obermaier (Jahrgang 1946), Ex-Fotomodell, Ex-Groupie, Ex-Hippie, Ex-Kifferin, Ex-Sex-Idol, Ex-Schauspielerin, Ex-Sängerin, Ex-Kommunardin aus München, lebt heute als Schmuckdesignerin und Schriftstellerin in Topanga im Los Angeles County in Kalifornien. In den so genannten „Wilden Sechzigern" wurde die Tochter eines Dekorateurs zunächst in München, dann in Berlin und bald bundesweit bekannt. Sie wohnte gemeinsam mit Rainer Langhans, Dieter Kunzelmann, Fritz Teufel und Ulrich Enzensberger in der Berliner Kommune 1, wo angeblich nicht nur Joints, sondern auch Sexualpartner unter den Kommunarden die Runde machten. Später fuhr sie im selbst ausgebauten Bus um die Welt.

*1. Was passiert nach dem Tod?*
Wir werden in die ewigen Jagdgründe eingehen.

*2. Wo waren wir vor dem Leben?*
Überall.

*3. Was ist die Seele?*
Der innere Ausdruck des Selbst.

*4. Was ist der Sinn des Lebens?*
Zu lieben. (Alles.)

*5. Was wollen Sie unbedingt tun, bevor Sie sterben?*
Noch einmal alles.

## Die nicht ins Gras beißen

Wenn längst verstorbene Weltstars Reklame machen, konnte das Publikum bislang meist deutlich erkennen, dass die Werbefilmer getrickst hatten. Fred Astaire (*1899; †1987) tanzte postum mit dem Haushaltsgerät Dirt Devil. Der innovative Feger wurde in eine original Filmszene einkopiert, in der Astaire mit einem Besenstiel schwofte. Die visuellen Effekte, die die Computertechnik den Filmschaffenden mittlerweile bietet, erschaffen jedoch die perfekte Illusion. Audrey Hepburn (*1929; †1993) spielte in einem 2012 neu gedrehten Spot für einen Schokoriegel mit. Steve McQueen (*1930; †1980) muss alle paar Jahre wieder sein Faible für schnelle Autos zeigen: Ein Werbefilm für den Ford Puma erweckte 2004 den Eindruck, der von McQueen 1968 gespielte Frank Bullit sitze am Steuer des in Köln gebauten Fiesta-Ablegers. 2005 durfte McQueen im standesgemäßeren Ford Mustang durch ein Maisfeld rasen. Für die Uhrenmarke TAG Heuer spielte McQueen 2009 zusammen mit Formel-1-Star Lewis Hamilton eine Szene aus dem Film „Le Mans" von 1970 nach – 29 Jahre nach seinem Tod.

# Leaving
# (on) a Jetplane

Um es gleich zu sagen: Einen Flugzeugabsturz im eigentlichen Wortsinn werden Sie mit nahezu einhundertprozentiger Wahrscheinlichkeit nicht überleben. Wir wissen alle, dass der Sprung aus dem vierten Stock eines Hauses in den allermeisten Fällen tödlich endet. Wie kommen wir also auf die Idee, dass ein Körper, der bei einigen 100 bis knapp 1000 Stundenkilometern Geschwindigkeit bis zu 11 000 Meter tief fällt, auch nur den Hauch einer Chance hätte, den Aufprall zu überstehen? Dabei spielt es keine Rolle, worauf Sie fallen – den Sprung von der Golden Gate Bridge aus 67 Metern Höhe ins Wasser haben nicht mehr als 23 von über 1300 Suizidenten überlebt *(siehe S. 44–45)*. Die gute Nachricht: Sie werden den Aufprall auf der Erde nicht bewusst wahrnehmen. Sie werden äußerst rabiat durch die Luft geschleudert und verlieren das Bewusstsein. Außerhalb des Flugzeugrumpfes herrscht zudem empfindliche Kälte von bis zu minus 80 Grad Celsius, die Sie schockgefrieren lässt.

Die meisten Flugzeugunglücke ereignen sich sowieso am Boden oder in unmittelbarer Bodennähe. Also vor, nach und während Start und Landung. Die größte Bedrohung für das Leben der Insassen heißt dann: Feuer. Immerhin befinden sich in den Tanks eines mittleren Business-Bombers wie eines Airbus A 320 oder einer Boeing 737 mit rund 25 000 Litern so viel Sprit, dass ein moderner Mittelklassewagen damit gut zehn Mal um den Äquator fahren könnte. Der amerikanische Luftfahrtsmediziner Dennis Shanahan untersucht Obduktionsergebnisse von vielen Flugzeugunglücken. Er ist darauf spezialisiert, aus den Verletzungsmustern der Opfer den Hergang eines Crashs zu rekonstruieren. Laut seiner Einschätzung sind 80 bis 86 Prozent der Unfälle theoretisch überlebbar. „Theoretisch" bedeutet, dass die Evakuierung eines verunglückten Flugzeuges so verläuft, wie es die Vorschriften der Behörden vorsehen. In Ruhe und Ordnung. Leider ist das praktisch nicht so. Panik verhindert in den meisten Fällen, dass die Passagiere das Flugzeug geregelt verlassen können, bevor sich Feuer ausbreitet. Shanahan rät: „Sitzen Sie nah am Notausgang. Halten Sie den Kopf so weit unten wie möglich, um nicht Rauch und Hitze in die Lungen zu lassen. Wählen Sie den Fensterplatz, um nicht von den Koffern in den Ablagefächern erschlagen zu werden." Auf die Frage, wo im Flugzeug man sitzen wollte, um einen Crash zu überleben, vorne oder hinten, hat Shanahan keinen Rat: „Das kommt auf die Art des Unfalls an." Welchen Platz er selbst auf seinen eigenen Flügen bevorzuge, konnte er der Journalistin Mary Roach jedoch eindeutig antworten: „First Class!"

Mary Roach hat in ihrem Standardwerk „Die fabelhafte Welt der Leichen" noch einen weiteren Tipp für das Überleben eines Flugzeugunglücks: Seien Sie ein Mann! Nach einer Studie, die drei Flugzeugunfälle mit Evakuierung über Notausgänge untersuchte, gelangten signifikant mehr erwachsene Männer als Frauen und Kinder ins Freie. Gentlemen sind wohl in einer existenziell bedrohlichen Situation offenbar noch rarer gesät als im Alltagsleben. Flugzeugabsturz ist übrigens nicht gleich Flugzeugabsturz. Fachleute bezeichnen als gesteuerten Flug ins Gelände (engl.: *Controlled Flight into Terrain, CFIT*), wenn der Pilot ein intaktes Flugzeug in den Boden rammt, ohne sich dessen bewusst zu sein. Mögliche Ursachen sind ein falsches Ablesen des Höhenmessers oder eine Fehlprogrammierung des Autopiloten. Weiß der Pilot, dass sein nicht mehr beherrschbares Flugzeug crasht, spricht man vom unkontrollierten Flug ins Gelände (engl.: *Uncontrolled Flight into Terrain, UFIT*). Für den Passagier spielt diese Unterscheidung keine Rolle.

# Der Berg hat noch keinen umgebracht

Das Leben ist lebensgefährlich. Alles, was wir tun, ist mit einem gewissen Risiko versehen. Ist das Risiko, am Berg zu sterben, abhängig von Schwierigkeit, Höhe und Wetter? Ja, aber: Noch stärker hängt es ab vom einzelnen Bergsteiger. Einfach

| Zugspitze | Mont Blanc | Matterhorn | Mount Everest |
|---|---|---|---|
| 2962 m | 4810 m | 4478 m | 8848 m |
| | | | |
| Todesrisiko: | Todesrisiko: | Todesrisiko: | Todesrisiko: |
| 1 : 18 000 | 1 : 1875 | 1 : 1575 | 1 : 23,47 |
| Versuche: | Versuche: | Versuche: | Versuche: |
| 4 500 000 | 3 750 000 | 630 000 | 5070 |
| Tote: | Tote: | Tote: | Tote: |
| 250 | 2000 | 400 | 216 |

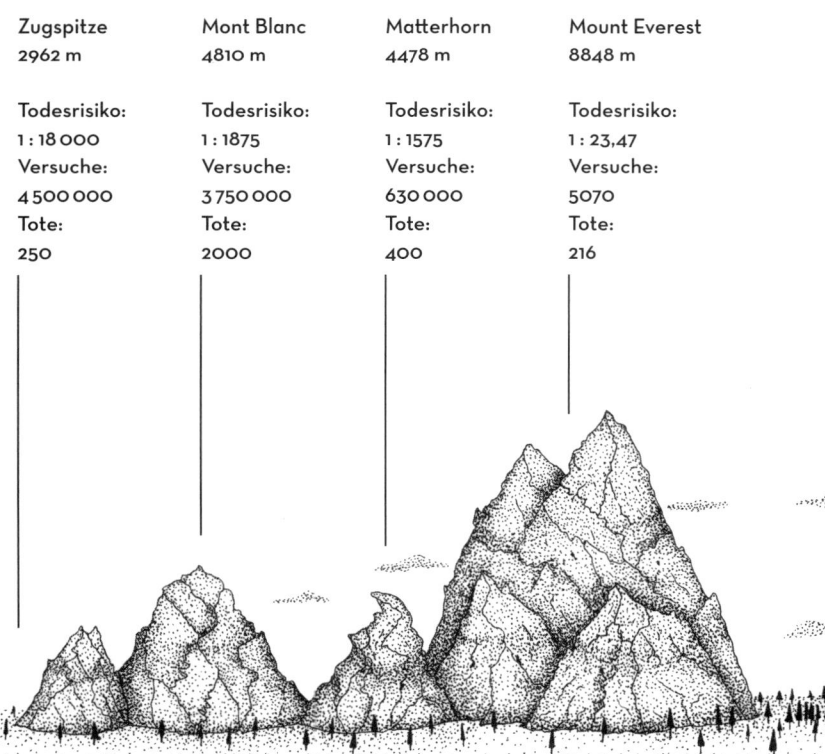

ausgedrückt: Die Zugspitze kann für den schlecht trainierten Turnschuhwanderer gefährlicher werden als der Mount Everest für den erfahrenen Expeditionsteilnehmer. Bergführer unterscheiden daher objektive und subjektive Gefahren. Zu den objektiven Gefahren zählen Stein- oder Blitzschlag. Sie können alle treffen – unabhängig von den Fähigkeiten. Subjektive Gefahren wie Selbstüberschätzung oder falsche Prognose des Wetters hängen von Können, Erfahrung und von der verwendeten Ausrüstung des Kletterers ab. Und dennoch gibt es eine Rangliste der gefährlichsten Berge. Sie errechnet sich aus der Anzahl der Versuche durch Todesfälle. Demnach sind die gefährlichsten Berge der Welt Annapurna, Nanga Parbat und K2.

| Dhaulagiri | K2 | Nanga Parbat | Annapurna |
|---|---|---|---|
| 8167 m | 8611 m | 8125 m | 8091 m |
| Todesrisiko: | Todesrisiko: | Todesrisiko: | Todesrisiko: |
| 1 : 6,73 | 1 : 4,87 | 1 : 4,79 | 1 : 2,33 |
| Versuche: | Versuche: | Versuche: | Versuche: |
| 417 | 302 | 326 | 140 |
| Tote: | Tote: | Tote: | Tote: |
| 62 | 62 | 68 | 60 |

## Radeln auf der Todesstraße

Auf 63 Kilometern Länge erklimmt die Yungas-Straße in Bolivien einen Höhenunterschied von 3600 Metern. Fahrfehler von Auto- und Lastwagenfahrern endeten oft am Fuße einer steilen Felswand. 1983 kamen bei einem Busunglück 100 Menschen um. Die Strecke zwischen La Paz und Coroico wurde in den Reiseführern zur „tödlichsten Straße der Welt" erklärt. Abenteuerlustige Touristen müssen sie einmal befahren haben. Doch sie wird kaum noch für motorisierten Verkehr genutzt, seitdem eine neue Autobahn die Hauptstadt Boliviens erschließt. Trucks und Busse wurden durch Mountainbikes ersetzt. Wer eine Tour bucht, sollte eiserne Kondition mitbringen. An ihrem höchsten Punkt, dem La-Cumbre-Pass, erreicht die Straße 4650 Meter Höhe. Doch kaum ein Sportler strampelt sich in diese dünne Luft hinauf. Die meisten lassen sich vom einheimischen Touranbieter mit einem Kleinbus hochchauffieren und rasen zu Tal. Ungezählte Serpentinen weiter unten dürfen sie sich das beliebte „I survived"-T-Shirt überstreifen – vorausgesetzt, sie überleben die Strecke, auf der immer noch dicker Gegenverkehr herrscht, tatsächlich.

# Nach uns
# der Süßwasserpolyp

Zwar glauben wir zu wissen, dass nichts ewig währt. Und doch geht im Universum nichts verloren. Weder Energie noch Atome. Wählt man die richtige Perspektive und bedenkt man den ewigen Kreislauf des Lebens, sind wir Erdenbewohner im Grunde doch unsterblich. Zumindest so lange die Sonne nicht erkaltet oder explodiert, uns kein Meteor aus der Umlaufbahn wirft oder unseren Planeten in Stücke reißt, geht das Spiel irgendwie immer weiter. Außer dass sich unsere Spezies vielleicht gerade selbst aus dem ewigen Spiel kegelt.

## 1.
## Ewige Atomwanderung

Tröstliches berichtet der amerikanische Wissenschaftsautor Bill Bryson in seinem Buch *Eine kurze Geschichte von fast allem*. Dank ihrer Langlebigkeit bestehe jeder Mensch aus Atomen, die bereits in mehreren Sternen und unzähligen Lebewesen vorhanden gewesen sein müssen. Bis zu einer Milliarde Atome in jedem von uns könnten jeweils von „Shakespeare, Buddha, Dschingis Khan und Beethoven oder jeder anderen historischen Gestalt, die uns einfällt" stammen. Die Atomwanderung ist keine Überraschung, wenn man bedenkt, dass der menschliche Körper zu knapp 80 Prozent aus Wasser und zu knapp 20 Prozent aus Kohlenstoff besteht. (Die anderen Elemente können vernachlässigt werden, *siehe S. 230–231*.) Vor allem das Wasser gelangt durch die natürliche Zersetzung eines Körpers oder nach einer Feuerbestattung sehr schnell wieder in den Kreislauf der

Natur. Bei einem 80 Kilogramm schweren Menschen ergibt die Summe der Wasserstoff-, Sauerstoff- und Kohlenstoffatome eine Anzahl von $10^{28}$, also eine Eins mit 28 Nullen. Oder: rund zehn Quadrilliarden Atome. Einmal freigesetzt, werden sie sich in Bäumen, Flüssen, Fensterläden oder einem Stück Brot wiederfinden, zurück ins Trinkwasser einmünden, getrunken werden und vielleicht im nächsten Einstein oder Dschingis Khan ihr Zuhause finden. Uns steht also noch einiges bevor.

## 2.
## Ewige Erneuerung

Süsswasserpolypen kennen keine Vergreisung. Sie erneuern sich im Schnitt alle fünf Tage und gelten als unsterblich. Die Erneuerung erfolgt direkt aus den Stammzellen, die sich teilen und zu den jeweils benötigten Zelltypen werden. Die Nesseltiere ersetzen dabei als einzige Lebewesen auch Nervenzellen. Zerteilt man einen der Vielzeller, wächst er wieder zu seiner ursprünglichen Form zusammen. Wissenschaftler schätzen, dass bei idealen äußeren Bedingungen dieser Kreislauf bis in die Ewigkeit weiterlaufen, das Tier also nicht sterben würde. Die Veranlagung zur Unsterblichkeit verbinden Genetiker mit dem Forkhead-Box-Protein O3, auch genannt FOXO3-Gen. Süßwasserpolypen weisen es ebenso auf wie Menschen. Sehr alte Menschen besitzen eine spezielle Variation von FOXO3, ein so genanntes Methusalem-Gen, das sie nach Ansicht von Gerontologen spät ergreisen lässt *(siehe S. 373)*.

## 3.
## Ewiger Lebensmotor

Wissenschaftler schätzen die Anzahl der auf der Erde da gewesenen Spezies, die es nicht in unsere Zeit geschafft haben, auf 30 Milliarden bis einer Billion (Arten, nicht Exemplare!). Man darf mit Fug und Recht behaupten, dass im Lauf der

Erdgeschichte bisher 99,99 Prozent aller Kreaturen ausgestorben sind. Also eigentlich alle. Das Aussterben ist der Motor der Evolution. Würden die verschwindenden Arten nicht Platz für ihre Nachfolger machen, wäre es eng geworden, und die Pflanzen und Tiere, die die Erde bewohnen, wären schon längst in einer Entwicklungssackgasse stecken geblieben. Natürlich ist die Evolution kein freiwilliges Zur-Seite-Treten. Das von Charles Darwin als *Survival of the fittest* (dt.: Überleben der Geeignetsten) beschriebene Prinzip ersetzt auch nicht einfach die eine Art durch die besser ausgestattete. Vielmehr unterscheidet sich jedes neue Lebewesen durch Erbgutvermischung und Genmutationen von seinen Vorgängern. Und die Veränderungen, die den einen Vertreter seiner Spezies besser in seiner Umwelt überleben lassen, setzen sich nach und nach durch. Dieses Entwicklungssystem benötigt sogar einen sehr hohen Durchsatz an Einzelleben, und so ist es kaum verwunderlich, dass vielen Existenzen nur ein kurzes Dasein gegönnt ist. Selbstverständlich ist die Evolutionsthese keine Rechtfertigung für den artenverzehrenden Umgang mit der Natur, den die Art Homo sapiens an den Tag legt. Mit der Lehre Darwins haben Leerfischung der Ozeane, Abholzung der Regenwälder und Verseuchung der Luft und des Bodens nichts zu tun. Eher damit, dass zum ersten Mal in der Weltgeschichte es einer Art gelingt, sich selbst und bei vollem Bewusstsein durch eigene Taten und Unterlassungen auszurotten. Dieser Umstand ist der endgültige Beweis für die Richtigkeit seiner Thesen wie auch des Peter-Prinzips. Laut des kanadischen Erziehungswissenschaftlers Laurence J. Peter (*1919; †1990) werden Menschen in Hierarchien so lange befördert, bis sie die Stufe ihrer persönlichen Unfähigkeit erreicht haben. Dann beenden sie ihre Laufbahn auf diesem Level. Ist der Mensch in der Rangfolge der Arten nun an seinem Karriereende angelangt? Wenn dem so ist: Vielleicht ist es ein großes Glück für die Erde, dass innerhalb der kurzen Zeit, die der Mensch vermutlich noch benötigen wird, um sich selbst von ihrer Oberfläche zu entfernen, keine noch erfolgreichere Art aus ihm hervorgehen kann.

1965

# „I Hope I Die Before I Get Old."

**The Who**

1997

# „I Hope I'm Old Before I Die."

**Robbie Williams**

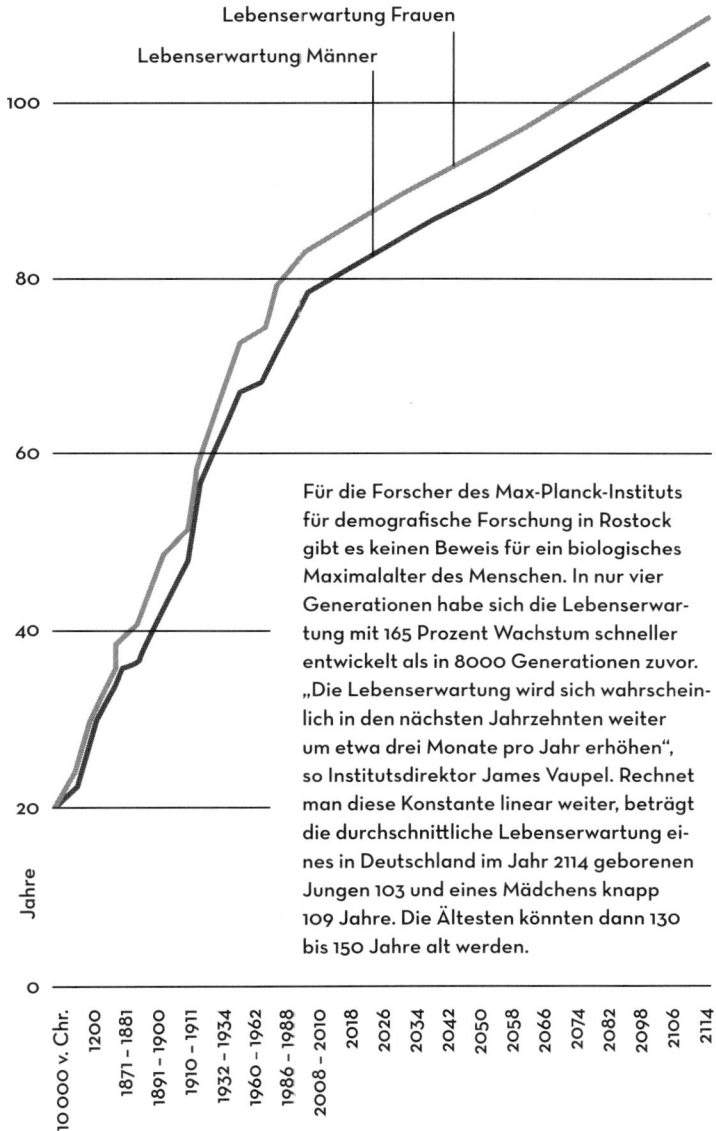

# Wie alt können wir werden?

Lebenserwartung Frauen

Lebenserwartung Männer

100

80

60

40

20

Jahre

0

10 000 v. Chr. | 1200 | 1871 – 1881 | 1891 – 1900 | 1910 – 1911 | 1932 – 1934 | 1960 – 1962 | 1986 – 1988 | 2008 – 2010 | 2018 | 2026 | 2034 | 2042 | 2050 | 2058 | 2066 | 2074 | 2082 | 2098 | 2106 | 2114

Für die Forscher des Max-Planck-Instituts für demografische Forschung in Rostock gibt es keinen Beweis für ein biologisches Maximalalter des Menschen. In nur vier Generationen habe sich die Lebenserwartung mit 165 Prozent Wachstum schneller entwickelt als in 8000 Generationen zuvor. „Die Lebenserwartung wird sich wahrscheinlich in den nächsten Jahrzehnten weiter um etwa drei Monate pro Jahr erhöhen", so Institutsdirektor James Vaupel. Rechnet man diese Konstante linear weiter, beträgt die durchschnittliche Lebenserwartung eines in Deutschland im Jahr 2114 geborenen Jungen 103 und eines Mädchens knapp 109 Jahre. Die Ältesten könnten dann 130 bis 150 Jahre alt werden.

# Le petit
# mort ...

... also der kleine Tod, ist die Umschreibung des Orgasmus in der französischen Sprache, vor allem für den der Frau. Woher dieser Ausdruck kommt, ist unter Sprach- wie Sexualwissenschaftlern umstritten. Neurobiologen glauben beim sexuellen Höhepunkt und bei Nahtoderfahrungen ähnliche Vorgänge in Gehirn und Nervensystem beobachten zu können.

Parallelen zwischen Klimax und Exitus gibt es auch in fernöstlichen Religionen. So beschreibt der tibetische Buddhismus Bewusstseinsphasen, die beim Kommen und Gehen gleich abliefen. Im Tantra Yoga übt man während des Sex geistige Konzentrationstechniken mit dem Ziel, sich von der Euphorie des Orgasmus nicht mitreißen zu lassen. Dies sei Training für das finale Erlebnis: Habe man die Zurückhaltung zu Lebzeiten oft genug geübt, erhöhe man die Wahrscheinlichkeit, später einmal den eigenen Tod bewusst erfahren zu können. Für Neugierige ein schöner Grund, oft und intensiv Orgasmen zu erleben.

In der buddhistischen Lehre heißt das bewusste Sterben Phowa. In ausführlichen Meditationskursen bereiten sich Buddhisten darauf vor. Ein berühmter Lehrer dieser Praxis ist der Däne Ole Nydahl, ein Lama des Diamantweg-Buddhismus. Er erklärt im Internet: „Man meditiert drei mal drei Stunden am Tag und übt dabei das Herausschleudern des Geistes, bis ein jeder eine deutliche Öffnung durch Schädel, Muskel und Kopfhaut hat. Es entstehen dabei entweder kleine Blutflecke, Risse oder Eiterpickel, die ungefähr acht Fingerbreit hinter der ursprünglichen Haarlinie zu sehen sind."

Wir bevorzugen Orgasmen.

# Wird es möglich sein, ewig zu leben?

Winzig kleine Roboter, die mit Reparaturaufträgen versehen durch die Blutbahnen sausen, verspricht uns die Nanotechnologie. Die Stammzellenforschung ermöglicht es, Organe außerhalb des Körpers nachwachsen zu lassen. Die Transplantationsmedizin verpflanzt nicht nur Herzen, sondern auch gespendete Achillessehnen oder Augenhornhäute. Ist es also denkbar, dass wir uns in 100 Jahren im Katalog für Körperteile bedienen und einfach das austauschen, was kaputtgeht? Ohne dass wir als Ganzes kaputtgehen?

Die Antwort auf diese Frage ist ein klares „Ja, aber ...“. Denn einerseits tut ein gesunder Körper während seiner Lebenszeit nichts anderes, als sich ständig rundzuerneuern. Zellen, die absterben, werden durch frische ersetzt. Zwischen zehn und 50 Millionen mal pro Sekunde geschieht dies in unserem Körper. Wir sind – rein rechnerisch – alle sieben Jahre brandneu. Leider gilt dies nicht für alle Zelltypen in gleichem Maße. Während sich Leberzellen einmal pro Jahr bis zu 18-mal erneuern, ist bei Nerven-, Gehirn- und Herzmuskelzellen nicht einmal sicher, ob sie das überhaupt tun. Reparatur und Ersatzteilbeschaffung sind nicht ganz so einfach wie bei einem Automobil. Erschwerend kommt hinzu, dass der menschliche Körper ungleich komplexer ist als ein Auto. Ein offenes System hoher Ordnung nennen Physiker so etwas. Nach den Gesetzen der Thermodynamik strebt ein geordnetes System stets nach mehr Unordnung (Entropie), um in ein thermodynamisches Gleichgewicht zu kommen. Man kann dies an einem schmelzenden Eiswürfel, bei dem die Moleküle stärker geordnet sind als bei flüssigem Wasser, gut beobachten. Ein Anrennen gegen diesen naturgegebenen Drang zur Unordnung ist ein Sisyphus-Kampf, den der Mensch nicht gewinnen kann. Irgendwann gewinnt die Natur über den menschlichen Willen, der Zustand der größtmöglichen Unordnung ist erreicht: der Tod. Der japanische Physiker Michio Kaku widerspricht: „Es ist kein Naturgesetz, dass wir sterben müssen. Vielleicht werden sich in hundert Jahren die Menschen entscheiden können, mit dreißig nicht weiter zu altern – wie im Film *Zurück in die Zukunft*. Es gibt bereits Chips, die in einer Milliarde Körperzellen eine Krebszelle finden können. Solche Chips werden wir in unseren Toiletten einbauen. Die krankmachenden Zellen zerstören wir anschließend mit unseren *Smart Bombs* – Nanoartikeln, die tausendmal kleiner sind als der Durchmesser eines menschlichen Haares und die die Chemotherapie revolutionieren werden."

Forschungen legen den Schluss nahe, dass der Schlüssel zu einem langen Leben in den Genen liegt. Manche „Methusalem-Gene" scheinen das Auftreten von lebensverkürzenden Krankheiten verhindern zu können. Die Epsilon-4-Variante des Apolipoprotein-E-Gens (ApoE) steigert das Risiko, an Alzheimer oder Koronaren Herzerkrankungen zu erkranken, um das Vier- bis Fünffache. Die Epsilon-2-Variante dieses Gens senkt dagegen das spezifische Krankheitsrisiko. Diese Genmutation kommt bei Hundertjährigen messbar häufiger vor als in der Gesamtbevölkerung. Solche Mutationen wurden von amerikanischen Forschern bei örtlich oder kulturell isoliert lebenden Populationen gefunden, wie zum Beispiel bei aschkenasischen Juden in New York, Amischen alter Ordnung in Pennsylvania oder in die USA eingewanderten Japanern. Sie alle werden überdurchschnittlich alt. Verstünde man, was diese Gene bewirken, könnten auch Menschen davon profitieren, die sie nicht tragen. Hundertfünfzig Merkmale, die ein langes Leben wahrscheinlicher machen, wurden in der menschlichen DNA identifiziert. Sie alle helfen jedoch wenig, wenn Rauchen, Bewegungsmangel und falsche Ernährung das Altern und den Tod beschleunigen.

„Mensch,
   hast du ein Leben!"

„Ja, genau:
   eins."

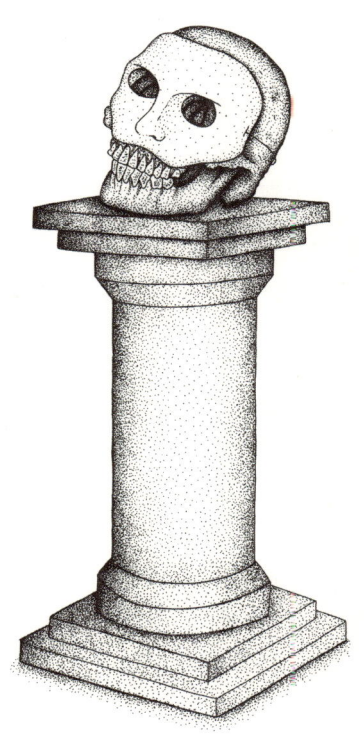

# Verwendete und weiterführende Literatur

Akunin, Boris: Schöner als der Tod. Friedhofsgeschichten. Goldmann, München 2007

Akyel, Dominic: Die Ökonomisierung der Pietät. Der Wandel des Bestattungsmarkts in Deutschland. Campus, Frankfurt am Main 2013

Andree, Heike M.E.: Death Detectives – Dem Tod auf der Spur. Eine Einführung in die Forensische Wissenschaft. Books on Demand, Nordersted 2007

Ariès, Philippe: Geschichte des Todes. Deutscher Taschenbuch Verlag, München 2009

Asmann J./ Maciejeksi, F./ Michaels, A. (Hrsg.): Der Abschied von den Toten. Trauerrituale im Kulturvergleich. Wallstein, Göttingen 2007

Barring, Ludwig: Die Todesstrafe in der Geschichte der Menschheit. Komet, Frechen 1967

Bass, B.; Jefferson, J.: Der Knochenleser. Der Gründer der Body Farm erzählt. Goldmann, München 2006

Beneke, Mark: Memento Mori. Der Traum vom ewigen Leben. Edition Roter Drache, Rudolstadt 2011

Béliveau, R.; Gingras, D.: Der Tod. Das letzte Geheimnis des Lebens. Daten, Fakten, Unerklärliches. Kösel, München 2012

Borasio, Gian Domenico: Über das Sterben. Was wir wissen – Was wir tun können – Wie wir uns darauf einstellen. C.H. Beck, München 2011

Bryson, Bill: Eine kurze Geschichte von fast allem. Goldmann, München 2005

Colman, Penny: Corpses, Coffins and Crypts. A History of Burial. Henry Holt, New York 1997

Cowling, Charles: The Good Funeral Guide. Everything You Need to Know. Everything You Need to Do. Continuum, London 2010

Dietz, Madeleine (Hrsg.): Side by Side. Begleitbuch zur Austellung von Madeleine Dietz. Arbeitsgemeinschaft Friedhof und Denkmal e.V., Kassel 2007

Domian, Jürgen: Interview mit dem Tod. Gütersloher Verlagshaus, Gütersloh 2012

Elbern, St.; Vogt, K.: Wo liegt eigentlich ... begraben? Grabstätten historischer Persönlichkeiten aus Antike und Mittelalter. Philipp von Zabern, Darmstadt, Mainz 2011

Forbes, Malcom: They Went That-A-Way. How the Famous, the Infamous and the Great Died. Ballentine, New York 1988

Fried, Johannes: Das Mittelalter. Geschichte und Kultur. C.H. Beck, München 2008

Friedman, David M.: The Immortalists. Charles Lindbergh, Dr. Alexis Carrel and Their Daring Quest to Live Forever. HarperCollins, New York 2007

Friess, Michael (Hrsg.): Wie sterben? Zur Selbstbestimmung am Lebensende. Eine Debatte. Gütersloher Verlagshaus, Gütersloh 2012

Frisch, Max: Fragebogen. Suhrkamp, Frankfurt a. M. 1998

Halter, Hans: Ich habe meine Sache hier getan. Leben und letzte Worte berühmter Frauen und Männer. Berliner Taschenbuch Verlag, Berlin 2010

Izzo, John: Die fünf Geheimnisse, die Sie entdecken sollten, bevor Sie sterben. Riemann, München 2008

Iverson, Kenneth V.: Death to Dust. What Happens to Dead Bodies? Galen Press, Tuscon 1993

Jones, Constance: R.I.P. The Complete Book of Death and Dying. HarperCollins, New York, 1997

Körner, Torsten: Probeliegen. Geschichten vom Tod. Scherz, Frankfurt a. M. 2011

Kübler-Ross, Elisabeth: Interviews mit Sterbenden. Knaur, München 2001

Lammer, Kerstin: Trauer verstehen. Formen, Erklärungen, Hilfen. Neukirchener Verlagshaus, Neukirchen-Vluyn 2010

Largo, Michael: Final Exits. The Illustrated Encyclopedia of How We Die. HarperCollins, New York 2006

Martínez, Tomás Eloy: Santa Evita. Fischer, Frankfurt a. M. 2010

Moody, Raymond: Life After Life. HarperOne, New York 2001

Moody, R.; Perry, P.: Zusammen im Licht. Was Angehörige mit Sterbenden erleben. Goldmann, München 2011

Müschenborn, Brian (Hrsg.): Nach meinem Tod. Wünsche und Verfügungen zur persönlichen Nachlassregelung. Gütersloher Verlagshaus, Gütersloh 2012

Natural Death Centre, The: The Natural Death Handbook. Strange Attractor Press, London 2009

Nydahl, Ole: Von Tod und Wiedergeburt. Knaur, München 2011

Osterhammel, Jürgen: Die Verwandlung der Welt. Eine Geschichte des 19. Jahrhunderts. C.H. Beck, München 2009

Przyrembel, M.; Jonas, K. J.; Knaevelsrud, C.: Todesnachrichten übermitteln, Manual für Polizei, Seelsorge, Notfallmedizin und Notfallpsychologie. Beltz, Weinheim, Basel 2011

Quast, Tobias: Der Tod steht uns gut. Vanitas heute. Nicolai, Berlin 2013

Ratzinger, Joseph: Jesus von Nazareth. Herder, Freiburg 2007

Reynolds, Tom: I Hate Myself and Want to Die. The 52 Most Depressing Songs You've Ever Heard. Hyperion, New York 2005

Riepertinger, Alfred: Mein Leben mit den Toten. Ein Leichenpräparator erzählt. Heyne, München 2012

Rinder, N.; Rauch, F.: Das letzte Fest. Neue Wege und heilsame Rituale in der Zeit der Trauer. Irisiana, München 2012

Roach, Kathy: Stiff. The Curious Lives of Human Cadavers. Norton & Company, New York 2004

Rogak, Lisa: Death Warmed Over. Funeral Food, Rituals and Customs from Around the World. Ten Speed Press, Berkeley 2004

Roth, Fritz: Einmal Jenseits und zurück. Ein Koffer für die letzte Reise. Gütersloher Verlagshaus, Gütersloh 2010

Roth, F.; Schwikart, G.: Nimm den Tod persönlich. Praktische Anregungen für einen individuellen Abschied. Gütersloher Verlagshaus, Gütersloh 2009

Schäfer, Julia: Tod und Trauerrituale in der modernen Gesellschaft. Perspektiven einer alternativen Trauer- und Bestattungskultur. Ibidem, Stuttgart 2011

Schechter, Harold: The Whole Death Catalog. A Lievely Guide to the Bitter End. Ballantine, New York 2009

Schomers, Michael: Todsichere Geschäfte. Wie Bestatter, Behörden und Versicherungen Hinterbliebene ausnehmen. Econ, Berlin 2007

Schweiggert, Alfons: Ludwig II. Ein König zwischen Gerücht und Wahrheit. Volk, München 2011

Schwikart, Georg: Tod und Trauer in den Weltreligionen. Topos, Kevelaer 2010

Sörries, Reiner (Hrsg.): Geschichte und Tradition der Mumifizierung in Europa. Beiträge zu einer Tagung im Museum für Sepulkralkultur 2010. Arbeitsgemeinschaft Friedhof und Denkmal e.V., Kassel 2011

Sörries, Reiner: Großes Lexikon der Bestattungs- und Friedhofskultur. Wörterbuch zur Sepulkralkultur. Hrsg. vom Zentralinstitut für Sepulkralkultur Kassel.
Bnd 1: Volkskundlich-kulturgeschichtlicher Teil. Thalacker Medien, Braunschweig 2002
Bnd 2: Archäologisch-kunstgeschichtlicher Teil. Thalacker Medien, Braunschweig 2005
Bnd 3: Praktisch-aktueller Teil. Fachhochschulverlag, Frankfurt a. M. 2010

Sörries, Reiner: Herzliches Beileid. Eine Kulturgeschichte der Trauer. Primus, Darmstadt 2012

Sörries, Reiner (Hrsg.): Raum für Tote. Die Geschichte der Friedhöfe in Deutschland. Arbeitsgemeinschaft Friedhof und Denkmal e.V. Kassel und Heymarket Media, Hamburg 2003

Stanton, Scott: The Tombstone Tourist – Musicians. 3T Publishing, Portland 1998

Stock, Wolfgang Jean (Hrsg.): Tod. Zweiundzwanzig Kunstwerke. Deutsche Gesellschaft für christliche Kunst, München 2012

Taylor, Timothy: The Buried Soul. How Humans Invented Death. Beacon Press, Boston 2002

Wieczorek, A.; Tellenbach, M.; Rosendahl, W.: Mumien. Der Traum vom ewigen Leben. Reiss-Engelhorn-Museen Mannheim und Philip von Zabern, Mainz 2008

Yalom, Irvin D.: Staring at the Sun. Overcoming the Terror of Death. Jossey-Bass, o. Ort und Jahr

Ziegler, Jean: Die Lebenden und der Tod. Ecowin, Salzburg 2011

Quellenhinweise:

Interviews:
Anna Lindner von der Gärtnerei und Blumenbinderei Alois Brandl, München
Nicole Rinder von aetas Lebens- und Trauerkultur, München
Peter Kotzbauer von der Münchner Städtischen Bestattung
Hans-Joachim Mönig vom Deutschen Institut für Zell- und Gewebeersatz (DIZG),
Berlin
Dr. Frank Reckel und Dr. Jan Grunwald vom Bayerischen Landeskriminalamt,
München
Alfred Riepertinger vom Klinikum Schwabing, München
Dr. Wilfried Rosendahl von den Reiss-Engelhorn-Museen, Mannheim
Prof. Dr. Reiner Sörries vom Sepulkralmuseum Kassel

Seite 32 ff., Fragebogen von Max Frisch mit freundlicher Genehmigung des Suhrkamp
Verlages
S. 36, Suizidrate weltweit von WHO, Tote durch vorsätzliche Selbstbeschädigung vom
Statistischen Bundesamt
S. 130 ff., To-do-Liste nach Stiftung Warentest
S. 133, Staatstrauer nach Bundesministerium des Innern
S. 146, Mordraten nach CIA Worldbook
S. 148 f., Todesstrafe nach amnesty international
S. 152 ff, Organ- und Gewebespende nach Materialien von Bundeszentrale für gesund-
heitliche Aufklärung und Deutsche Stiftung Organtransplantation
Seite 219, Zahlen des deutschen Bestattungsgewerbes aus der Studie „Die Ökonomi-
sierung der Pietät. Der Wandel des Bestattungsmarkts in Deutschland" von Dr. Domi-
nic Akyel, erschienen 2013 bei Campus. Mit freundlicher Genehmigung des Autors
S. 240 f., Bestattungskosten lt. Preisliste der Städtischen Münchner Bestattung
S. 244 f., Bestverdienende Tote aus Forbes
S. 251, Sterbefälle nach Monaten, aus bestattungen.de, auf Basis von Daten des
Statistischen Bundesamts
S. 273, Alkoholtote nach Bundesländern, nach DKV, Zentrum für Gesundheit der
Deutschen Sporthochschule Köln
S. 343, Sanduhr des Todes mit freundlicher Genehmigung von National Geographic.
S. 344 f., Bevölkerungszahlen nach WHO, Statistisches Bundesamt, Statistik Austria,
Schweizerisches Bundesamt für Statistik
S. 362 f., Risiko Berg nach Deutscher Alpenverein, www.8000ers.com
S. 370, Lebenserwartung nach Max-Planck-Institut für demografische Forschung,
Sterbetafeln des Statistischen Bundesamts

Um die ganze Welt des
GOLDMANN-*Sachbuch*-Programms
kennenzulernen, besuchen Sie uns doch
im Internet unter:

## www.goldmann-verlag.de

*Dort können Sie*
nach weiteren interessanten Büchern *stöbern*,
Näheres über unsere *Autoren* erfahren,
in *Leseproben* blättern, alle *Termine* zu Lesungen und
Events finden und den *Newsletter* mit interessanten
Neuigkeiten, Gewinnspielen etc. abonnieren.

Ein *Gesamtverzeichnis* aller Goldmann Bücher finden
Sie dort ebenfalls.

Sehen Sie sich auch unsere *Videos* auf YouTube an und
werden Sie ein *Facebook*-Fan des Goldmann Verlags!

www.goldmann-verlag.de
www.facebook.com/goldmannverlag

GOLDMANN
Lesen erleben